ACHIEVING FINANCIAL STABILITY IN AMERICA

미국에서 경제적 안정 이루기

2019 년 개정판

유미숙, CFP®

Published in the United States of America
Original Print: [May 2018]
Contents Updated: [August 2019]
ISBN: [978-1-7320245-3-3] Print, Korean

이 책을
내가 편입하여 공부하고
다니던 직장을 그만두고 글을 쓰기까지
전폭적으로 지지해 준 남편이자 좋은 친구,
테리에게 바친다.

머릿말

　세계에서 가장 부유한 국가라는 미국의 국민들은 의외로 가난하다. 겉으로 보기에는 풍족해 보이지만 안으로 보면 경제적으로 안정된 사람이 드물다. 국민의 76%가 단 $1,000 의 비상자금도 없이 매월 근근이 살아가고 있고, 절반의 국민들은 은퇴계좌가 아예 없거나 있어도 은퇴를 위해 모아 놓은 돈이 없다고 한다. 대학에 갈 나이의 자식을 둔 부모가 자신의 대학 융자금을 갚고 있는 경우도 다반사이며, 심지어 자신의, 또는 자식의 학비를 갚지 못해 은퇴 후에 소셜시큐리티 연금을 압류당하기도 한다. 부자 나라의 참으로 슬픈 현실이다. 그러나 한국 이민자들이라고 나아 보이지 않는다. 평생을 열심히 일하고 낭비하지 않으며 사는데도 나이가 들면서 경제적 안정은커녕 오히려 더 힘들게 사는 경우가 많다.

　왜 그럴까? 여러 가지 이유가 있지만, 나는 이 심각한 은퇴 문제를 해결하기 위해 정부에서 은퇴계좌에 허용하는 엄청난 세금 혜택과 자산 보호 장치를 잘 활용하지 못 하는 이유가 가장 크다고 생각한다. 전통적으로 부자들을 선호하도록 만들어진 미국의 금융 시스템에서 부자로 태어나지 않은 미국 사람들이나 영어가 불편한 이민자들이 이것을 잘 활용하지 못해온 건 어쩌면 당연하다. 학교에서는 개인 재무에 대한 교육이 적거나 부재했고 '보통 사람들'이 경제적 안정을 이루도록 도와줄 수 있는 대부분 재무설계사는 회사에서 정해주는 약정을 채우기 위해 부자들만 찾아다녔기 때문이다. 재무설계사의 도움이 절실한 많은 사람은 재무설계사가 무슨 일을 하는지도 모른다.

　나는 투자에 대한 지식이 별로 없고 수입도 특별히 많지 않은 '보통 사람들'을 위하여 이 책을 썼다. 열심히는 사는데 경제적 안정을 이루지 못 하여 불안한 그들에게 나는 많지 않은 돈을 벌어도 일찍부터 준비를 잘하면 누구나 경제적 안정을 이룰 수 있다는 걸 알려주고 싶었다. 그러기 위해서는 미국의 금융 시스템을 이해하고 개인이 활용할 수 있는 각종 세금혜택과 투자 등에 대해 기본을 알아야 한다.

그래서 은행 계좌부터 크레딧 관리, 보험, 은퇴 준비, 투자, 세금, 상속 등 개인의 재무에 영향을 주는 많은 자료를 쉽게 정리하도록 노력하였고, 기타 돈, 행복, 은퇴에 대한 관점 등 개인의 자산 형성에 큰 영향을 미치는 아주 중요하지만 개인만이 답할 수 있는 주제도 넣었다. 이 책을 통하여 나는 독자들이 주변에 잘 사는 것 같아 보이는 대부분의 사람이 사실은 힘들게 살고 있다는 걸 알기 바란다. '열심히' 사는 것만으로는 경제적 안정을 이루기가 힘들다는 걸 이해하고, 지금 무엇을 어떻게 하여야 노후에 경제적 안정을 이룰 수 있는지를 깨닫기 바란다. 지금 아무리 힘들고 경제적 안정을 이루는 것이 불가능해 보여도 포기하지 말고 자신과 사랑하는 가족의 내일을 위하여 할 수 있는 걸 찾기를 짐심으로 바란다. 우리의 삶은 나이에 상관없이 포기하기에는 너무 소중하기 때문이다.

당신의 경제적 안정을 진심으로 기원한다.

유미숙, CFP®

Table of Contents

Chapter 1

은행 관련

요즘은 은행과 투자회사의 고유 업무 경계가 대체적으로 모호해졌다. 많은 은행이 투자서비스를 제공하고, 투자회사는 전통적인 은행 서비스를 제공한다. 이 챕터 (Chapter)에서는 어느 금융기관을 거래하든 상관없이 누구나 알아야 하는 은행 서비스의 기본에 대해 알아본다.

1. 수표계좌 (체킹 어카운트)
2. 저축계좌
3. CDs
4. FDIC 보장

수표계좌 (Checking Account)

◑ 수표계좌 만들기

　체킹 어카운트를 만들기 위해서는 운전면허나 여권같이 사진이 있는 신분증과 거주지를 증명할 수 있는 공과금 영수증이나 아파트 계약서 등이 필요하다. 소셜시큐리티 번호나 개인 납세번호 (ITIN-Individual Tax Identification Number)가 필요한데, 만약 유학생 등 소셜시큐리티 번호가 없는 사람이라면 국세청 (IRS.gov) 웹사이트에서 W-7 을 받아 작성하고 기타 제반 서류를 동봉하여 우편 발송하면 ITIN 를 받을 수 있다. 은행에서 체킹 어카운트를 열면 임시 수표를 주고, 계좌주의 이름과 주소가 적혀 있는 수표는 차후에 발행하여 보내준다.

◑ 계좌 유지비용

　대부분 은행에서는 오랫동안 수표계좌와 저축계좌를 무료로 제공하였으나, 요즘은 각종 비용을 알게 모르게 받는 경우가 많으므로 조심하여야 한다. 따라서 계좌를 개설하기 전에 계좌 유지비용 (monthly maintenance fee) 및 기타 비용이 있는지 알아보고 가능하면 피해야 한다. 은행마다 비용과 그것을 피할 수 있는 조건들이 다르니 여러 은행을 자세히 비교하여야 한다. 계좌에 '최소 잔액 (minimum balance)'을 정해 두고 잔액이 잠깐이라도 밑으로 내려가면 없던 관리 비용을 받기도 하니 유의하시라.

　요즘은 인터넷 은행도 많이 사용되는데, 보통 이들은 지점이 있는 전통 은행들과 달리 제반 비용이 적게 들기 때문에 계좌 유지비용이 없거나 적은 편이다. 어떤 곳을 선택하든 계좌를 열 때 약관을 자세히 보고 각종 비용을 최소화하는 것이 아주 중요하다. 만약 당신이 체킹 어카운트를 이미 가지고 있다면 그동안 비용을 내지 않았다고 하여 방심하지 말고 계좌 유지비용이 나가는지 자세히 살펴보시라. 나는

2

최근에 은행에 갔다가 계좌에서 '갑자기' 월 유지비용이 나가기 시작했다고 항의하는 고객을 두 명이나 보았다. 많은 은행은 계좌주가 수표계좌에 급여 자동이체를 하면 유지비용을 부과하지 않는데, 만약 직장을 옮기거나 실직하여 자동이체가 들어오지 않으면 유지비용이 바로 부과되므로 주의하여야 한다. 짧은 기간의 공백기가 생기는 경우에는 은행 매니저에게 유지비용을 면제해 달라고 요청해 보시라. 면제해 줄지 안 해줄지는 은행의 매니저 마음이지만, 공손하게 물어봐서 손해 볼 건 없다.

◑ 다른 비용들

계좌 유지비용 외에 은행 사용 시 흔히 나가는 비용 중 두 가지는 자동 인출기 (ATM) 사용료와 잔액보다 더 많은 금액의 수표를 발행하여 나가는 오버드래프트 (overdraft) 비용이다. 당신이 계좌를 가지고 있는 은행의 자동 인출기 (ATM)를 사용하면 대개 비용이 없지만, 그래도 늘 주의하는 것이 좋다. $40 을 출금하는 데 $3 의 수수료를 낸다면 자그마치 7.5%이다! 많은 가게의 계산대에서 무료 출금 서비스를 해주기도 하니 물어보시라. 필요한 물건을 사고 데빗카드로 계산하며 현찰을 받을 수 있다.

오버드래프트 보호 (overdraft protection)는 개인이 실수로 잔액보다 많은 금액의 수표를 발행할 때 수표를 정지시키지 않고 수령자 은행에 돈을 지급해 주는 유용한 서비스지만, 이는 공짜가 아니다. 당신이 은행으로부터 돈을 빌리는 결과가 되기 때문이다. 비용을 지급하는 게 싫다고 그 서비스를 받지 않을 수도 있지만, 어떤 은행은 이 '서비스'를 거부하는 비용을 물리기도 한다. 잔액 확인을 제대로 하지 않고 수표를 발행하는 고객들은 이래저래 비용을 지급할 수밖에 없다.

은행에 잔액이 충분히 있지 않을 때는 수표 발행 순서도 신경 써야 한다. 예를 들어, 당신의 계좌에 현재 $500 이 있고 곧 $1,000 의 급여가 이체될 것이므로, 오늘 $1,000 와 $200 짜리 두 개의 수표를 발행했다고 하자. 만약 급여보다 두 개의 수표가 먼저 당신의 은행에 들어온다면 은행에서는 두 개의 수표 중 어떤 걸 먼저 지급할지를 결정할 수 있다. 예를 들어, 은행이 $1,000 짜리 수표를 먼저 지급하면 당신은 두 번의 오버드래프트 비용을 내야 하고, $200 짜리 수표를 먼저 지급한다면 한 번의 비용만 내게 된다. 그러므로 이런 경우가 발생하지 않도록 주의하되, 만약 발생한다면 은행에 가서 왜 $200 짜리를 먼저 지급하지 않았는지에 대해 항의하고 수수료를 돌려받아야 한다.

◑ 수표

수표를 발행할 때는 모든 항목을 정확하게 기재하는 것이 중요하다. 개인 간 수표를 거래하며 특정 날짜 이후에 입금하라고 할 때는 입금해도 되는 날짜를 기재하여 받는 이가 실수로라도 미리 입금하는 일이 없도록 하여야 한다. 수표에 서명하는 걸 잊고 발행하면 보통 은행에서 입금을 받아 주지 않지만, 신용카드나 공과금같이 매월 나가는 돈은 받는 기관과 은행에서 그대로 처리하기도 한다. 수표를 발행한 후에는 늘 기록하는 습관을 들여야 위의 예처럼 오버드래프트 비용이 나가는 것을 방지할 수 있다.

◑ 데빗카드는 신용카드가 아님

체킹 어카운트를 만들면 며칠 후 직불카드 (데빗카드)가 집으로 배달된다. 대부분 직불카드는 크레딧카드처럼 Visa 나 MasterCard 로고가 있고 신용카드와 같이 사용할 수 있으므로 이를 신용카드로 착각할 수 있지만, 이는 세 가지 이유로 신용카드와 다르다. 첫째, 데빗카드를 사용하여 물건을 구입하면 수표와 마찬가지로 대금이 은행 계좌에서 나간다. 물건값 지급 시 카드 기계에서 "credit" 버튼을 눌러도 돈은 수표를 쓰는 것과 같이 은행에서 곧바로 빠져나가게 된다. 그러므로 수표를 쓸 때와 마찬가지로 항상 계좌에 돈이 있는지 확인하고 데빗카드를 사용하여야 한다. 둘째, 데빗카드는 아무리 많이 사용하여도 크레딧(신용)을 쌓는 데 도움이 되지 않는다. 현찰/수표로 물건을 사는 것과 같기 때문이다. 그리고 셋째는, 데빗카드는 카드

분실이나 도용 시 돈을 돌려받는 게 신용카드같이 쉽지가 않다. 과정이 복잡하고 시간이 오래 걸릴 수 있으며, 심지어는 당신이 사용하지 않은 금액을 돌려받지 못 할 수도 있다. 따라서 신용카드가 있다면 평소에 그것을 사용하고 매월 청구서 대금을 모두 지급하는 것이 좋다.

저축계좌

◑ 비상자금을 모아두는 곳

저축계좌는 그야말로 '저축'을 위한 계좌로, 대개 비상자금이나 2-3년 이내에 사용할 자금을 넣어 둔다. 투자로 원금을 잃을까 봐 두려워서 그보다 먼 미래에 쓸 돈을 저축계좌에 넣어 두는 사람들도 있는데, 그런 경우, 받을 수 있는 은행 이자는 아주 적다. 만약 당신도 투자로 원금을 잃는 게 두려워서 노후자금 등 먼 미래에 쓸 돈을 저축계좌에 넣어 둔다면 주의해야 할 것이 하나 있다. 그건 돈을 잃을까 봐 두려워서 투자하지 않았을 때 필연적으로 발생하는 기회비용이다. 즉, 돈을 투자하지 않고 '안전하게' 은행 계좌에 넣어 두면 물가 상승률만큼 자산증식이 되지 않아 시간이 지날수록 오히려 돈의 가치를 잃는다. 이는 아주 중요한 개념이므로 이 책 전체에 걸쳐 여러 번 논의하기로 한다.

◑ 지극히 낮은 이자율

2019년 4월 현재, 30년짜리 집 담보 고정 이자율이 평균 4% 정도로 아직 역대 최저치 근처에 있음을 고려할 때, 고객이 은행에서 받는 저축 이자율이 0%에 가깝다는 사실은 놀랄 일이 아니다. 따라서 수표계좌든 저축계좌든 편리와 안전을 위해 사용해야지, 이자수익을 기대해서는 곤란하다.

CDs

◑ 일정액을 일정 기간 은행에 예치

CD (Certificate of Deposit)는 일정 금액을 은행에 묶어 두고 이자를 받는 예금증서이다. 보통 몇달에서 10년 정도까지 일정 자금을 예치하는 조건으로, 은행에서는 예금주에게 저축계좌보다 높은 이자율을 지급한다. 대개 기간이 길수록 이자율이 높아지지만, 원금 보장을 해주지 않는 뮤추얼펀드 등 다른 금융상품보다 평균 이익률이 훨씬 낮다.

◑ 원금 보장

수표계좌, 저축계좌, 그리고 CD의 자산은 은행이 파산하여도 FDIC (Federal Depository Insurance Corporation)에 의해 보호가 된다. 단, 약정 기간을 지키지 못 하고 해지하는 CD는 보통 페널티가 붙으므로 조심하여야 한다. 즉, 1년 후에 쓸 돈을 이자가 높다고 5년짜리 CD에 넣었다가 취소하면 오히려 손해를 볼 수 있다.

◑ CD가 투자?

원금이 보호되니 안전하다고 CD를 노후준비 등 장기적인 투자로 여기면 곤란하다. 이자 소득률이 낮고 그나마 세금을 내야 하며, 무엇보다 중요한 것은 '안전한' CD의 수익률은 평균 물가 상승률보다 낮기 때문이다. 가진 돈이 물가 상승률만큼 자라지 못한다는 것은 당신이 가지고 있는 돈의 가치가 시간이 지날수록 떨어진다는 얘기다. 예를 들어, 올해의 물가 상승률이 3%인데 당신의 CD는 2%의 수익률을 낸다면 당신은 CD에 예치한 금액의 1%를 잃게 되는 결과를 보게 된다. 아니, CD에서 발생한 소득에 대한 세금을 내야 하므로 당신의 실제 손해율은 1%가 넘는다. 이렇듯 지금 가지고 있는 돈의 '안전'에만 너무 집중한 나머지 투자하지 않으면 시간이 지날수록 내 돈의 가치를 확실히 잃게 되는 역설적인 결과를 낳게 된다.

FDIC 보장

◑ 연방 정부 기관의 보장

은행의 파산 시에도 수표계좌, 저축계좌, 그리고 CD 의 원금을 보장해 주는 FDIC (Federal Depository Insurance Corporation)에 대해 알아보자. FDIC 는 대공황 당시 국민들에게 은행에 대한 신뢰감을 주어 예금 인출 사태를 막기 위해 만들어진 연방 정부 기관이다. 정부 기관임에도 멤버 은행들이 내는 멤버십 비용으로 운영이 되고 국민이 내는 세금은 사용하지 않는다고 한다 (FDIC.gov- *When Banks Fail: Facts for Depositors and Borrowers*).

◑ 이름, 소유계좌 종류, 은행당 각 $250,000

FDIC 가 보장하는 금액은 물가 상승률에 따라 오르는데, 2019 년 현재 개인당 (per depositor), 소유계좌 종류당 (per ownership category), 그리고 은행당 (per bank) 각 $250,000 이다. 아래의 표를 보자.

소유주/소유권 종류 및 은행	Sue	John	Bob & Jim
수표계좌(은행 A)	$250,000		
CD(은행 B)	$250,000	$500,000	$500,000
저축계좌(은행 A)			$500,000
총예금액	$500,000	$500,000	$1,000,000
FDIC 보호액	$500,000	**$250,000**	$1,000,000

만약 은행 A 와 B 모두 FDIC 멤버 은행인데 파산하게 됐다고 치자. 위의 표에서 보듯, Sue 와 John 은 각자 $500,000 을, 그리고 Bob 과 Jim 은 공동계좌에 총 $1,000,000 을 예금 했을 때, 소유 형태와 두 은행에 나누어져 있는지 등에 따라 보호되는 금액이 다르다. John 은 혼자 이름으로 $500,000 이 한 은행에 있기 때문에 $250,000 밖에 보호를 받을 수 없다. 만약 그도 Sue 같이 두 은행에 나누어 예금하였거나 Bob 과 Jim 같이 공동계좌로 하였다면 $500,000 전액을 보호받을 수 있었을 것이다. Bob 과 Jim 은 두 은행에 나누어 두 개의 공동계좌로 하였기 때문에 $1,000,000 전액을 보호받을 수 있다. 만약 두 사람이 $1,000,000 을 모두 한 은행에 공동 계좌로 예치하였다면 50%만 보호받았을 것이다.

◑ FDIC 멤버 은행인지 확인

이런 원금 보호장치는 모든 은행에 자동으로 있는 게 아니라 FDIC 멤버 은행이어야만 받을 수 있는 혜택이다. 우리가 흔히 알고 있는 대부분 은행은 FDIC 멤버이지만, 계좌를 열기 전에 확인하는 것이 좋다. 은행 출입구에 붙어 있는 FDIC 사인, 해당 은행이나 FDIC 웹사이트, 또는 창구 직원을 통해 쉽게 알 수 있다.

◑ 투자계좌는 예외

FDIC 멤버 은행이라고 하여 은행에서 제공하는 모든 계좌의 자산이 자동으로 FDIC 에 의해 보호되는 건 아니다. 비록 은행에서 여는 계좌라도, 주식, 뮤추얼펀드, 채권 등 '투자'를 위한 계좌라면 원금 보호되지 않는다. 보험 연금 상품인 어누이티도 상품에 따라 보험회사에서 원금 보장을 해줄 수는 있지만, FDIC 는 보호해주지 않는다. 또한, 머니마켓 계좌 (money market account)는 FDIC 에 의해 원금 보호되지만 머니마켓 뮤추얼펀드 (money market mutual funds)는 보호되지 않는다. 모든 펀드 (funds)는 '투자'이기 때문이다.

Chapter 2

크레딧

미국 사회에서는 크레딧(신용)이 안 좋으면 평생에 걸쳐 그 비용을 치러야 한다. 크레딧이 나쁘면 대출을 받을 때 높은 이자를 내고, 보험료를 비싸게 낸다. 또한, 회사에서 직원을 고용할 때 크레딧을 흔히 보기 때문에 취업에도 지장이 있을 수 있다. 생각해 보시라. 만약 당신이 공과금이나 대출금을 자주 늦게 납부하여 크레딧이 망가졌다면 고용주는 당신이 과연 책임감이 강한 사람이라고 여길 수 있겠는가? 크레딧이 왜 중요한지를 이해하고 잘 관리하는 건 미국 생활의 가장 기본이다.

1. 크레딧의 중요성
2. 크레딧 시스템
3. 크레딧 쌓기
4. 크레딧 오류 정정하기
5. 기타

크레딧의 중요성

❶ 나쁜 크레딧 = 엄청난 비용

크레딧이 나쁘면 얼마나 그 비용을 비싸게 치러야 하는지는 아무리 강조해도 지나치지 않다. 만약 당신의 크레딧 점수가 나쁘거나 신용카드사나 대출회사들이 원하는 '기준'에 못 미치면 당신은 신용카드나 각종 융자를 받을 때 비싼 금리를 내야 한다. 나와 남편도 이런 걸 몰라서 결혼 초, 수년간 매월 작은 차 한 대 값에 해당하는 추가의 금액을 모기지 (주택담보 대출) 이자로 지급하였다.

MarketWatch.com 에 의하면, 새 차의 평균 융자율은 4.46%인데 비해 중고차를 구매하는 사람들이 지급하는 평균 대출 이자는 그 두 배에 가까운 8.56%라고 한다 (*Why Used-Car Loans are Clunkers*). 크레딧이 가장 나쁜 최하위 그룹이 내는 평균 이자율은 자그마치 17.72%나 된다고 한다. (이 수치는 기사가 쓰인 2013 년 11 월 현재 자료이므로 그때보다 금리가 오른 지금은 이자율이 높을 것이다.) 크레딧이 안 좋은 사람들은 얼마나 비싼 비용을 치르고 사는지 잘 보여준다.

이때, 평생에 걸쳐 가계경제를 옥죄게 되는 심각한 문제는 이 중고차가 대출금을 다 갚기 전에 고장 날 때 발생한다. 당신이 크레딧이 좋지 않아 2 년 전에 높은 이자율의 5 년짜리 융자에 중고차를 하나 장만했는데 그게 오늘 고장 났다고 가정하자. 대부분 미국인처럼 비상자금을 모으지 못 하고 매월 힘들게 살아가는 당신이 내일 출근하려면 차가 당장 필요한데, 그렇다고 이 차를 고칠 돈도 없다. 딱히 누구한테 빌릴 수도, 또 빌린다고 그것을 곧 갚을 능력도 안 된다. 고장 난 당신의 차는 이미 값어치가 없어져 팔 수도 없는데 융자 기간은 3 년이나 남아 매월 돈을 내야 한다. 당장 출근을 하지 못 하면 직장을 잃고 그나마 지금 사는 곳에서조차 쫓겨나게 된다. 이런 절망스러운 상황에서 당신이 할 수 있는 선택이 뭐가 있겠는가? 십중팔구 다시 중고차 딜러로 향할 수밖에 없을 것이다. 그러면 중고차 딜러에서는 고장 난 차에 남은 대출금을 갚을 능력이 안 되는 당신에게 또 다른 중고차의 대출금에 얹어 다시 비싼 이자율을 물린다. 높은 이자와 대출금이 눈덩이처럼 불어나는 이런 상황을 몇번 반복하면 몇천 달러도 되지 않는 중고차에 월 $1,000 이상의 대출금을 내게 되는 것이다. 미국에서는 이렇게 사는 사람들이 생각보다 아주 많다. 한번 이런 상황에 빠지면 평생을 일해도 그 속에서 빠져 나오는 것이 아주 힘들거나 불가능해진다. 이런 악순환에 빠지는 대부분 사람은 저임금 노동자들이지만, 교사나 간호사 등 전통적으로 안정된 직업군이라고 하여 예외는 아니다.

➊ 좋은 크레딧 = 절약 = 재산 증식 = 자존감

반면에 크레딧이 좋은 사람들은 여러 면에서 돈을 절약할 수 있다. 예를 들어, 임금이 비슷한 당신과 당신의 친구가 $300,000 짜리 주택담보 대출을 30 년 거치로 얻는다고 치자. 만약 당신이 납부하는 고정이자율이 4%라면 30 년의 융자 기간 당신이 지출하는 원금 +이자에 대한 총액은 $516,000 이다. 만약 당신의 친구는 크레딧이 별로 좋지 않아 5%의 고정 이자율로 융자를 받았다면 같은 기간 동안 내는 총금액은 $579,000 이다. 같은 금액의 융자에 무려 $60,000 이상 더 내는 거다! 당신의 친구는 모기지뿐만 아니라, 자동차나 다른 융자에서 당신보다 더 비싼 비용을 내게 된다. 심지어는 보험료도 당신보다 비싸게 지출함으로써 당신과 비슷한 돈을 벌고 비슷한 생활을 하지만, 그가 좋지 않은 크레딧 때문에 평생 지출해야 하는 비용은 엄청나다. 이렇게 여러 면에서 절약이 가능한 당신은 더 많은 돈을 저축/투자하여 재산을 더 쉽게 증식을 할 수 있고, 노후가 되면 당신과 친구와의 재산 차이는 아주 벌어질 수밖에 없다. 이쯤이면 내가 왜 크레딧의 중요성을 자꾸 강조하는지 당신도 이해가 될 거라 믿는다. 좋은 크레딧은 경제적 안정의 가장 기본이다.

또 한 가지 좋은 크레딧의 장점은 평소에 스스로에 대한 자신감을 높여준다는 거다. 생각해 보라. 크레딧이 좋지 않은 사람은 이런저런 고비용 때문에 저축을 못 하여 자산 증식이 힘들 뿐만 아니라, 자동차나 집을 살 때 융자를 받을 수 있을지 없을지 몰라 조마조마할 수밖에 없다. 그런 상황에서 고객은 상담 및 협상 과정에서 작아질 수밖에 없다. 세일즈맨이 무심코 하는 행동 하나, 말 한마디에도 '내가 크레딧 안 좋고 돈 없다고 무시하나?' 하며 민감해지고 자존감이 낮아진다. 반면, 크레딧이 좋으면 상황이 완전히 바뀐다. 삶이 더 편해지고 사람들도 친절해진다. 어떤 은행을 사용하든 융자를 받을 수 있으니 더 낮은 이자율을 당당히 요구할 수 있고, 세일즈맨들은 당신에게 차를 팔기 위해, 또는 융자 서비스를 제공하기 위해 자기의 커미션을 깎으면서까지 경쟁을 한다. 그런 상황에 있는 고객은 자신감이 높아질 수밖에 없다. 만에 하나 세일즈맨이 불친절하거나 인종차별적인 발언을 하여도 다른 데 가면 그만이다. 크레딧이 좋고 융자상환 능력도 있는 고객을 원하는 곳은 널렸으니까. 그래서 좋은 크레딧은 경제적 안정은 물론, 미국 생활에서 이민자로서 살아가는 데 필요한 자존감의 초석이기도 하다.

크레딧 시스템

❶ 세 개의 크레딧 관리 회사

미국에는 사람들의 크레딧 정보와 그를 바탕으로 점수를 제공하는 회사로 Equifax, Experian, TransUnion 이렇게 세 개의 크레딧 관리 회사가 있다. 영어로는 이들을 크레딧 뷰로(credit bureaus)라고 칭하여 마치 정부 기관인 듯한 느낌이 들지만, 모두 사익을 추구하는 회사들이다. 다만, 이들은 정부의 기관인 연방 통상 위원회 (FTC-Federal Trade Commission)와 소비자 보호국 (CFPB-Consumer Financial Protection Bureau)의 감시, 감독을 받는다. 이 세 개의 회사들은 소비자들의 공과금과 각종 크레딧 계좌와 페이먼트 명세에 관련된 정보를 수집하여 이를 바탕으로 FICO (Fair Isaac Corporation)라 불리는 크레딧 점수를 산출하여 제공 (판매)한다. 이 세 곳의 크레딧 관리 회사들은 고객의 정보를 공유해야 하는 의무가 없기 때문에 (예외 있음) 개인의 크레딧 점수는 크레딧 관리 회사가 가지고 있는 정보에 따라 다를 수 있다.

● FICO 점수

흔히 크레딧 점수로 사용되는 FICO 스코어는 300-850 의 범위에서 세 자리 숫자로 표시되며, 대개 580 미만은 '나쁨(Poor)', 580-669 는 '보통 (Fair)', 670-739 는 '좋음(Good)', 740-799 는 '아주 좋음(Very Good)', 그리고 800 이상이면 '최고(Excellent)'로 분류된다. 이것은 기본 점수 (Base FICO Score)로, 크레딧카드사나 자동차 융자사 등에서는 다른 버젼의 크레딧 점수 시스템을 사용할 수 있다. 미국인의 평균 FICO 점수는 695 라고 한다. 크레딧 점수에 대한 정보를 더 알고 싶으면 myFICO.com (*Understanding FICO Scores*)를 참고하기 바란다. FICO 점수 외에도 501-990 의 범위로 표시되는 Vantage Score 라는 것도 있으나, FICO (myFICO.com)에 의하면 미국 내 대형 융자회사들의 약 90%가 FICO 점수를 사용한다니 그에 대한 설명은 생략하기로 한다.

이제 FICO 점수가 어떻게 구성되는지에 대해 알아보자. 앞의 차트에 의하면, FICO 점수는 각종 지급금을 늦지 않았는지에 대한 내역이 35%, 부채가 30%, 크레딧 계좌의 보유 기간이 15%, 신용 계좌의 종류가 10%, 새로운 계좌/융자가 10%이다 (자료: myFICO.com). 이걸 자세히 살펴보면 첫 세 가지가 무려 80%나 차지한다. 좋은 크레딧을 쌓는 데는 우리 모두가 어차피 지켜야 하는 상식적인 생활습관, 즉, '돈은 최소로 빌리고 각종 납부금을 늦지 않게 내고, 또한 신용 계좌를 자주 여닫지 않는 것이 얼마나 중요한지를 알 수 있다.

새로운
계좌/융자
10%

신용계좌
종류10%

신용계좌
소유 기간
15%

페이먼트
납부 내역
35%

빚/융자
금액 30%

◑ 25%오류

FTC (Federal Trade Commission)의 2013 년도 조사에 의하면 소비자의 25%가 자신들의 크레딧 리포트에서 최소한 한 개 또는 그 이상의 오류를 발견했다고 한다. 그중 5%가 융자 시 이자율에 영향을 줄 정도의 심각한 오류였다고 한다 (In FTC Study, Five Percent of Consumers Had Errors on Their Credit Reports That Could Result in Less Favorable Terms for Loans). 그래서 우리는 크레딧을 정기적으로 점검하고 오류가 없는지를 살펴야 한다.

◑ 7 년 보전

당신의 모든 크레딧 관련 기록은 대개 7 년 동안 보전된다. 파산 신청을 하였거나 양육비, 위자료 등 법원으로부터 지급명령을 받은 적이 있다면 그 정보는 무려 10 년 동안이나 당신의 크레딧 기록에 보관이 된다. 단, 당신이 거주하는 주(state)의 법에 따라 차이가 있을 수 있다. 아무튼, 크레딧을 망치는 건 쉽지만 한번 망가진 크레딧을 다시 회복하는 건 개인 정보의 보전 기간이 오래되기 때문에 쉽지 않은 이유이다.

◑ 1 년에 한 번씩 점검

두말할 필요 없이 나의 크레딧 정보에 오류가 있는지를 정기적으로 살피고 늘 신경 써서 관리하는 건 아주 중요하다. 보통은 개인의 크레딧 자료를 열람하려면 돈이 들지만, 본인의 크레딧은 12 개월에 한 번씩 무료로 확인할 수 있다. 세 개의 크레딧 관리 회사 모두에서 자료를 받아 볼 수 있는데, 이는 크레딧 관리 회사를 통하는 것이 아니라 AnnualCreditReport.com 이나 1-877-322-8228 에 전화를 함으로써만 가능하다. 웹사이트에서 필요한 신청서를 받아 작성하여 우편으로 보낼 수도 있다. 크레딧 리포트나 모니터링 서비스를 파는 등, 돈을 벌기 위해 만들어진 이름이 비슷한 웹사이트가 많으니 주의하여야 한다. 금융사 간의 치열한 경쟁으로 요즘은 많은 크레딧 카드사 등 금융사에서 무료로 크레딧 점수를 제공하니 참고하시라. 자신의 크레딧 정보를 열람하려면 본인 확인을 위해 소셜번호, 월 융자 납부액 등 본인만 알 수 있는 여러 가지 질문에 제대로 답을 하여야 한다.

크레딧 쌓기

➊ 페이먼트 늦지 않기

크레딧 관리 회사에 보고되는 자료는 신용카드비, 전화료, 렌트비, 모기지 등 각종 납부금이 제때 내지고 있는지, 그렇지 않다면 얼마나 늦었는지, 밀린 세금이나 법원으로부터 지급명령을 받은 적은 없는지, 융자가 있다면 잔액이 얼마인지, 그리고 언제 계좌를 개설하였었는지 등, 그 범위가 아주 넓으며 그중 페이먼트 내역이 개인 크레딧 점수의 35%나 차지한다. 대개 전기, 가스 등 공과금 납부 내역은 보고되지 않지만 늦으면 보고가 될 수 있다. 정기적으로 지급해야 하는 항목들을 늦지 않고 제때 내기 위한 가장 좋은 방법은 모든 걸 자동화해 놓는 거다. 요즘은 인터넷 뱅킹으로 무료로 설정하기가 아주 쉬우니 최대한 이용하기 바란다. 만약 인터넷 사용이 불편하다면 누구에게 돈을 주고라도 배울 것을 적극적으로 권한다.

만약 해킹 등이 염려되어 인터넷 뱅킹 사용이 주저된다면 가능한 한 많은 납부금이 신용카드에서 자동으로 나가도록 설정해 놓는 것도 좋다. 물론, 별도의 비용을 받지 않는 회사들에 한해서이다. 전기나 수도 등 공과금을 받는 회사들은 수수료 때문에 대개 카드를 받지 않거나 카드 사용료를 고객에게 별도로 부과하므로 해당 회사에 연락하여 자신의 은행에서 매월 자동으로 빠져나가도록 한다. 전화나 텔레비전 사용료 등 우리가 '선택'할 수 있는 회사들은 대개 신용카드를 별도의 비용 없이 받는다. 나는 모든 정기적인 납부금이 은행이나 신용카드에서 자동으로 지급되도록 하고, 은행 계좌와 신용카드의 거래내용은 전화의 문자 메세지로 오도록 설정해 놓았다.

● 많지 않고 적지도 않은 빚과 신용계좌 수

융자금과 신용계좌 수는 FICO 점수의 40%를 차지한다. 너무 많은 빚과 신용계좌가 있으면 위험도가 높아져서 안 되고, 그렇다고 너무 부족해도 신용도를 가늠하는 게 힘드니 안 된다. 어떤 사람들은 '빚'지는 것이 싫다고 모든 걸 현찰로 구매하기도 하는데, 그것이 경제적으로 아주 책임감 있는 일이기는 하지만, 크레딧을 쌓는 데는 도움이 되지 않는다. 몇개의 신용 계좌에 얼마만큼의 대출금이 있는 것이 '최선'인지에 대한 규정은 없지만, 보통 다양한 종류의 계좌와 적당한 금액의 융자액이 선호된다. 즉, 세 개의 신용카드 계좌보다는 신용카드 둘과 모기지, 또는 신용카드, 자동차 융자, 모기지 등 이렇게 골고루 있는 것이 도움이 된다. 하지만 같은 금액이라도 학생 융자가 크레딧카드 빚보다 유리하게 계산된다. 신용 계좌의 다양성은 FICO 점수의 10%, 빚은 30%를 차지한다.

● 낮은 크레딧 이용률

당신이 얼마나 자신을 절제할 수 있는지를 재는 것이 크레딧 이용률 (Credit Utilization Rate)이며, 계산 방법은 아래와 같다.

크레딧 이용률 = 총대출금 ÷ 크레딧 한도

예를 들어, 당신의 신용카드 한도액이 $3,000 이고 월평균 사용액이 $2,000 이라면 당신의 크레딧 이용률은 67%이다(2,000 ÷ 3,000 = 0.67 또는 67%). 신용카드가 한 개 이상이라면 한도액과 잔액을 모두 합산하여 계산한다. 만약 당신이 두 개의 카드가 있고 두 번째 카드의 한도액이 $2,000, 평균 사용액은 약 $500 정도라면, 당신의 크레딧 이용률은 50%이다[($2,000 + $500) ÷ ($3,000 + $2,000) = 0.5 또는 50%]. '가장 좋은' 크레딧 이용률에 대한 규정은 없지만, 대개 30% 미만이 좋다고 여겨진다. 인터넷으로 검색해 보면 10% 미만으로 유지해야 한다는 사람들도 있다. 그래서 나는 평소보다 카드 사용이 많아서 크레딧 이용률이 높아질 것 같으면 청구서를 기다리지 않고 그만큼의 대금을 납부한다. 크레딧 이용률은 FICO 점수를 계산하는 다른 항목들과 달리 당신이 쉽게 조절할 수 있으니 당장 관리하시라.

❍ 크레딧 계좌의 기간

대부분 크레딧 정보는 7년간 보관되므로 '최고 점수'를 받으려면 이론적으로는 적어도 7년이 걸린다. 이 크레딧 계좌 보유 기간은 FICO 점수의 15%를 차지하므로, 크레딧 계좌를 자주 열고 닫는 건 좋지 않다. 그러니 쇼핑할 때 계산대에서 자기네 카드를 만들면 "특별 할인"을 해 준다는 등의 유혹에 빠지지 마시라. 신용카드를 신청할 때마다 카드를 발급받든 받지 못 하든 상관없이 점수가 조금씩 깎이기 때문이다. 물론, 크레딧 계좌가 부족하고 그 가게에서 자주 쇼핑한다면 고려해 볼 가치가 있다.

❍ 크레딧 쌓기 위한 담보 대출

만약 당신이 부모 집에서 살거나 하여 당신 이름으로 된 공과금이나 대출금 없이 신용카드만 한두 개 사용하고 있다면 크레딧을 쌓는 데 한계가 있을 수밖에 없다. 이런 경우에는 단기 담보 대출을 받는 걸 알아보는 것도 좋은 방법이다. 은행에서 CD를 사고 그걸 담보로 융자를 받아 갚아나가는 건데, 비록 이자가 나가긴 하지만 크레딧을 쌓는 데는 아주 효과적이다. 대개 이런 종류의 개인 융자는 12개월로, 은행에 따라 원하는 최저금액과 이자가 다르니 여러 곳을 비교하고 결정하는 것이 좋다.

❍ 보증 서주지 말 것

보증을 서는 것을 영어로 코사인 (cosign) 한다고 하는데, 이는 한국이나 미국이나 상관없이 하지 않는 것이 상책이다. 보증이 필요한 사람은 본인 스스로 집을 빌리거나 융자를 받을 수 없는 상황에 있기 때문에 보증인이 필요한 거다. 다시 말하면, 신용이 안 좋아서 믿을 수 없거나 소득이 낮아서 상환 능력이 부족한 사람이라는 뜻이다. 최근에 성인이 되거나 한국에서 온 사람이라면 미국에서의 크레딧이 나쁜게 아니라 크레딧 자체가 없어서 문제가 되는 예외의 경우가 있기는 하다.

어쨌든 왜 보증인이 필요한지를 떠나 중요한 건, 당신이 누군가를 위해 보증을 선다면 그 순간 당신도 법적인 채무자 또는 임차인이 되고 당신의 크레딧에도 보고가 된다는 거다. 그래서 원채무자나 원임차인이 단 한번이라도 페이먼트를 늦게 내면 당신의 크레딧이 안 좋아진다. 따라서, 당신이 대출금을 대신 갚을 의지와 경제적 능력이 없다면 어떤 사람을 위해서도 보증은 서주지 말아야 한다. 냉정하게 들리겠지만 이는 상대가 부모, 자식이라도 마찬가지이다. 보증은 당신에게 법적, 경제적 책임이 생기는 일이고, 그로 인해 힘들게 쌓아온 크레딧과 자산을 한번에 날릴 수 있는 위험천만한 일이기 때문이다. 부득불 보증을 서게 된다면 페이먼트를 당신이 직접 보내는 것이 당신의 크레딧을 보호하는 유일한 방법이다.

● 무엇이 신용에 더 큰 영향을 끼치는지 알 것

만약 돈이 충분하지 않아서 페이먼트를 다 낼 수 없는 처지가 된다면 어떤 것이 크레딧에 더 많은 영향을 끼치는지를 아는 건 상당히 유용하다. 모기지와 자동차 페이먼트같이 금액이 높은 것이 금액이 적은 인터넷 사용료보다 크레딧 점수에 더 많은 영향을 끼친다. 또한, 가장 최근의 페이먼트 명세가 오래된 것보다 더 중요하게 여겨진다. 그리고 같이 늦게 내는 페이먼트라도 내가 미리 사용한 서비스에 대한 비용을 내는 것은 크레딧에 영향을 끼치지만, 서비스 비용을 미리 내는 경우는 별로 영향을 주지 않는다. 예를 들어, 비슷한 금액의 전화비 (미리 서비스를 쓰고 내는 돈)와 자동차보험료 (보험 서비스를 위해 미리 내는 돈) 중 하나밖에 낼 수 없다면 전화비를 내는 것이 크레딧 관리에 더 효과적이다. 물론, 보험료를 내지 않으면 보험이 취소될 수 있는 또 다른 위험요소가 발생하긴 하지만 말이다. 만약 당신이 건강의

문제나 실직 등으로 인해 단기간의 경제적 곤란이 예상된다면 당장
페이먼트를 내야 하는 모든 회사에 연락하여 그 기간의 페이먼트를
미루거나 낮출 방법이 있는지 알아보기 바란다. 당신이 그동안 늦은
적이 없고 친절하게 물어볼수록 상대방 직원도 당신을 도와주고 싶은
마음이 커지는 게 인지상정이다. 만약에 금융 회사에서 당분간
페이먼트를 미루거나 낮추는데 '허락'을 해주지 않아도, 페이먼트를
아예 내지 않는 것보다는 적은 금액이라도 보내면 (어쩌면) 회사에서
크레딧 관리 회사에 '늦음'으로 보고하지 않을 수도 있다. 물론,
회사마다 업무 처리 방식이 다르니 한곳에서 협상이 잘 되었다고 다른
곳에서도 그러리라는 보장은 없다.

◑ 크레딧 모니터링

아마 당신도 Target 이나 크레딧 관리 회사 중 하나인 Equifax 의
해킹에 대해 들었을 것이다. 우리가 사는 이 시대는 누가, 어디에서,
무엇을, 언제 구매하는지 등의 소비습관은 물론, 소셜 번호, 생년월일
등 모든 개인정보가 전산화돼 우리가 이용하는 회사나 기관에 보관돼
있다. 그래서 한곳만 해킹을 당하면 우리의 모든 정보는 무방비로
노출될 수밖에 없다. 어쩌면 금융 관련 모든 행위 자료를 보관하는
크레딧 관리 회사인 Equifax 의 최근 해킹으로 당신의 개인 정보는 이미
인터넷으로 판매가 되고 있다고 믿는 것이 틀리지 않을 것이다. 이런
현실에서 우리가 할 수 있는 게 무엇이 있을까? 내 크레딧을
정기적으로 열람하고 나도 모르는 사이에 누가 내 카드를 사용하지는
않는지, 또는 내 명의를 도용하여 카드나 융자를 받지는 않는지 등을
감시할 수밖에 없다.

다행히 누구나 12 개월마다 한 번씩 세 곳의 크레딧 관리 회사가
보유한 자료를 AnnualCreditReport.com 에서 무료로 조회할 수 있으니
적극적으로 활용하시라 (비슷한 이름의 웹사이트가 많으니 조심해야
한다). 지금은 자신의 크레딧에 오류가 없지만 명의도용이 걱정된다면,
예방 차원에서 자신의 크레딧을 동결 (freeze)해 놓는 것도 좋은

방법이다. 자신의 크레딧을 동결해 놓으면 당신이 그것을 취소시킬 때까지 아무도 (당신 자신도) 당신의 정보를 사용하여 신용카드나 융자를 받을 수 없다. 동결 신청 시와 취소 시 크레딧 관리회사에 각 $5-$10 정도의 비용이 들던 서비스인데 2018년부터 무료이다. 조만간 신용카드나 융자를 받을 계획이 없는 사람이라면 마음의 평화를 위해 크레딧의 동결조치는 고려해 볼 가치가 충분하다.

크레딧 오류 정정하기

◑ 누구나 할 수 있는 일

슬프게도, 나쁜 크레딧을 하루 아침에 고칠 수 있는 '요술 방망이'는 없다. 크레딧 리포트에 있는 오류를 정정하는 것도 마찬가지다. 서비스 비용만 지급하면 나쁜 크레딧과 오류를 빠르게 고쳐 주겠다고 약속하는 광고는 많지만, 현실적으로 그들이 할 수 있는 건 당신이 직접 할 수 있는 일, 그 이상은 아니다. 불편한 영어 때문에, 또는 바빠서 시간이 없는 당신이라면 자신의 크레딧 리포트에 있는 오류를 고치는데 돈이 좀 들어도 '전문가'를 쓰는 게 더 효과적일 거라 생각할 수 있다. 하지만 그들에게 문제를 설명하고 증빙 자료를 제공하는 건 어차피 모두 당신이 해야 할 일이고 가장 많은 시간이 소요되는 부분이다. 그러니 가능하면 당신이 직접 하여 돈을 절약하고 그 절약된 만큼의 돈을 저축/투자할 것을 권한다.

◑ 서류 준비/보내기

크레딧 리포트에 있는 오류를 정정하기 위해서는 당신의 주장을 뒷받침하는 서류가 필요하다. 예를 들어, 당신 모기지의 대출금액이 틀리게 돼 있으면 모기지 금액이 제대로 기재돼 있는 스테이트먼트를, 자동차 페이먼트를 늦은 적이 없는데 늦었다고 돼 있으면 은행에서 늦지 않게 돈이 나간 자료를 준비하면 된다. 그렇게 한 다음 편지를 작성해야 하는데, FTC (Federal Trade Commission)에서 권하는 샘플 (Sample Letter for Disputing Errors on Your Credit Report)은 다음과 같다:

[Your Name]
[Your Address]
[Your City, State, Zip Code]
[Date]
Complaint Department
[Company Name] [Street Address] [City, State, Zip Code]

Dear Sir or Madam :

I am writing to dispute the following information in my file. I have marked the items I dispute on the attached copy of the report I received.
This item [identify i tem(s) disputed by name of source, such as creditors or tax court, and identify type of item, such as credit account, judgment, etc.] is [inaccurate or incomplete] because [describe what is inaccurate or incomplete and why]. I am requesting that the item be removed [or request another specific change] to correct the information.
Enclosed are copies of [use this sentence if applicable and describe any enclosed documentation, such as payment records and court documents] supporting my position. Please reinvestigate this [these] matter[s] and [delete or correct] the disputed item[s] as soon as possible.
Sincerely,
Your name
Enclosures : [List what you are enclosing.]

위의 샘플 편지에 괄호 안의 내용을 당신의 상황에 맞게 적고 서명한 뒤, 제반 서류와 당신 크레딧 리포트의 오류 부분을 형광펜으로 표시하여 해당 크레딧 관리 회사로 보내면 된다. 이런 절차들은 자세한 기록을 유지하는 것이 중요하므로 일반 우편보다는 배달되는 시간과 받는이의 조회가 가능한 등기우편 (registered mail)으로 보내는 것이 좋다.

❶ 그 다음...

크레딧 정보 관리 회사에서 당신이 보낸 서류를 받으면 그들은 30일 이내에 오류 확인을 위한 조사를 시작하고 관련 회사들과 정보를 공유하여야 한다. 만약 조사 결과 당신의 주장이 옳다고 판명되면, 이 정보 또한 공유되고 해당 기관은 정정해야 한다. 더불어, 당신은 지난 6 개월 이내에 당신의 크레딧을 점검한 회사/기관에 정정된 리포트 (notice of correction)를 보내도록 요구할 수 있고, 당신이 잘못된 정보 때문에 융자를 거부당했다면 이 과정을 거치고 다시 신청할 수 있다. 만약 취직에 지장이 있었다면 (금융 기관은 크레딧을 특별히 중요하게 여긴다) 지난 2 년 이내에 당신의 크레딧을 열람한 회사들에 정정된 리포트를 보내도록 할 수 있다.

기타

◑ 삶 전체에 얽히고설킨 크레딧

크레딧은 그 자체로 독립적인 문제가 아니라, 거미줄같이 당신의 삶 전체에 영향을 주는 아주 중요한 문제이다. 그러므로 좋은 크레딧을 쌓기 위해서는 자신의 소비습관은 물론, 주변인들을 현명하게 선택하는 것도 중요하다. 그래서 나는 결혼하는 사람들에게 서로의 크레딧 리포트를 교환하라고 권유한다. 아무리 서로 사랑해도 낭비벽이 있거나 돈을 모을 줄 모르는 사람과 살다 보면 문제가 생길 수밖에 없다. 현재 빚이 있거나 결혼 후에도 가족을 도와주어야 한다면 솔직하게 밝히고, 그것이 결혼생활에 어떤 영향을 미칠지를 논의하여야 한다. 솔직함은 행복한 결혼 생활의 기본이며, 결혼 전 각자의 크레딧과 재무 상태를 교환하는 것은 그 시작이다.

◑ 도를 닦는 마음으로...

미국에서 잘살려면 절차를 지키는 것이 아주 중요한데, 그러려면 도를 닦는 인내심이 정말 필요하다. 마음에 안 든다고 목소리를 높이면 직원이 도움을 줄 수 있는 일도 안 해주어서 결국 나만 손해를 보기 때문이다. 크레딧 오류를 정정하는 것뿐만 아니라 다른 모든 일을 처리할 때 상대편 직원이 실수하거나 영어가 완벽하지 않은 당신을 다소 무례하게 대하여도 화를 내면 안 된다. 참을 수가 없으면

(공손하게) 매니저를 요구하여 그 직원에 대해 항의를 하면 된다. 한국에서 목소리가 큰 사람이 이기는 걸 흔하게 보며 자란 내가 이런 미국의 문화를 이해하고 적응하는 데 족히 10년은 걸린 것 같다. 아무리 답답해도 서두르지 말고 이 모든 과정을 꼼꼼히 기록하고 자료를 모아두기 바란다. 정정이 끝난 후에도 지속해서 크레딧 관리를 하는 건 기본이다. ▨

(Image: freerangestock.com)

Chapter 3

신용카드와 융자

신용카드는 미국 사회에서 신용을 쌓거나 편리하게 생활하는 데 아주 필요하고, 대부분 미국 사람이 자동차나 집은 융자를 이용하지 않으면 살 수가 없다. 융자를 받지 않으면 대학 교육을 받기도 힘들다. 하지만, 이 필요하고 중요한 신용카드와 융자는 개인의 재정을 망치는 주범이기도 하다.

1. 신용카드
2. 융자

신용카드

◑ 신용카드의 종류

신용카드는 보너스 포인트의 종류와 서비스 등 여러 가지로 분류된다. 미국에서 가장 많이 사용되는 네 개의 신용카드사 네트워크는 비자 (Visa), 마스터 (Master), 아메리칸 익스프레스 (American Express 또는 AMEX), 그리고 디스커버 (Discover)이다 (매출액이 큰 것부터). 어디에서 카드를 발급받든 위의 네트워크 중 하나와 연결이 된다. 보증 신용카드 (Secured credit card)는 대개 신용카드를 발급받을 수 없는 사람이 크레딧 점수를 높이기 위해 예치금을 미리 넣고 그 한도 내에서 쓰는 카드이다. 돈을 미리 넣어 둔 만큼만 쓸 수 있다는 점에서 데빗카드와 비슷하지만, 크레딧 관리 회사에 보고가 되지 않는 데빗카드와 달리 보증 신용카드는 보고가 되고 크레딧에 도움이 된다.

◑ 비용 조심

신용카드는 연회비, 연체료, 이자, 해외 사용료 등 여러 가지로 들어가는 비용이 많아서 조심해야 한다. 연회비가 있는 카드는 대개 화려해 보이는 많은 혜택을 제공하는데, 개인이 실제로 사용하지 않으면 가치가 없다. 그러므로 연회비와 혜택을 꼼꼼히 따져 보고 결정해야 한다. 나는 개인적으로 나에게 연회비 이상의 가치가 있는 카드를 보지 못 하여 연회비가 없는 카드만 사용하고 있다. 신용카드 대금을 매월 전액 완납하지 않으면 최소한 10%에서 25% 이상의 고금리 연이자가 붙는다. 그러므로 평소에 카드 대금을 완납하는 당신이라도, 만약에 대금 지급이 늦을 경우를 대비하여 이자율을 최대한 낮추도록 한다. 크레딧이 좋은 사람은 카드사에 전화하여 이자율을 낮춰달라고 하면 카드사에서 협조한다. 카드 비용을 잘 내는 당신을 다른 카드사에 뺏기지 않기 위해서이다. 또한, 대금을 하루라도

늦게 내면 다음 달 청구서에 이자와 더불어 $25-$35 정도의 연체금이
붙는데, 이럴 경우에 전화를 해서 연체금을 빼달라고 부탁해 보는 것도
좋다. 어떤 상황에서든 침착하고 공손하게 부탁할 때 얼마나 좋은 일이
생길 수 있는지 직접 경험해 보시라. 만약 면제해 주지 않아도 당신
입장에선 잃을 게 없다.

◑ 보너스 '미끼'

경쟁이 심한 신용카드사들은 고객을 잡기 위해 캐시백 (cash back),
마일리지, 저렴한 해외 사용 수수료 등으로 유혹한다. 캐시백은 보통
월 카드 사용료의 1% 정도를 고객이 돌려받는 건데, 이를 모아서
현찰로 받거나 (카드 대금 줄임) 자선단체에 기부, 또는 신용카드사와
자매결연을 맺은 다른 가게들의 선물권을 할인해서 살 수도 있다. 나는
오래전에 마일리지 카드를 주로 사용했었는데 그걸 사용할 수 있는
날짜나 시간 등 내가 필요할 때 쓰는 데 여러 가지 제한이 많아서 결국
다 쓰지도 못 하고 카드를 취소했다. 지금은 캐시백을 주는 카드를
사용하고 모은 포인트로 내가 애용하는 식당이나 가게의 선물권을
저렴하게 구매하여 사용한다. 나는 그 선물권을 사용하여 세일 기간에
내 옷을 사므로, 내가 직접 돈을 내고 옷을 사는 일이 별로 없다. 그런
나를 남편은 내가 '훔친 옷'을 입는다고 놀리곤 한다. 물론, 내가 옷을
자주 사지 않고 세일할 때만 쇼핑하니 가능한 일이다.

이렇게 신용카드사에서 제공하는 캐시백 보너스를 사용하여
쇼핑을 '공짜'로 하는 재미는 참 쏠쏠하지만, 이것은 내가 돈을 써야만
얻어진다는 사실을 잊으면 안 된다. 그러므로 신용카드가 없어도
어차피 사거나 지급하는 비용 등에만 현명하게 사용해야지, 더 많은
보너스 포인트를 쌓기 위해 카드를 사용하는 건 아주 바보 같은 짓이다.
누가 당신에게 $1 을 줄 테니 $100 을 달라고 하면 '미쳤다' 하지
않겠는가? 이렇듯 신용카드사들이 제공하는 보너스 포인트들은
고객들로부터 자사의 카드를 더 많이 사용하라고 던지는 '미끼'에
불과하다. 가끔 카드사들이 '특별 기간'을 설정하고 일정 가게나

주유소 등에서 사용하는 금액에 대해서는 5%까지 돌려주기도 하는데, 이런 '미끼'에 넘어가서 필요하지도 않은 구매를 하는 우를 범하지 말자. 즉, $5 의 '보너스'를 받기 위해 $100 을 쓰지는 말자.

◑ '특별 세일'의 함정

신용카드사에서 보너스 포인트 등 혜택을 제공하며 고객을 유혹하듯, 일반 비즈니스들도 고객을 끌기 위해 각종 '특별 세일'을 많이 하는데, 이것도 당신이 꼭 필요한 게 아니라면 무시하여야 한다. 가구같이 경기를 심하게 타는 비즈니스들은 가끔 '몇 년간 원금은 물론, 이자조차 내지 않아도 된다 (No interest, no payments until 20xx)'며 마치 물건을 공짜로 주는 양 선전을 하기도 하는데, 여기에는 깊은 함정이 있다. 물건의 가격이 높거나 '특별 기간' 동안 대금을 완납하지 않으면 대개 밀린 이자 폭탄이 붙기 때문이다. 조심하자.

◑ 카드 대금 돌려막기

신용카드사에서 보내는 청구서를 보면 항상 미니멈 페이먼트 (minimum payment)라는 아주 적은 금액이 명시돼 있다. 카드사에서는 고객에게 마치 그 금액만 내라는 듯한 메세지를 보내며 고객이 그 금액만 보내길 바라는 이유는 엄청난 이자를 받기 위해서이다. 미니멈 페이먼트는 보통 이자와 원금의 1~2%로 책정되는데, 비싼 이자를 내며 겨우 쥐꼬리만큼의 원금만 갚아 나간다면 고객이 모든 카드 대금을 완납하기까지 몇십 년이 걸릴 수 있다. 그나마 내지 않으면 이자에 이자가 붙고 별도의 연체금은 눈덩이처럼 불어나서 카드 대금이 불과 몇 년 사이에 두 배가 될 수 있다. 그래서 신용카드를 무서워하며, 사용 후 반드시 대금을 완납하지 않으면 고리 대금업자에게 급전을 빌리는 것과 같은 위험한 상황에 빠질 수 있다.

별생각 없이 미니멈 페이먼트만 내거나 카드 대금을 완납하지 않으면 이런 위험을 바로 피부로 느끼게 되는데, 그러면 다른 카드사로 대금을 옮기면 일정 기간 0%와 같은 무이자나 초저금리의 이자를 주겠다는 광고에 솔깃해질 수밖에 없다. 물론, 이것 또한 '황금알'을 낳는 고객 유치를 위한 미끼로, 많은 경우 옮기는 카드 총액의 3~5%를 수수료로 받고 짧은 '스페셜 기간'이 지나면 높은 이자가 붙는다. 카드사들이 이렇게 무이자나 초저금리로 유혹하는 건 물론, 고객이 카드 대금을 그 짧은 기간 내에 갚지 못 하고 결국 비싼 이자를 낼 수밖에 없을 거라는 나름의 확신이 있기 때문이다. 초기 수수료로 받는 전체 카드 대금의 3~5%도 달콤할 테고... 만약 당신이 신용카드 대금으로 곤란한 상태에 있다면 이런 각종 비용과 조건을 잘 따져 보고 결정하시라. 물론, 자신이 '경제적 비상사태'에 있음을 인정하고 이 빚을 갚는 데 최선의 노력을 해야함은 두말할 필요가 없다.

❶ 로콜 비즈니스 돕기

신용카드는 편할 뿐만 아니라 잘 활용하면 크레딧이 좋아지고, 어차피 써야 하는 비용을 카드로 지급했다고 보너스 포인트를 받아 '공짜 쇼핑'까지 할 수 있으니 더없이 고마운 현대 생활의 필수품이다. 그런데 나는 이 편리하고 고마운 신용카드를 쓰지 않고 가능하면 불편하더라도 현찰을 사용할 때가 있다. 그건 지역의 소규모 비즈니스나, 큰 체인이라도 내가 애용하므로 그 회사가 오래오래 잘 되길 바라는 가게에서 쇼핑할 때이다.

카드사들이 제공하는 현금 보너스가 어디서 나오는지 궁금하지 않은가? 그것은 대개 당신이 신용카드를 사용하는 가게의 주인이 신용카드 단말기를 쓰고 카드사에 지급하는 수수료에서 나온다. 즉, 당신이 쇼핑하는 가게의 주인이 당신의 캐시백 보너스를 주는 셈이다. 그런데 소비자 입장에서는 쇼핑하고 같은 1%의 캐시백을 받더라도, 비즈니스 오너들이 카드사에 지급하는 수수료는 천차만별이다. 보통 소규모 자영업자들은 3~5%의 높은 수수료를 내는데, 그들은 대규모 회사들처럼 카드 수수료를 할인받기가 힘들기 때문이다. 그래서 살아남기 위해 단 $1 이라도 아껴야 하는 소규모 비즈니스들은 자구책으로 수수료가 높은 카드를 받지 않거나 미니멈 액수를 정해 놓기도 한다. 그런 사정을 잘 알기 때문에 나는 가능하면 지역의 소규모 자영업자와 내가 좋아하는 가게를 도와주는 의미에서 나의 1% 캐시 보너스를 기꺼이 포기하고 불편한 현찰 사용을 감수한다. 로콜 비지니스 (local business)가 지역경제에 얼마나 중요한지를 알고, 내가 좋아하는 가게가 오래오래 살아남기를 바라는 '이기적인' 이유이기도 하다. 혹시나 당신에게도 아끼는 가게가 있다면 한번쯤은 생각해 보라는 의미에서 이 섹션을 넣었다.

융자

❶ 학생 융자

학자금이 유난히 비싼 미국에서는 융자를 받지 않고서는 대학 교육을 받기가 아주 힘들다. 사립대보다는 저렴한 주립대들도 1년 학비와 기숙사비를 포함하면 $20,000이 쉽게 넘으며, 자기가 거주하는 주가 아닌 다른 주의 주립대에 다니려면 거의 사립대 수준의 비용이 든다. 혹시나 집 근처의 주립대에 다니고 기숙사비를 내지 않아도 1년 학비만 대개 $10,000 이상이다. 따라서 많은 학생이 부득불 학생 융자를 받는데, 문제는 자신의 아이들이 대학에 갈 때까지도 다 갚지 못 하는 이들이 많다는 거다. 학생 융자는 광범위하게 미국인들의 경제를 압박하는 큰 문제이므로 별도로 다루었으니, [CHAPTER 6 교육 플랜]을 참조하시라.

❶ 담보 대출

삶에 기본적으로 필요한 집과 자동차를 살 때 받는 융자는 가장 흔한 담보 대출이며, 이것은 많은 사람이 버거운 대출금 때문에 경제적 곤란을 겪게 하는 주범이기도 하다. 따라서 많은 사람이 평생을 짊어지고 사는 이런 융자들을 받을 때는 여러 군데 알아보고 꼼꼼히 비교한 후 결정하는 것이 중요하다. 물론, 좋은 조건으로 융자를 받으려면 좋은 크레딧이 첫 번째 기본 조건임은 두말할 필요가 없다. 우리가 알아야 할 점은, 모기지 융자는 같은 비용이라도 이름이 다를 수 있는 등 융자에 대한 지식이 없는 사람이 회사간 비용을 직접 비교하는 것이 쉽지 않다는 것이다 (다른 복잡한 금융상품들과 같이 모기지도 일반 고객들이 단순비교를 하기 힘들어서 '담당자'에게만 의존하게 되는 현상은 우연은 아니리라).

아무튼, 가장 조심해야 할 것은 '창의적 (creative)'인 융자 조건에 유혹되지 말아야 한다는 거다. 보통 집을 담보로 융자를 받으려면 20%의 담보금을 요구하는데, 그 돈이 없는 사람들이라도 집을 살 수 있도록 융자를 내주는 회사들이 있다. 2008 년도 즈음에 시작된 대경기침체 (great recession) 이전에는 담보금이 하나도 없거나, 심지어는 직업이나 일정한 소득이 없는 사람에게조차도 융자를 내주는 회사들이 있었다. 그런데 융자회사 입장에서 보면 담보금을 적게 내는 사람들에게 융자를 해주면 위험부담 (risk)이 늘어나므로 대개 모기지 보험 (PMI-private mortgage insurance)이라는 것을 융자자에게 들게 한다. 이는 융자자가 대출금을 갚지 못할 경우를 대비하여 융자 회사의 손해를 막기 위한 보험 (이것은 집주인이 화재나 토네이토 등에 대비하여 드는 집보험과는 별도이다)으로, 비용은 총융자액의 약 0.5~1.0% 정도이다. 예를 들어, 당신이 10%의 담보금을 내고 $300,000 의 융자를 받았다면 약 $3,000 이나 되는 보험료를 별도로 내야 한다. 크레딧이 좋아도 집값 대비 융자율이 80% 이상이면 이자율이 높아진다. 자기가 거주할 집을 사면서 20%의 담보금을 낼 수 없는 사람들은 대개 경제적으로 여유롭지 못 하다. 그런 그들에게 위험부담이 높으니 (20% 이상의 담보금을 낼 수 있는) 다른 사람들보다 더 높은 이자를 내고 별도의 보험까지 들라고 하니, 돈이 없는 사람들은 이래저래 더 힘들게 살 수밖에 없는 구조이다.

최근의 대경기침체 (great recession) 동안 천만 명 이상의 미국인들이 집을 잃었다. 그 배경에는 나쁜 경제, 직업이나 소득에 관련된 서류 확인도 하지 않고 융자를 마구 내준 금융회사들, 그리고 융자를 준다고 본인이 갚을 능력도 안 되면서 그걸 덥석 받은 개인들 등 비난의 요인이 복잡하게 존재한다. 그 후 10여 년이 지난 2019년 현재, 미국의 경제는 거의 '완벽 고용'에 가깝고 40%까지 폭락했던 주식 시장은 최고치를 경신하는 등, 여러 경제 지표상 '안정권'에 접어들었다고 한다. 살아남은 금융회사들은 주주들에게 높은 배당금을 지급하는 등 축제 분위기다. 하지만, 그때 집을 잃은 사람들은 대부분 아직도 경제적 고통에서 회복하지 못 하고 있다. 어쩌면 평생 회복이 불가능할지도 모른다. 무책임하게 융자를 남발한 모기지 회사들의 대표가 감옥에 가거나 집을 잃었다는 소식을 나는 아직 듣지 못했다.

이런 현실에서 우리가 할 수 있는 건 허리띠를 졸라매고 저축하여 또 다른 경제적 혼동이 와도 쓰러지지 않을 정도의 경제적 안정을 이루어야 하는 것 이외에는 없다. 그러려면 충분한 담보금이 없어도 융자를 주거나 페이먼트를 줄이기 위해 이자만 내도 되는 interest only 같은 여러 가지의 '창의적인' 융자를 경계해야 한다. 이자만 내는 interest only 모기지는 말 그대로 이자만 내고 대출금은 아무리 시간이 지나도 갚아지지 않는다. 또한, 이런 융자는 대개 융자자를 유혹하기 위해 초기 몇 년만 낮은 이자를 적용하는데, 그 기간이 지나면 페이먼트가 갑자기 올라가므로, 그 사이 집값이 오르지 않았으면 재융자를 받기도 힘들고 비용 때문에 팔 수도 없다. 그래서 모기지는 반드시 20%가 필요하다고 여기고 특히 요즘같이 이자율이 낮을 때는 20년이든 30년이든 고정 이자율로 융자를 얻는 게 좋다. 집보험 (homeowners insurance)과 세금은 페이먼트에 포함되어 정기적으로 나가도록 한다.

그나저나 얼만큼의 대출금을 받는 게 좋을까? 나는 그 기준을 15년짜리 모기지에 둔다. 대개 융자는 기간이 짧을수록 이자는 낮고 페이먼트는 높다. 그러므로 15년짜리 융자는 많은 사람이 사용하는 30년짜리 융자보다 이자율이 낮지만, 매월 나가는 상환금은 더 많다. 즉, 크레딧이 좋은 두 사람이 같은 금액의 모기지 융자를 받더라도, 15년짜리 융자를 받으려면 30년짜리 융자보다 소득이 더 높아야 가능하다. 그래서 15년짜리 융자를 받을 수 없는 사람이 30년짜리 융자를 받아 집을 사면 당장은 페이먼트를 내는 게 힘들지 않더라도,

차후에 세금이나 보험료가 오르면 경제적 압박이 올 수 있다. 에어콘이나 히터가 고장 나거나 집을 갖고 있으므로 필수적으로 발생하는 기타 수리 비용들도 감당하기 힘들다. 그래서 급여가 자주 인상되지 않는 직업을 갖고 있거나 소득이 불규칙한 자영업자들은 30년짜리 융자를 받아 집을 사더라도 15년짜리 융자가 가능한 한도 내의 가격에서 집을 장만하는 게 현명하다. 집값이 가파르게 오르는 대도시가 아닌 그 외의 지역에 사는 많은 사람은 집에 들어가는 돈은 '투자' 라기보다는 그저 생활비의 한 부분으로 여기는 게 더 좋다. 미국의 평균 집값은 평균 주식시장만큼 오르지 않기 때문이다. 따라서 가능하면 집에 들어가는 돈을 줄이고 (능력보다 작은 집을 사고) 401(k), IRA 같은 은퇴계좌에 최대한 투자하는 것이 자산을 키우는데 더 효과적이다.

자동차나 집 등을 사며 융자를 받을 때는 최소한 세 곳의 금융회사를 알아보아야 한다. 크레딧이 좋지 않은 사람은 지명도가 높은 큰 은행보다는 크레딧 유니온 (credit union-돈 버는 것보다 지역 사회 주민들의 편의가 원래 목적인 신용 조합) 같은 지역의 소규모 은행에서 융자를 받을 수 있는 확률이 높다. 어디에서 융자를 받든 크레딧이 좋지 않은 사람은 이자가 더 높을 수밖에 없지만, 중고차 딜러나 모기지 브로커를 통할 때보다는 크레딧 유니온에서 받는 융자율이 대개 낮은 경향이 있다. 충분한 시간을 두고 많은 곳을 알아본 후 결정하도록 한다.

◑ 무담보 대출

말 그대로 담보 없이 받을 수 있는 융자가 무담보 대출이며, 학생 융자나 신용카드 (대금)가 그 예이다. 금융회사 입장에서는 무담보 대출에 따른 위험 부담이 담보 대출보다 높으므로 이자율 또한 높다. 학생 융자와 신용카드 대금은 모두 무담보 대출이지만, 학생 융자는 일반 신용카드 이자율보다는 훨씬 저렴하다. 대부분 학생 융자는 교육부를 통한 정부 융자이기 때문이다. 담보 대출이건 무담보 대출이건 융자는 최대한 자제해야 하는 건 두말할 필요 없다.

⊙ 사채 (PREDATORY LENDING)

프레데토리 렌딩 (predatory lending)은 비록 전국적으로 지점을 둔 커다란 금융회사가 운영하는 경우가 대부분이지만, 한국어로는 사채에 가깝다. 이자율이 엄청나기 때문이다. 세계에서 가장 부유한 나라인 미국의 대부분 국민이 비상금도 없이 매월 힘들게 살아가고 있는 슬픈 현실을 방증하듯, 고금리 대부업체는 지속해서 성장하고 있다. 대부업체들은 대개 저소득층 지역에 집중돼 있는데, 은행은 가난한 지역에 지점을 여는 것을 꺼리고, 다양한 은행을 비교, 선택할 여지가 없는 주민들은 대부업체들을 사용할 수밖에 없는 구조 때문이다. 이런 저소득층이 흔히 사용하는 서비스의 한 종류는 페이데이 론 (payday loan)으로, 급여를 받기 전에 돈이 필요할 때 쓰는 보통 2주간의 초단기 융자이다. 약 $100 을 빌리는데 $15~$30 의 비용이 드는데, 이걸 연리로 치면 자그마치 390~780%나 된다. 기간이 더 짧은 융자의 이자율은 더 높다 (PaydayLoanInfo.org- *How Payday Loans Work*).

흔히 사용되는 또 다른 서비스는 타이틀 론 (title loan)으로, 급전이 필요한 사람이 자동차나 집의 소유증서인 타이틀 (title)을 맡기고 받는 담보 대출이다. 이는 대개 페이데이 론보다는 융자 기간이 길며, 평균 10 개월 동안 $950 을 빌리면 이자 포함, 평균 $2,140 이 든다고 NBCNews.com 는 보고한다 (*Pay $2,140 to borrow $950? That's how car title loans work*). 연이자로 환산하면 270%이다. 이런 사채 업체는 쳐다보지도 말라는 말은 할 필요도 없다. ▨

Chapter 4

보험

보험은 한 치의 앞을 내다볼 수 없는 우리가 예상치 못한 불의의 사건, 사고로 인한 경제적 파탄에 빠지지 않도록 도와주는 아주 중요한 보호장치이다. 보험을 효율적으로 이용하기 위해서는 보험 상품의 약관을 이해하고 비용을 절약하는 것이 중요하다. 보험 중에서도 혜택이 여러 가지이고 복잡한 상품은 구매 시 각별한 주의가 필요하다.

1. 소멸성 생명보험
2. 저축성 생명보험(종신보험)
3. 유니버설/베리어블 생명보험
4. 어누이티(연금보험)
5. 의료보험
6. 자동차보험
7. 집보험
8. 기타 보험

소멸성 생명보험

◑ 현찰 가치 없고 한정된 기간만 보장

소멸성 생명보험 (Term life insurance)은 간단하다. 일정 기간 내에 피보험자가 사망하면 사망 보험금을 지급하고 생존하면 소멸한다. 예를 들어, 당신이 20 년 동안 $500,000 의 사망 보험금이 지급되는 소멸성 생명보험을 구매하였다고 하자. 만약 당신이 보험 구매 시부터 20 년 이내에 사망하면 보험 회사는 당신의 가족에게 $500,000 을 지급하지만, 생존하면 그동안 낸 보험료와 함께 보험이 소멸한다. 다치거나 장애가 생겨도 사망이 아니므로 보험금은 지급되지 않는다. 만약 20 년의 기간이 지나기 전에 보험을 취소하여도 한 푼의 보험료를 되돌려받지 못한다. 이렇듯 보험 기간이 한정돼 있고 보험 혜택을 받을 수 있는 조건이 사망으로만 한정돼 있어서 소멸성 보험은 단순하고 이해도 쉽다.

◑ 낮은 보험료

그런 이유로 소멸성 생명보험은 보장되는 기간과 혜택의 폭이 넓은 종신형 생명보험보다 월등히 싸다. 예를 들어, 40 세의 신체 건강하고 흡연하지 않는 남자는 한 달에 $30~$40 정도로 20 년짜리, $500,000 의 소멸성 생명보험을 구입할 수 있다 (InstantQuoteLifeInsurance.com). 나이가 젊은 사람은 더 싸다. 여자의 평균 수명이 길기 때문에 같은 조건이라도 여자의 보험료가 남자보다 싸다. 반면에 나이가 많을수록, 건강이 좋지 않을수록 보험료는 당연히 비싸진다. 보험 회사들은 신청서가 접수되면 대개 피보험인의 의료기록과 피검사 등을 바탕으로 보험료를 조정하거나, 위험 부담이 크다고 여겨지면 보험을 팔지 않는다. 소멸성 생명보험의 보험료를 내는 방법은 여러 가지가 있다. 가장 많이 사용되는 건 보험기간 동안 해마다, 또는 매월 같은 보험료 (Level premiums)를 지급하는 것이다. 초기에 높은 보험료를 내고 시간이 지날수록 적은 금액을 내거나, 반대로 초기에 낮은 보험료를 내고 시간이 지날수록 금액을 높여 낼 수도 있다. 어떤 걸 선택하든 피보험자가 납부하는 총보험료는 비슷하지만, 나는 매월 같은 금액을 내는 것을 선호한다. 매월 나가는 경비가 일정하면 예산을 세우기가 수월하기 때문이다.

❶ 필요한 생명보험금

생명보험은 피보험자가 예기치 않게 일찍 사망했을 경우, 남는 가족들이 갑자기 살 곳을 잃는다거나 하는 등의 큰 경제적 고통을 당하지 않도록 도와주기 위해 만들어진 금융상품이다. 따라서 '필요한 보험금'은 개인의 필요와 상황에 따라 다르다. 만약 당신이 오늘 갑자기 사망한다고 가정할 때, 그로 인한 경제적 고통을 받을 가족이 없다면 굳이 보험이 '필요'하지는 않다. 하지만, 누구든 당신의 죽음으로 인해 경제적 곤란에 빠질 사람이 있다면 보험이 필요하다.

필요한 생명보험금을 계산하는 가장 쉬운 방법은 현재 연봉의 최소 10 배 정도를 잡는 거다. 즉, 현재 당신의 연봉이 $70,000 라면 최소 $700,000 정도의 보험이 필요하다. 다음은 당신(가족)에게 '필요'한 금액을 계산하는 건데, 현재 보유 자산이나 부채 정도, 그리고 당신이 원하는 바에 따라 이 금액은 달라진다. 예를 들어, 10 년 이내에 대학을 졸업할 자녀의 학비 $100,000 와 배우자가 소셜시큐리티 연금을 받을 수 있는 나이까지 15 년간 해마다 $50,000 이 필요한 사람은 15 년, $850,000 ($50,000x15 년 +$100,000 학비) 짜리 소멸성 생명보험을 살 수 있다. 나이가 많을수록, 보험 기간이 길수록 비용은 높아진다. 누구나 '필요'이상의 생명보험을 들 수는 있지만, 소멸성 생명보험은 현찰 가치가 없기 때문에 필요한 금액의 보험만 들고 최대한 저축/투자하는 것이 권장된다.

❍ 구매하기

일단 필요한 보험금과 기간을 결정하면 시장조사를 하여야 한다. 복잡한 다른 보험상품들과 달리, 소멸성 보험은 단순하므로 가격 비교가 쉽다. 대체로 보험 에이전트를 통해 보험을 사면 그 사람의 커미션 때문에 보험료가 인터넷으로 사는 것보다 비싸다. 동네의 에이전트로부터 보험을 사든, 아니면 인터넷으로 사든 상관없이 여러 곳에서 견적을 받고 비교해 보는 건 아주 중요하다. 또한, 보험료가 아무리 싸도 보험 회사의 재무 사정이 안 좋으면 나중에 정작 필요한 보험금을 받지 못 할 수도 있으니, 보험사의 재무 상태를 알아보는 것이 좋다. 보험사의 크레딧과 재무상태 등급을 발표하는 기관 중 하나인 A.M. Best 의 경우 A++, A+, A, A-, B++, B+, B, B-...등으로 표시하는데, A++가 최고이고 그 밑으로 내려가면서 등급이 낮아진다. 다른 기관들도 비슷한 방식으로 보고한다. 나는 보험료가 약간 높더라도 A 등급 이상의 보험사를 권장한다.

❍ 정직이 최선

생명보험료는 피보험자의 나이와 건강 상태는 물론, 직업, 가족력, 흡연, 음주, 취미 생활 등 건강에 위협이 될 수 있는 여러 가지에 의해 결정된다. 따라서 보험에 가입 시 솔직하게 모든 걸 밝히는 건 아주 중요하다. 왜냐하면 위험요소를 숨기거나 거짓말을 하면 사망 후 보험금이 지급되지 않을 수 있기 때문이다. 예를 들어, 평소에 스카이다이빙을 즐기는 당신이 보험료를 낮추기 위해 그걸 밝히지 않고 스카이다이빙을 하다가 사망했다면 보험회사에서는 사망 보험금을 거절할 확률이 높다. 또한, 만약 한 차례의 가벼운 심장 발작이 있었던 사람이 그 사실을 보험 신청서에 기재하지 않았다면, 그가 차후에 무장강도의 총에 맞아 사망하여도 심장발작 사실을 밝히지 않은 걸 이유로 보험사에서 보험료 지급을 거부하거나 보험료를 낮게 지급할 수도 있다. 그가 잊어버리고 실수로 기재를 하지 않았든, 아니면 보험료를 낮추기 위해 고의로 밝히지 않았든 별 차이가 없다. 가까운 미래에 해외여행 계획이 없다고 밝힌 사람이 보험을 들고 그 후 갑자기 급한 일이 생겨서 해외에 나갔다가 사망해도 보험사가 그걸 근거로 보험금 지급을 거부하거나 보험료를 낮춰 지급할 소지가 있다. 그러므로 만에 하나를 위해 드는 생명보험이 그 역할을 제대로 하게 하려면 모든 걸 정직하게 하는 게 최선이다.

◑ 약관 이해하기

모든 것이 마찬가지지만, 생명보험은 약관을 이해하는 게 아주 중요하다. 에이전트가 보장 혜택을 틀리거나 과장되게 설명할 수도 있고, 내가 생각하지 못했던 예외 조항이 있을 수도 있다. 그러므로 보험을 사기 전에는 항상 시간을 충분히 두고 이해한 후 서명하여야 한다. 생명보험은 대개 피보험자가 보험 구매 후 2~3 년 이내에 자살하거나 테러나 전쟁, 또는 전염병에 의한 사망은 예외 조항을 두어 보험료 지급이 되지 않는다.

◑ 소멸성 생명보험 활용 방법

앞에서 설명했듯, 소멸성 생명보험은 현찰 가치가 없지만, 적은 보험료로 높은 사망 보험금을 살 수 있다. 그러므로 이 보험의 가장 좋은 활용 방법은 다른 저축성 생명보험보다 크게 절약되는 부분을 저축/투자하여 보험 기간이 끝날 때까지 자산을 키우는 거다. 예를 들어, 당신에게 앞으로 20 년 동안 $500,000 짜리 사망 보험금이 필요한데, 소멸성 보험은 한 달에 $40 이고 저축성 보험료는 $500 이라고 하자. 이때 소멸성 보험을 들고 절약되는 $460 포함, 열심히 매월 저축/투자하면 보험이 소멸되는 20 년 차가 될 때면 상당한 돈을 모아서 생명보험이 굳이 없어도 되는 상태의 경제적 안정을 이룰 수 있다. 다음 섹션에서 자세히 설명하겠지만, 큰돈을 벌지 않는 '보통 사람들'에게는 대개 저축성 보험보다 소멸성 생명보험이 자산을 증식하기에 유리하다.

저축성 생명보험 (종신보험)

◑ 평생 보장+저축 효과

보험 기간이 한정돼 있고 보험료를 되돌려받지 못 하는 소멸성 보험과 달리 저축성 생명보험 (whole life insurance)은 평생 보장이 되고 저축의 효과도 있다. 여기서 '평생'이라 함은 보통 피보험자의 사망 시나 약 100 세를 가르키지만, 평균 수명이 길어 지면서 120 세로 바뀌는 추세이다. 다시 말하면, 만약 피보험자가 100 세이든 120 세이든 보험의 '만기 (maturity)' 이전에 사망하지 않고 생존해 있다면 보험사에서 보험액을 지급한다. 보험은 피보험자 (insured), 보험 주인 또는 오너 (policy owner), 그리고 수혜자 (beneficiary), 이렇게 3 인의 구성원이 필요하지만 중복될 수 있다. 예를 들어, 당신이 당신 자신 (피보험자)의 생명보험에 오너가 되어 수혜자를 자식으로 하거나, 남편의 생명보험에 부인이 오너가 되고 자식이 수혜자가 될 수도 있고, 또는 엄마의 생명보험을 자식이 들어 스스로 오너와 수혜자가 동시에 되게 할 수도 있다. 드물지만 한 사람이 피보험자, 오너, 그리고 수혜자를 다 할 수도 있는데, 사망 시 보험금은 주 (state)의 프로베잇 법 (상속플랜에서 설명)에 따라 상속된다. 아무튼, 모든 사망 보험금은 오너가 지정한 수혜자에게 지급되지만, 피보험자가 오래 살아서 보험의 만기 (maturity)가 온다면 이때의 보험금은 보험의 주인이 받는다. 그러면 면세 대상인 사망 보험금이 아니고 보험이 만기됨으로써 받는 금액이기 때문에 일종의 투자로 간주되어 보험료를 제외한 이익금에 대한 세금을 내야 한다.

저축성 생명보험은 같은 사망 보험금이라도 평생을 보장하므로 제한된 시간만 보장해주는 소멸성 보험보다 훨씬 비싸다. 이름이 '저축성' 보험이라고 하여 지급하는 보험료가 모두 저축되는 게 아니고 비싼 생명보험료와 기타 제반 비용을 제외한 나머지 금액만 저축된다. 이 저축되는 금액은 보험사에서 원금을 보장해 주지만 평균 주식시장보다 낮은 고정 이자율을 준다. 이런저런 '보장'을 해주려면 그만큼 비용이 들기 때문이다. 고객이 내는 보험료는 고정적이며, 사망 보험금 또한 변하지 않는다.

◑ 복잡하고 높은 비용

단순하고 싼 소멸성 생명보험에 비하여 저축성 생명보험은 이런저런 선택 항목과 혜택도 많아 복잡하고 비싸다. 장애 보험, 장애 시 보험료 면제, 소멸성 보험으로의 변환, 사망 보험금의 조기 수령, 보험 가입 보장 등이 저축성 보험 구매 시 흔히 선택할 수 있는 항목들이다. 물론, 대개 별도의 비용이 들며 귀가 솔깃해지는 선택 사항일수록 비싸다. 만약 선택 사항이 아니고 보험에 이미 포함된 '기본 혜택'이라면 '기본 보험료'도 비싸짐은 두말할 필요 없다. 보험료는 대개 보험이 취소되거나, 피보험자가 사망하거나, 아니면 보험이 만기 될 때까지 내야 한다. 한정된 기간만 낼 수도 있긴 하지만, 그런 경우 물론 보험료가 더 비싸다.

◑ 고정 사망 보험금

저축성 생명보험의 사망 보험금은 소멸성 생명보험과 같이 고정돼 있다. 이 '고정 사망금'이 무슨 뜻인지 이해하는 것은 아주 중요하니, 다음의 예를 통해 반드시 이해하고 넘어가기 바란다. 현재 45 세인 당신이 오늘 사망 보험금이 $500,000 인 저축성 생명보험에 가입하고 40 년 후인 85 세에 사망한다고 치자. 지금은 큰 금액으로 여겨지는 $500,000 이 40 년 후에는 과연 얼만큼의 가치가 있을까? 연방 정부 은행의 자료에 의하면 1975 년도 미국 가정의 중간 소득 (median family income)은 $13,700 였다고 한다. 그로부터 40 년이 지난 2015 년의 미국 가정의 중간 소득은 $70,700 였다고 같은 자료는 보고한다 (The Federal Reserve Bank of St. Louis-Median Family Income in the United States). 연평균 4.19%씩 오른 셈이다. 이 물가 상승률을 적용하면 오늘의 $500,000 의 구매력을 유지하기 위해서는 40 년 후에는 약 $2,500,000 이 필요하다는 계산이 나온다. 이것은 다시 40 년 후, 당신의 사망 시

보험사에서 당신의 가족에게 지급할 사망 보험금 $500,000은 오늘의 약 $100,000 가치밖에 되지 않는다는 뜻이기도 하다. 물론, 미래의 물가 상승률을 알 수 없으므로 40년 후에 지금의 $500,000이 어떤 가치를 할지는 정확히 알 수가 없다. 하지만 분명한 건, 고정된 사망 보험금은 시간이 갈수록 (당신이 오래 살수록) 물가 상승률만큼 가치가 계속 떨어진다는 거다.

◑ 커미션과 보험 취소 비용

저축성 생명보험을 선호하는 많은 사람이 그 이유 중 하나로 돈을 '낭비하지 않기 위해서'라고 한다. 소멸성 생명보험은 비록 저렴하지만 한정된 보험 기간 이내에 보험을 사용하지 않으면 (피보험자가 사망하지 않으면) '소멸'되는 게 아깝다는 거다. 또한, 그들은 저축성 보험은 원금 보장도 되고 어떤 보험은 배당금까지 지급하므로 '투자'로도 훌륭하다고 말을 한다. 힘들게 번 돈을 한 푼이라도 '낭비' 하지 않고 싶은 마음이야 충분히 이해한다. 사실 10년이든 20년이든 그 기간 내에 사망해야만 '혜택'을 받을 수 있는 소멸성 생명보험은 확률적으로 볼 때 결국 돈 낭비가 될 가능성이 크다 (보험회사도 그걸 잘 알기 때문에 돈을 벌기 위해 판매하는 거다). 하지만, 돈을 '낭비'하지 않기 위해 선택하는 저축성 생명보험은 과연 그만한 가치가 있는지를 따져 보는 것은 아주 중요하다. 대개 보험 상품은 고객이 내는 첫 1년 보험료 중 약 30~90%가, 그 이후부터는 해마다 3~10%의 커미션이 에이전트 (또는 브로커)의 커미션으로 지급된다고 한다 (Investopedia.com- *Becoming an Insurance Agent*). 어떤 보험 상품들은 고객이 내는 첫해 보험료의 130~150%나 되는 금액이 커미션으로 지급되는 경우도 있다고 한다 (ConsumerReports.org- *Is Whole Life Insurance Right For You?*). 보험의 커미션은 상품의 종류, 보험사, 그리고 판매자와 보험사의 관계에 따라 다르다. 아무튼, 이 많은 금액의 커미션을 에이전트에게 지급하고도 본사 운용비 등에 필요한 돈을 충당하려면 보험사는 얼마나 많은 돈을 벌어야 할까? 그 금액이 얼마든 간에 보험사의 고객들에게서 나오는 건 물론이다.

특별히 첫해에 에이전트에게 지급되는 높은 커미션을 고려하면, 보험 회사 입장에서는 버는 돈이 없거나 오히려 손해를 보기도 한다. 그래서 고객들이 몇 년 이내에 보험을 취소하면 높은 페널티 (surrender charges)를 물리고 원금을 돌려주지 않는다. 그 기간은 보험 종류와 보험사에 따라 다르고 보통 10년 정도이지만 20년이 넘는 것도 있다.

❶ 융자

저축성 생명보험에 흔히 포함된 융자 혜택에 대해 알아보자. 당신이 저축성 생명보험을 들고 몇 년이 지나면 '현찰 가치 (cash value)'가 생기기 시작한다 (이 말은 보험을 들고 현찰 가치가 쌓이기 전에 취소하면 돌려받는 돈이 거의 없다는 뜻이기도 하다). 이 현찰 가치가 어느 정도 쌓이면 고객은 그 돈을 담보로 융자를 받아 쓸 수가 있는데, 보통 취소해도 원금(에 가까운 금액)을 찾을 수 있는 6~8년 이상이 지나서야 가능하다. 이 금액은 얼마이든 간에 '소득'이 아닌 '융자'이므로 세금이 붙지 않고, 이 돈을 갚지 않으면 보험사에서 당신 보험에 쌓인 현찰을 삭감하면 되므로 상환을 하지 않아도 된다. 이론상으로는 참 유용한 '혜택' 같지 않은가? 하지만, 이 돈은 당신이 당신 계좌에 쌓인 현찰을 꺼내 쓰는 것이 아니라 그걸 담보로 보험사에서 이자를 내고 빌리는, 말 그대로 '융자 (loan)'이다. 이자율은 보통 보험사에서 당신에게 약속한 이익률보다 높게 책정된다. 여느 융자나 마찬가지로 보험사에서 받은 대출금을 갚지 않으면 이자가 쌓이고, 결국 빌린 돈보다 더 많은 금액이 당신 보험의 현찰 가치 (cash value)나 사망 보험금에서 빠지게 된다. 따라서 융자액이 많고 그걸 갚지 않는 기간이 길어질수록 당신 보험의 가치는 줄어들고, 그만큼 남은 가족이 받을 수 있는 경제적 혜택도 적어진다.

❶ 아이들을 위한 생명보험?

보험사에서 제공하는 또 다른 옵션 중 하나가 아이들을 위한 생명보험이다. 당신의 보험에 옵션으로, 또는 개별적으로 싼 가격에 구매가 가능한 이것을 판매사들은 아이들을 위한 '저축'의 수단으로, 또는 이 옵션이 만기 될 때 (보통 21 세) 아파서 다른 보험에 가입할 수 없으면 보험이 '보장 (guaranteed insurability)' 되니 불확실한 미래를 위해서라도 가입하라고 권유한다. 물론, 사람은 나이에 상관없이 언제 사망할지 모르고 장례비는 비싼 엄연한 현실 속에서 우리는 살고 있다. 사랑하는 가족, 특히 자식을 일찍 보내고 돈이 없어서 장례조차 치를 수 없다면 그것보다 가슴 아픈 일이 세상에 어디 있을까? 그러므로 이 옵션 자체가 나쁘다고는 할 수 없지만, 나는 도덕적인 이유에서 권하지 않는다. 모든 생명보험은 피보험자의 조기 사망 시 '혜택'이 가장 크다. 과연 어떤 부모가 어린 자식을 잃은 후 받은 사망보험금을 보며 '보험 들어두길 잘했다!'라고 할 수 있을까? 장례식이라는 어쩔 수 없는 현실이 있긴 하지만, 그래서 누구나 비상자금이 필요한 거다. 만약 당신이 어떤 이유에서든 아직도 자식의 생명보험이 필요하다고 생각한다면 세금혜택이 있는 교육계좌에 대신 저축하는 것은 어떨까?

◑ 투자를 위한 보험?

당신이 벌써 눈치를 챘는지 모르겠지만, 나는 저축성 생명보험을 '투자'로서는 좋아하지 않는다. 저축성 생명보험이 제공하는 여러 가지 화려한 옵션들이 비싼 보험료만큼의 가치가 없다고 믿기 때문이다. 이는 생명보험보다 각종 세금혜택과 자산 보호 장치가 좋은 은퇴계좌에 충분히 돈을 모으지 못 하는 사람들에게 특히 적용된다. 당신은 원금을 잃을 수 있는 투자는 너무 위험하므로, 원금이 보호되고 자산이 증식될 수 있는 저축성 생명보험이 더 유리하다고 주장할 수 있다. 하지만, 10 년 정도 (또는 약관에 지정된 기간이) 지나야만 겨우 원금이 '보장'되고, 그 전에 해약하면 큰 손해를 보는 것이 어떻게 좋은 '투자'인가? 보험을 취소하지 않고 장기간 보험료를 납부하여도 보험회사에서 '보장' 해주는 이익은 평균 주식 시장의 이익률보다 낮을 수밖에 없다. 그러면 시간이 지날수록 당신의 자산은 더 느린 속도로 자라고, 심지어는 인플레이션이 높아지면 자산의 가치가 오히려 떨어질 수도 있는 심각한 상황이 발생한다. 그래서 나는 (그리고

44

보험을 판매하지 않는 많은 재무설계사들은) 보험과 투자를 분리하는 것이 유리하다고 생각한다. 즉, 필요한 생명보험은 소멸성 보험으로 들고, 투자는 은퇴계좌 등을 통해 별도로 하는 것이 좋다. 미국에서 가장 큰 노인 협회인 AARP의 웹사이트에 기재된 '보험과 투자가 대개 혼용되지 않는 이유'라는 글도 읽어 보시라 (AARP.org- *Why Insurance and Investing Often Don't Mix*).

◑ 저축성 생명보험이 유리할 때

저축성 생명보험이 많은 사람에게 유리하지 않다고 하여 이 상품 자체가 나쁜 것은 아니다. 그럼 어떤 사람들이 저축성 보험을 유리하게 활용할 수 있을까? 그것은 보험보다 세금혜택이 더 좋은 각종 은퇴계좌와 교육계좌, 의료비를 위한 health savings account 등에 법이 허락하는 한도 내에서 최대한 저축하고도 더 저축/투자할 수 있는 여력이 있는 사람들, 즉 부자들이다. 세금공제가 가능한 401(k)나 IRA 등 은퇴계좌들과 달리, 생명보험에 들어가는 납부금은 세금공제가 되지 않지만, 일단 돈이 들어간 뒤에는 은퇴계좌들같이 이익에 대한 세금이 유예된다. 만약 같은 이익금이 있다고 할 때, 그것이 발생하는 해에 세금을 내야 하는 일반 투자계좌보다는 출금 시까지 세금을 미룰 수 있는 생명보험이 더 유리할 수 있다. 사망 보험금은 소수 경우를 제외하고 납세 대상도 아니다. 그래서 저축성 생명보험은 부자들이 상속의 한 방법으로 흔히 활용한다. 만약 부자인 당신이 상속의 수단으로 생명보험을 구입하고 수혜자는 자녀로 하였지만 (차후에 마음/상황이 바뀔 것을 대비하여) 당신이 보험의 오너로 남아있으면 당신의 사망 후 보험금은 당신의 상속 자산 (estate)에 포함돼 상속세를 내야 할 수도 있으니 주의해야 한다.

◑ 보험 쇼핑

소멸성 생명보험보다 복잡하고 비싼 저축성 생명보험은 충분한 시간을 두고 가격과 약관을 비교한 후 선택하는 것이 중요하다. 보험 판매원이 친절해서 마음에 든다고, 또는 아는 사람이라고 다른 곳은 알아보지도 않고 결정하면 안 된다. 그가 받는 커미션이 얼마이고 당신이 내야 하는 보험료 중 얼마나 당신을 위한 '저축'이 되며, 만약 취소하게 되면 비용이 어찌 되는지 등, 궁금한 게 있으면 솔직하게 묻고 이해해야 한다. 그 사람이 얼마를 버는지보다, 당신이 내야 하는 비용이 얼마인지를 알기 위해서이다. 슬프게도 사람을 잘 믿고 많은 질문을 하지 않는 사람들은 '봉'이 되기 쉽고, 그로 인해 치러야 하는 비용은 아주 비싼 게 현실이다. 그러니 친구나 친척 등 아는 사람이라고 무조건 믿지 말고 여러 곳에서 알아보시라. 당신의 권리이자, 힘들게 번 돈을 지키기 위한 기본 의무이다.

유니버설, 베리어블 생명보험

❶ 유니버설 생명보험 (UNIVERSAL LIFE)

앞에서 설명했듯, 저축성 생명보험 (Whole Life Insurance)은 보험료가 변하지 않는다. 10년이든 50년이든 보험이 지속되는 동안 고객이 내는 보험료, 보험사에서 지급하는 이자율, 그리고 사망 보험금은 변하지 않는다. 보통 고객이 실직하여 보험료를 계속 낼 수 없으면 싼 소멸성 보험으로의 전환이 가능하긴 하지만, 이것은 기본적으로 보험이 취소되고 손해가 클 수 있다. 유니버설 생명보험 (Universal Life Insurance-UL)도 종신보험의 한 종류이지만, 이것은 현찰 가치 (cash value)가 있을 때, 그 돈을 보험료로 사용할 수 있다. 즉, 보험료를 고객의 필요에 따라 유연하게 조절할 수 있다. 또한, 유니버설 생명보험은 위에서 설명한 저축성 생명보험같이 기본 원금이 보호되고 일정 이자율이 정해지지만, 보험사의 이익이 좋으면 그 이상의 수익을 올릴 수도 있다. 만약 수익률이 계속 높아져서 현찰 가치가 사망 보험금 이상으로 늘어나면 사망 보험금이 증가될 수 있지만, 현찰 가치가 예상치보다 줄어들면 고객이 내야 하는 보험료가 오르거나 보험 가치가 크게 줄어들 수 있다. 유니버설 생명보험은 이렇듯 보험료의 유연성 (flexible premiums)이 특징이다.

❶ 베리어블 생명보험 (VARIABLE LIFE)

위에 설명한 저축성 생명보험과 유니버설 생명보험은 모두 보험
+투자를 위한 종신보험이지만, 사실 투자의 개념은 상당히 약하다.
고객이 어디에 얼만큼 투자할지 등의 투자 결정을 할 수 없기 때문이다.
투자 측면에서 볼 때, 저축성 생명보험은 원금을 보호해주고 보험기간
내내 고정 이자율을 지급한다는 의미에서, 수수료가 비싼 적금과
비슷하다. 유니버설 생명보험은 보험사의 수익에 따라 더 높은 이익을
기대할 수는 있지만, 고객이 투자에 대한 선택권이 없다. 하지만,
베리어블 생명보험 (Variable Life Insurance-VL)은 고객이 별도의 계좌
(sub-account)에서 직접 투자 종목을 선택하고 매매할 수 있다.
보험료에서 사망 보험금을 위한 보험료와 다른 수수료를 제외한
잔액으로 고객이 직접 증권을 매매하며 투자할 수 있다. 고객이 내는
보험료는 고정돼 있고 최저 사망 보험금은 보험 구매 시 명시되지만,
그 이상은 고객의 투자 성과에 모두 달렸다. 그래서 베리어블
생명보험은 고객의 '투자 관리'가 특징이다.

❶ 베리어블-유니버설 (Variable Universal) 생명보험

베리어블-유니버설 생명보험 (Variable Universal Life Insurance-
VUL)은 위에서 설명한 베리어블 생명보험 (Variable Life Insurance)과
유니버설 생명보험 (Universal Life Insurance)의 혼성 상품이다.
베리어블 생명보험과 같이 고객이 별도의 계좌에서 투자를 컨트롤할
수 있고, 유니버설 생명보험과 같이 캐쉬밸류에 따라 프리미엄을
조절할 수 있다.

❶ 누구에게 유리한가?

위에 설명된 보험들은 소멸성 생명보험을 제외한 모두가
종신보험이며, 나는 이것들을 가장 유용하게 활용할 수 있는 사람들은
은퇴계좌 외에 더 저축/투자할 수 있는 사람들이라고 생각한다. 그래서

만약 당신이 은퇴계좌에 충분히 저축/투자하고 있지 않다면 필요한 만큼의 소멸성 생명보험만 들고 최대한 많은 돈을 은퇴계좌에 저축/투자할 것을 권한다. 하지만, 어떤 이유에서든 종신보험을 들겠다면 반드시 여러 곳에 알아보고 꼼꼼히 비교해 보고 구매하기 바란다. 만약 직접 비교가 힘들면 시간당 상담을 하는 재무설계사에게 의뢰하는 것이 좋다.

어누이티 (연금보험)

◑ 은퇴를 위한 연금보험

어누이티 (annuity)는 개인이 보험 회사를 통해 구매하는 개인 연금보험 상품이다. 급여에서 자동으로 공제되고 의무가입인 소셜시큐리티 (Social Security- 한국의 국민연금)와는 별개이다. 개인 연금보험인 어누이티가 생명보험과 크게 다른 점은, 생명보험은 주로 피보험자 (insured)의 조기 사망 시 혜택이 가장 크고, 연금보험은 대개 피보험자 (annuitant)가 오래 살수록 혜택이 커진다는 거다. 즉, 만약 내가 생명보험을 든다면 그것은 남는 가족을 위함이고, 연금보험을 든다면 그건 나 자신의 노후를 위함이다.

◑ 연금보험의 종류

연금보험은 크게 연금을 지금 받을 것인지 (immediate annuity), 아니면 시간이 지난 후 받을 것인지 (deferred annuity)의 두 가지로 나뉘지만 그 안에서 선택할 수 있는 조항은 아주 많다. 다음에 연금을 받는다면 그때까지 정기적으로 고정액을 납부하거나 일시불로 넣어 돈을 자라게 할 수 있다. 돈이 자라는 동안은 저축성 생명보험같이 보험사에서 주는 고정 이자를 받을 수도 있고, 베리어블 생명보험같이 고객이 투자를 관리할 수도 있다.

연금을 받을 때는 고정 금액으로 받고자 하면 보험사에서 원금을 보장해주고 일정 기간 동안 고정된 연금을 지급한다. 연금 수령은 10년이나 20년 같이 일정 기간을 정하거나, 본인의 사망 시까지, 또는 본인과 배우자 모두의 사망 시까지 등 선택할 수 있는 조항이 여러 가지이다. 사망 시 납부한 금액을 다 사용하지 못했으면 남는 돈은 자손에게 물려줄 수도 있다. 물론, 연금이 오랫동안 지급될 확률이 높을수록, 혜택의 폭이 넓을수록 고객이 초기에 받는 연금 액수는 줄어든다. 예를 들어, 한 사람의 사망 시까지 보다 두 배우자의 사망 시까지 연금이 지급되면 보험사 입장에서는 수익성이 떨어질 수 있으므로 고객에게 지급하는 연금 액수를 줄인다.

고정 연금 구매 시 반드시 고려해야 할 것 중 하나는 물가 상승률로 인한 돈의 가치가 떨어지는 문제이다. 앞의 저축성 생명보험 섹션에서 지금은 많아 보이는 $500,000 짜리 사망 보험금이 약 40여 년이 지나면 가치가 현저히 떨어진다며 든 예를 기억하는가? 고정 연금보험도 같은 문제를 안고 있다. 사망보험금이나 고정 연금은 금액이 변하지 않기 때문에 시간이 지날수록 물가 상승률만큼 가치가 떨어질 수밖에 없다. 따라서 지금 기준으로는 '그 정도면 생활이 가능하겠다' 싶은 금액이라도 10년, 20년 후에는 가치가 많이 떨어질 수밖에 없다는 걸 고정 연금 구매 시 반드시 고려해야 한다. 고정 연금도 가치를 보전하기 위해 인플레이션 인상분만큼씩 올라가는 조항을 넣을 수도 있는데, 그러면 물론 당신이 초기에 받는 연금액은 줄어든다.

변동 연금 (variable annuity)은 변동 (베리어블) 생명보험 (variable life insurance)과 같이 투자 수익에 따라 연금액이 달라질 수 있다. 그러나 투자 수익이 너무 안 좋을 경우를 대비하여 최소 연금액을 보장하는 조항을 넣을 수 있는데, 물론 그만큼 비용이 든다. 에쿼티 인덱스 어누이티 (equity-indexed annuity -EIA)는 고정 연금과 변동 연금의 혼합형으로, 보통 인덱스 펀드 ([CHAPTER 7 투자]에서 설명)에 투자된다. 보험사에서 원금은 보장해 주지만 투자 이익은 보장하지 않고, 이익률에도 한계를 둔다. 예를 들어, 당신의 EIA 최고 수익률이 연 5%로 한정돼 있고 투자된 인덱스 펀드의 올해 상승폭이 10%였다고 하자. 그러면 당신의 연금 계좌는 5%의 이익만 받고 나머지 5%의 이익은 보험사에 돌아간다. 만약 이 펀드가 내년에 3% 하락한다면 당신의 수익률은 0%가 되고, 보험사에서 그 손해를 보전해야 한다. 투자 이익을 보장해주므로 솔깃해 보이지만 그만큼 복잡하고 보험사 입장에서는 위험도가 높으므로 비용도 높다.

◑ 보험료 옵션

생명보험들과 마찬가지로 연금보험도 보험료를 일시금으로 납부하거나 정기적으로 나누어 낼 수 있다. 보통 은퇴에 가까운 나이의 사람들은 은퇴자금으로 모아 놓은 돈을 일시금으로 납부하고, 젊은 사람들은 일하는 동안 정기적으로 불입한다. 유산을 받거나 하여 갑자기 목돈이 생긴 젊은이들이 은퇴자금으로 한꺼번에 넣어 두기도 한다.

◑ 세금

가족에게 지급되는 사망 보험금에는 보통 세금이 붙지 않지만, 종신보험이 만기 되어 생전에 받는 보험료나 노후에 받는 연금보험은 세금이 적용된다. 생명보험과 연금보험에 납부되는 개인 보험료는 기본적으로 세금공제가 되지 않는다. 401(k)나 Traditional IRA 에 들어가는 은퇴자금은 공제가 되는 것과 대조된다. 따라서, 세후 금액인 보험료를 바탕으로 증식된 연금보험의 연금 수령액은 (이미 세금을 낸) 원금을 제외한 수익금에 대한 세금만 내면 된다. 예를 들어, 당신이 연금보험에 총 $100,000 을 부었고, 그 돈이 $200,000 으로 자랐다고 하자. 이때 총 $200,000 중 50%가 원금이고 나머지 50%가 이득이므로, 당신이 올해에 $10,000 을 연금으로 수령했다면 그중 50%인 $5,000 에 대한 소득세를 내야 한다.

납부금에 대한 세금공제가 되는 401(k)나 Traditional IRA 는 은퇴 후 찾아 쓰는 금액 전액에 소득세를 내야 한다. 만약 Traditional IRA 나

401(k) 계좌에 있는 자산으로 은퇴하면서 투자 걱정 없이 연금으로 받기 위하여 어누이티를 사더라도 이 돈 (원금+투자 이익)은 세금이 하나도 부과되지 않은 것이기 때문에 출금 (받는 연금) 전액에 대하여 소득세를 내야 한다. 나는 가끔 고객으로부터 '보험 에이전트가 은퇴계좌에 있는 돈으로 어누이티를 사면 세금 걱정을 하지 않아도 된다'고 해서 '절세'를 위해 어누이티를 고려하고 있다고 하는 말을 듣는데 이것은 틀린 소리이다. 공제받은 돈이 들어간 은퇴계좌에서 출금하든, 그것을 어누이티로 바꾸어 연금으로 받든, 전액에 대한 세금을 내야 하기 때문이다. 그나저나 세금을 어차피 한번은 내야 한다면 왜 굳이 은퇴계좌가 좋은 걸까? 세금으로 냈어야 하는 돈을 내가 종잣돈으로 사용하고 자산을 그만큼 효과적으로 키울 수 있기 때문이다. 이에 대한 자세한 설명은 [CHAPTER 5 은퇴 플랜]에서 하기로 한다.

◑ 조기 수령시의 벌금

연금보험인 어누이티 (annuity)에 일단 들어간 돈은 은퇴계좌와 마찬가지로 은퇴 후 출금 시까지 모든 세금이 유예되는 혜택이 있다. 미국의 심각한 은퇴 문제 때문에 정부에서 국민들에게 은퇴를 위한 저축을 더 하라고 장려하는 의미이다. 그래서 은퇴계좌와 마찬가지로 59.5 세가 되기 전에 출금하면 10%의 벌금이 부과되고, 수익률에 대한 세금은 별도이다. 단, 다른 연금보험으로 변경하거나 하는 등의 몇 가지 예외 조항은 있으니 잘 알아보아야 한다.

◑ 연금보험이 유리한 사람들

연금보험은 아주 복잡하고 그만큼 비용이 많이 드는 금융 상품이라 '사는 게 아니라 팔리는 (sold, not purchased)' 제품이라고 흔히 얘기한다. 보험사 입장에서는 많은 수익을 내는 효자 상품이요, 판매원들에게는 커미션이 좋으니 공격적인 세일즈를 하고 그만큼 많이 팔지만, 고객 입장에서는 너무 복잡해서 이해를 제대로 못 하고 사는 경우가 많기 때문에 나온 소리다.

그렇다고 연금보험 자체가 나쁘다고 할 수는 없다. 소셜시큐리티 연금이나 기타 달리 충분한 연금을 받을 길이 없는 은퇴자들에게 사망 시까지 받을 수 있는 연금보험은 마음의 평화를 줄 수 있다. 오래 살수록 고객이 보험사에 낸 연금보험료보다 (평생 고정 연금일 경우)많은 혜택을 받을 수 있으므로 좋은 은퇴 플랜이 될 수도 있다.

그러나 연금보험은 여느 종신보험같이 취소하면 손해가 막심할 수 있고, 많은 경우, 연금을 받기 시작하면 취소할 수도 없으니 특별히 잘 알아보아야 한다. 연금보험에 들고 큰 손해를 보지 않으려면 무엇보다 과연 연금보험이 나의 노후 준비에 어떻게 도움이 될 수 있는지를 먼저 알아보아야 한다. 재무설계사로서 고객이 연금보험에 가입하겠다고 하면 말릴 수는 없지만, 내가 먼저 추천한 적은 아직 없다. 돈이 많은 사람은 굳이 목돈을 연금화할 필요가 없고 연금보험은 상속의 수단으로도 효과가 별로 없으며, 돈이 많지 않은 사람은 어차피 연금으로 받는 금액이 적어서 생활에 별 도움이 되지 않은 경우가 대부분이기 때문이다.

◑ 연금보험 쇼핑하기

연금보험에 관심 있는 사람은 커미션이 없(낮)고 기타 비용이 아주 적은 노로드 (no-load) 연금보험을 알아보는 것이 좋다. 이것은 연금보험을 원하지만, 커미션이나 각종 고비용을 피하고 (연금 혜택을 높이고) 싶은 사람들 사이에서 인기가 높아지고 있는 연금보험의 한 종류로, 비용이 기존의 연금보험보다 훨씬 저렴하고 고객이 취소하더라도 손해가 없거나 적다. 단, 연금보험 종류마다 취소가 불가능한것도 있으니 구매 시 조심해야 한다. 보험사 측에서도 비용을 최소화하여야 하므로 이런 종류의 연금보험은 대개 인터넷으로 사야 한다. Jefferson National, Vanguard, 그리고 Fidelity 가 이런 연금보험을 판매하는 잘 알려진 회사들이다. 노로드 어누이티를 판매하는 회사들과 상품의 비교를 원하면 AnnuityFYI.com 을 참조하시라 (*Compare Top No-Load Annities*).

누차 강조하지만, 아는 사람이라고, 또는 사람이 좋아 보인다고 금융상품을 구입하지 마시라. 연금보험의 커미션은 금액, 종류, 회사에 따라 다르지만 일시불로 구입할 경우 보통 5% 정도이다. 만약 당신이 $200,000 짜리 연금보험을 든다면 $10,000 정도는 커미션으로 나간다는 뜻이다. 많게는 15%까지의 커미션이 나가기도 한다고 한다 (Forbes.com- *Annuities Are Not Bought, They're Sold*). 그렇게 많은 커미션이 나가면 보험사 입장에서는 고객의 돈을 최대한으로 오래 묶어 두고 (취소를 불가능하게 하거나 취소 시 높은 비용을 공제), 고객에게 지급하는 혜택을 줄일 수밖에 없다. 수익성이 좋은 은퇴 연금보험은 보험사의 에이전트들은 물론, 많은 재무설계사와 은행 직원들까지 경쟁하듯 판매하고 있다. 그들은 하나라도 더 팔기 위하여 과장되게 설명하는 경우가 많으므로 고객은 각별히 주의하여야 한다. 예를 들어, 보험사를 통해 개인 은퇴계좌인 IRA 를 열고, 그 안에 보험상품인 어누이티를 사면 고객에게 더 유리하다고 하는 경우가 있는데, 이는 틀린 소리다. 기본적으로 절세 효과나 법적인 보호장치가 연금보험보다 은퇴계좌가 더 좋으므로, 그 은퇴 계좌 내에서 연금보험을 산다고 하여 추가되는 혜택은 없기 때문이다. 또한, 그들은 연금보험이 얼마나 많은 혜택을 제공할 수 있을지에 대한 '추정치 (projection)'를 멋진 그래프로 보여주는데, 이는 대개 이론상으로 '가능'하다는 얘기로, '보장'은 아니다. 모든 고객이 그들의 광고대로 큰 혜택을 보면 보험회사들은 다 망할거다. 그리고 보험 약관으로 원금을 보호해 준다고 하여도 그것은 보험회사 차원이지, 은행의 예금 같이 정부 에이전시 (FDIC) 차원에서 보호되는 것이 아니다. 또한, 노로드(no-load) 어누이티가 아닌데 커미션이 없다고 하거나, '지금' 사면 혜택이 더 좋다고 하거나, 베리어블 연금을 추천하며 원금을 '보장'해 준다고 하는 사람은 일단 조심하는 것이 좋다. 특별히 일생에서 가장 많은 돈을 갖고 있을 은퇴 나이의 사람들은 어누이티 세일즈맨들의 가장 큰 '타깃'이므로 어누이티를 구입하기 전에는 반드시 커미션을 받지 않는 재무설계사와 상담하는 것이 권장된다.

의료보험

◑ 복잡한 미국의 의료보험 체계

미국의 의료보험은 한국같이 단일화 (single pay)되지 않고 매우 복잡하다. 노인들과 평생 장애인이 가입할 수 있고, 근로소득세로 운영되는 메디케어 (Medicare)는 연방 정부에서 관리한다. 나이에 상관없이 소득이 적은 사람들을 위한 메디 케이드 (Medicaid)는 연방 정부와 주 정부의 세금으로 충당되고 크게 연방 정부 법을 따르지만, 가입 자격 조건과 관리는 주 정부에서 한다. 군인과 군인 가족들, 민간인 정부 공무원들과 경찰, 소방대원 등은 각자 소속 기관을 통해 단체 보험에 가입한다. 직장인들은 회사를 통해서, 직장에서 의료보험을 제공받지 못 하는 사람들은 흔히 오바마케어로 알려진 개인 보험에 가입하며, 소득에 따라 연방 정부에서 차등 보조받는다. 연방 정부로부터 조금도 보조받지 못 하거나 일부 보조받아도 보험료가 비싸서, 또는 고의로 가입하지 않아 무보험으로 살아가는 미국의 성인은 2018 년 4 분기 현재 13.7%나 된다고 한다 (Gallup.com-*U.S. Uninsured Rate Rises to Four-Year High*).

◑ 비용

미국에서 의료 서비스를 받아 본 사람은 알겠지만, 미국의 평균 의료비는 세계적으로 가장 비싸다 (CNBC.com- *US Health-care Spending is High. Results are...Not So Good*). 미국 직장인들의 2018 년 현재, 연 평균 가족 의료보험료는 $19,616 라고 한다 (*Kaiser Family Foundation-2018 Employer Health Benefits Survey*). 회사나 정부에서 보조받지 않고서는 저축을 못 하고 근근이 살아가는 '보통 사람들'이 개인적으로 구매하기에는 거의 불가능한 금액이다.

보험료만 납부한다고 끝이 아니다. 비싼 보험료를 내고도 의료 서비스를 받으면 코페이 (copay), 디덕터블 (deductible), 코인슈런스

(coinsurance) 등의 여러 이름으로 피보험자가 개인적으로 부담해야 하는 금액이 산더미다. 기본적으로 보험은 보험사의 부담분이 적을수록 보험료가 싸다. 피보험자가 젊고 건강하여 10년이든 20년 보험이든 그 기간 이내에 사망할 확률이 아주 낮으므로 (보험사가 사망 보험금을 지급할 확률이 아주 낮으므로), 소멸성 보험이 저축성 생명보험료보다 현저히 싼 것과 같은 이치이다.

의료보험도 환자 부담률이 높을수록 보험사에서 내야 하는 부분이 낮아지므로 보험료가 싸진다. 그래서 지난 몇십 년간 소득 상승률이 물가 상승률을 따라가지 못해 사는 것이 갈수록 팍팍한 국민들은 나가는 돈을 한 푼이라도 줄이기 위해 울며 겨자먹기로 본인 부담률을 높여왔다. 이렇게 개인 부담률이 올라가면 필연적으로 발생하는 일이, 사람들은 보험이 있어도 본인 부담률이 무서워서 웬만하면 병원을 찾지 않는 거다. 그렇다고 보험이 없으면 불안해서 취소할 수도 없다. 사정이 이러니, 많은 미국인에게 의료보험은 비싸게 돈만 내고 제대로 사용도 못 하는 애물단지로 전락한게 현실이다. 오바마케어 조항에 의거하여 모든 의료보험은 1년에 한 번씩 건강 검진을 무료로 제공하는데, 그것조차 사용하지 않는 사람들이 많다. 한국 이민자 중에는 미국에 의료보험이 있어도 본인 부담액 때문에 한국에 가서 진료받거나 치료하는 사람들도 많다. 한국에서 무보험으로 진료비 (치료비)를 전액 다 내고 왕복 비행기표를 감안해도 그게 싸다는 이유이다.

그나저나 미국은 왜 이렇게 의료비가 비쌀까? 여러 가지 이유가 있지만 그중 큰 몇가지는 의료보험사의 높은 업무 처리 비용, 의사들의 검진·조사 남용 (나중에 환자에게 직무유기로 고발당하지 않기 위해), 그리고 정부의 약한 가격 규제를 꼽는다. 연방 정부가 관장하는 메디케어의 경우, 정부는 제약 회사와 약값을 협상이나 규제할 수 있는 법적 권한이 없다 (Investopedia.com- *6 Reasons Healthcare Is So Expensive In The U.S*). 같은 검사나 시술이라도 어디에서 했는지에 따른 가격 차이도 크다. 그나마 2019년부터 병원의 각종 서비스 비용을 공시해야 하는 법이 시행되어 사람들이 가격을 비교할 수 있으니

다행이지만 (병원 웹사이트에 공시), 기본적으로 의료비가 비싼 미국에서 가족이 아프다는 이유 하나로 경제적 파탄을 맞지 않으려면 의료 시스템과 내 보험을 이해하고, 엄청난 청구서를 받았을 때 어떻게 조치해야 하는지를 아는 것이 아주 중요하다.

❶ 알아야 하는 용어들

¤ 네트워크(Network)

의료비의 표준화가 되어있지 않고 보험사들이 많은 미국에서는 병원과 보험사들이 의료 단가를 협상하고 병원들은 어떤 보험을 받을지 결정할 수 있다. 어떤 병원이나 의사가 특정 보험을 받는다는 건 (in-network) 해당 보험사의 고객들에게는 할인된 가격으로 의료 서비스를 제공하기로 약속했다는 뜻이다. 당신의 보험을 받기로 약속한 병원과 의사는 in-network providers, 그렇지 않은 곳은 out-of-network providers 라고 한다. 당신이 누구든 원하는 곳에 가서 의료 서비스를 받을 수는 있지만, 가능하면 in-network providers 에서 의료 서비스를 받는 것이 경제적이다. 누가 in-network providers 인지는 의사 사무실이나 보험 회사에 전화하여 알 수 있다. 웹사이트로도 조회가 가능하지만, 업데이트가 제대로 되지 않을 수도 있으니 직접 확인하는 것이 좋다. 보험사가 바뀌면 다시 확인해야 한다.

¤ 예방 검진 (Preventive Care Services)

한국어로는 정기검진이라고 할 수 있는 예방 검진 (preventive care service)은 흔히 오바마케어로 불리는 ACA (Affordable Care Act)에 의한 조항으로, 피보험자가 1 년에 한 번씩 무료로 기본적인 건강 검진을 받을 수 있다. 이는 코페이 등 고객이 지급하는 다른 비용 없이 전액 보험사가 지급한다. 기본 검진의 종류는 모든 성인, 성인 여자, 아이들, 이렇게 세 그룹으로 나누어지는데, 성인의 경우 콜레스테롤, 당뇨, 간염, 성병, HIV, 혈압, 대장암 (50 세 이상), 우울증, 예방 접종 등 많은 검사가 포함돼 있으니 1 년에 한 번씩 반드시 검진하는 것이 좋다. 성인 여성의 경우, 위의 검진에 더불어 유방암과 자궁암 등이 추가되고,

아이들의 경우에는 각종 예방 접종과 자폐증, 적혈구, 납중독, 시력검사 등을 무료로 할 수 있다. 검진 종류 등 자세한 사항은 당신의 보험 회사나 Healthcare.gov (*Preventive Health Services*)에서 알아볼 수 있다. 이런 예방검진을 무료로 받기 위해서는 의사 사무실에서 보험사로 보내지는 (전자)서류에 연례 예방 검진으로 명시되어야 한다. 이것이 제대로 입력되지 않으면 비용이 디덕터블로 적용되어 당신이 비용을 내야할 수 있으니 검진 시 의사나 간호사와 확인하는 것이 좋다.

¤ 코페이먼트 (Copayment)

코페이먼트는 1년에 한 번씩 하는 정기 검진을 제외한 기타 의료 서비스를 받을 때마다 고객이 내는 부담금이다. 이 금액은 보험마다 다른데, 대개 일반 의사를 볼 때는 $25 나 $35, 전문의를 볼 때는 $35 나 $50, 응급실 방문은 $200 등 이렇게 구분이 되어 있다. 처방전 약을 살 때도 약에 따라 고객이 내야 하는 부분이 명시되어 있다.

¤ 디덕터블 (Deductible)

디덕터블은 코페이와 더불어 고객이 내야 하는 금액으로, 1년에 보통 1천 달러 이상, 보통은 수천 달러 이상이다. 고객이 코페이를 내고 의사를 보면 그 금액을 제외한 나머지 의료비가 보험사에 청구되고, 보험사에서는 그 금액을 디덕터블에 적용시킨다. 예를 들어, 당신 보험에 $5,000 의 디덕터블 조항이 있다고 하자. 그러면 정기 검진 비용과 보험사에서 지불한 금액을 제외한 비용의 $5,000 까지 당신이 지급해야 할 수 있다.

¤ 코인슈런스 (Co-insurance)

코페이와 몇천 불의 디덕터블에 더불어 보험사가 환자 부담률을 높이는 또 한 가지는 코인슈런스이다. 이는 흔히 80/20 또는 90/10 으로 표시되는데, 80/20 라 하면 보험사의 지급률이 80%, 본인 부담률이 20%라는 뜻이다. 이런 금액들이 어떻게 적용되는지 간단한 예를 들어 보자. 코페이가 $50, 디덕터블이 $5,000, 코인슈런스가 80/20 인

57

의료보험이 있는 당신이 총 $10,000 짜리 수술을 하였다고 하자. 그러면 당신은 $10,000 중, $50 코페이와 $5,000 의 디덕터블, 그리고 나머지인 $4,950 의 20%($990)을 부담한다. 결국 환자 부담률은 총 $6,040, 보험사 부담분은 겨우 $3,960 이 된다. 이것은 환자 부담액을 설명하기 위해 간단히 예를 든 것으로, 실제 계산은 보험사와 상품마다 다를 수 있고 더 복잡하다.

¤ 아웃 오브 파켓 맥시멈 (Out-of-pocket maximum)

아웃 오브 파켓 맥시멈 (Out-of-pocket maximum)은 1 년에 환자가 낼 수 있는 최고액으로, 이것은 노인과 장애인을 위한 메디케어 (Original Medicare)에는 없지만 극빈자를 위한 메디케이드 (Medicaid)와 일반 의료보험에 있는 조항이다. 이는 적으면 수천 불, 많게는 1 만 불이 훨씬 넘는다. 예를 들어, 당신이 위에서 예로 든 수술을 1 년 안에 두 번 했고 당신 보험의 아웃 오브 파켓 맥시멈이 $10,000 이라면, 당신이 첫 수술 후 $6,040 을 내고 두 번째 수술 후에는 $3,960 을 내면 그 후로는 보험사에서 모든 비용을 지급한다. 단, 1 년이 지나면 디덕터블, 코인슈런스, 아웃 오브 파켓의 모든 환자 부담금은 다시 시작하여, 내년에 만약 같은 수술을 한다면 당신이 내야 하는 최대 부담금은 다시 $10,000 이 된다.

¤ 보험을 바꿀 수 있는 경우 (Qualifying events)

보험의 본인 부담 조항들은 1 년에 한 번씩 정해진 오픈 인롤먼트 기간 (open enrollment period) 동안 바꿀 수 있다. 보통 그 기간은 연 하반기이고 오바마 케어는 2019 년 현재 11 월 초부터 12 월 중순까지이다. 이것은 당신이 소유하고 있는 보험에 따라 다를 수 있으니 확인하고 알아두는 것이 좋다. 보통 이 기간이 지나면 다른 보험으로 바꿀 수가 없는데, 예외 조항이 있다. Qualifying Events 라고 불리는 조항들은 가족 사항에 변동이 있을 때이다. 예를 들어, 결혼이나 이혼을 했다거나 자녀가 생겼다거나, 또는 실직하여 직장 보험을 잃었다거나 하는 등의 경우이다.

◐ 한 번의 수술, 여러 개의 청구서

미국의 복잡한 의료 시스템을 더 복잡하게 하는 또 하나는 의료기관들이 청구서를 보내는 방식이다. 환자는 한 병원에서 한 번의 수술을 하여도, 여러 개의 청구서를 의료 기관/의사로부터 각자 받을 수 있다. 예를 들어, 당신이 병원에서 수술을 받았을 때, 수술을 권하고 경과를 지켜보는 전문의, 수술을 집도한 수술의, 마취를 하였다면 마취의, 수술 전후 각종 검사가 있었다면 검사 기관, 그리고 입원했던 병원 등 이렇게 각자 다른 곳에서 청구서가 나오는 경우가 다반사이다.

◐ 청구서 확인과 가격 협상하기

¤ 의료비 청구서 확인

이 복잡함 속에서 한 가지 좋은 점은 이런 모든 의료비 청구서에 대해 협상을 할 수 있다는 거다 (물론, 그럴 필요가 없는 단순한 시스템이 훨씬 좋겠지만 말이다). 비싼 의료비를 제대로 낼 수 있는 사람이 거의 없기 때문이다. 따라서 당신의 경제 상황에 따라 의료비를 크게 줄일 수 있으니, 높은 비용이 나왔다고 절망하고 포기하지 마시라. 시간이 걸리고 머리 아픈 일이지만 서둘러 처리하지 않으면 크레딧이 망가질 수 있고 문제가 더 커진다. 일단 청구서를 여러 곳에서 받으면 내가 받은 서비스가 정확하게 기재되었는지 확인하여야 한다. 그러기 위해서는 첫째로 상세한 청구서 (itemized bill)가 필요하다. 보험사에서 의료 기관들로부터 청구서를 받고 환자에게 explanation of benefits(EOB)를 보내주므로 그것으로 확인해도 되지만, 세부 청구서 (itemized bill)가 물론 더 세부적인 내용를 담고 있다. 내가 받지도 않은 의료 서비스나, 받은 서비스지만 중복 기재됐거나, 간호사가 약을 줬는데 의사가 줬다고 명시돼 있거나 (누가 줬는지에 따라 단가가 다르다), 독방을 사용하지 않았는데 독방이었다고 돼 있거나, 병원에서 퇴원을 했는데도 입원 중 있었다고 하는 등의 '실수'는 흔하다. 그러므로 모든 항목을 하나하나 일일이 확인하고 실수를 정정하는 것이 중요하다. EOB 에는 익숙하지 않은 코드와 약자들이 많으니 인터넷으로 찾아보거나 전화하여 물어보는 것을 주저하지 마시라.

¤ 의료 서비스를 받을 때부터 시작

환자인 당신이 받은 서비스를 기억하여 차후에 그 정확도를 확인하는 건 사실 힘든 일이다. 그러므로 가장 좋은 방법은 병원에 갈 때부터 메모를 시작하는 것이다. 치료에 관련된 약이나 의사의 검진은 물론, 양말 하나, 티슈 한 박스에도 비싼 비용이 붙으니 다 적어야 한다. 당신이 치료 약 기운에 직접 할 수 없을 수도 있는데, 그러면 가족이나 간호사 등에게 부탁해도 된다. 그리고 병원에서 모든 서비스는 in-network 에 있는 전문가를 사용하도록 요구하는 것이 좋다. 당신도 모르는 사이에 필요한 검사나 다른 서비스가 out-of-network 의 기관을 통해 사용될 수 있기 때문이다. 오류의 정정을 요구할 때는 자료가 남도록 서류로 하는 것이 좋다. 오류는 보험사에도 알리되, 보험사가 당신의 의료비를 낮추기 위해 발벗고 나설 것을 기대하지는 않는 게 좋다. 고객이 의료 서비스를 받은 것만 확실하면 의료기관에서 얼마를 청구하든 보험사의 지급분은 변하지 않기 때문이다.

¤ 협상

아무튼, 이렇게 확인과 정정의 과정을 거친 후 환자 부담액이 결정되면 해당 의료기관들과 직접 협상을 해야 한다. 일반적으로 개인 병원보다는 종합 병원이 협상의 여지가 넓다. 어느 쪽이든 빨리 수금하기 위해 대개 환자에게 크레딧 카드로 비용을 지급하라고 권하기도 하는데, 단호하게 그럴 수 없다고 하여야 한다. 앞에서 설명했듯, 신용카드는 높은 이자율 때문에 바로 비용을 전액 갚지 않으면 아주 위험하기 때문이다. 누구도 당신에게 크레딧 카드로 의료비를 갚으라고 강요할 수는 없다. 보통은 의료 기관에서 당신의 소득과 재무상태에 따라 할인된 금액을 제공하고 일시불로 받거나 당신이 낼 수 있는 한도 내에서 월 얼마씩 갚으라고 할 것이다. 일단 금액에 합의하면 서류로 받아 두고 늦지 말고 납부해야 한다. 그대로 갚다가 몇 년이 지나면 의료 기관에서 금액을 다 갚으라고 다시 연락이 올 수도 있다. 그때 다시 협상이 필요할 수도 있지만, 당신의 재정이 허락한다면 일시금으로 갚아도 된다.

계획하지 않았던 둘째 아이 임신 때 나는 임신을 커버하는 의료보험이 없었다 (오바마케어가 생기기 전까지 임신은 지병 (pre-existing condition)으로 분류되어 비싼 별도의 보험료를 내고 추가 조항으로 사야 했다). 다행스럽게도 근처의 병원에서 임신과 출산만을 위한 보험을 들 수 있었는데, 이는 임신 기간 동안의 정기 검진과 출산 전후 나와 아이가 3일 동안 병원에 있는 것까지만 보장되었다. 그런데 아이가 8주나 일찍 나오는 바람에 내가 보험을 구입한 병원이 아닌 더 큰 병원으로 가야해서 기존의 보험은 무효가 되었고, 아이는 인큐베이터에서 3주, 나는 조기 출산을 방지하려 1주일간 병원 신세를 지며 그에 따른 의료비를 고스란히 부담할 처지가 되었다. 병원 비용은 그 당시 남편의 세전 1년 연봉에 육박하는 금액이었다. 나는 위에서 설명한 과정을 거치며 원래 청구된 의료비의 70% 정도의 금액을 줄이고 소액의 월 페이먼트를 내는 것에 합의하였다. 약속대로 몇 년간 페이먼트를 내는 과정에서 남편의 연봉이 많이 올랐는데, 병원에서 그걸 알고 연락했는지 모르겠으나, 다 갚으라는 연락이 왔다. 나는 다시 일시금으로 내는 조건으로 협상을 하여 잔액을 크게 줄였고, 나머지 금액을 다 갚을 수 있었다. 이런 협상 과정이 없었다면 둘째 아이가 틴에이저인 지금까지도 월 페이먼트를 내고 있었을 것이다.

¤ 기타

의료기관들과 이렇게 협상을 하는 건 시간이 오래 걸릴 뿐아니라 스트레스가 막심할 수 있는 일이다. 하지만 살다 보면 우리가 예상치 못한 일로 병원 신세를 질 수 있고, 각종 청구서를 제대로 처리하지 않으면 평생을 두고 가정 경제에 심각한 타격을 받을 수 있다. 그러니 만약 당신이 이런 상황에 닥친다면 당황하지 말고 침착하게 서류 정리부터 시작하시라. 아무것도 하지 않는 것이야말로 가장 위험하다.

미국의 심각한 의료비로 인해 경제적 고통을 겪는 인구가 크게 늘어나며 의료비가 크레딧에 영향을 주는 정도를 법으로 규제하여 이제는 크레딧 회사들은 늦은 의료비 페이먼트를 크레딧 리포트에 올리기 전에 180 일을 기다려야 하고, 환자가 의료비 페이먼트에 합의하고 지불하기 시작하면 총의료비가 많아도 크레딧에 영향을 끼치지 않는다. 아주 반가운 일이다. 그러나 아무것도 하지 않으면 수금 대행업체인 컬렉션 에이전시 (collection agency)로 빚이 넘어가고 크레딧에 악영향을 끼칠 수 있다. 만약 의료비를 줄이는 것에 자신이 없으면 이런 절차를 처리해주는 회사를 고용해도 되는데, 그들은 보통 절약해 주는 금액의 20~30%를 수수료로 받는다. 예를 들어, 당신이 내야 하는 금액의 $10,000 중 50%인 $5,000 을 줄여 주면 $1,000~$1,500 을 수수료로 내야 한다. 선급을 요구하는 곳은 피하고 사용자의 평가가 좋은 곳으로 선택하는 것이 좋다. 만약 진작 처리하지 못한 의료비 때문에 현재 심한 정신적, 경제적 고통을 겪고 있는 사람이라면 파산 신청을 고려하되, 은퇴계좌에서 미리 출금하는 건 절대로 하지 마시라. 의료비 때문에 파산 신청을 하더라도 은퇴계좌 내의 자산은 모두 보호되기 때문이다.

◑ HSA 활용

Health savings account(HSA)는 이런 심각한 미국의 의료비 문제를 도와주기 위해 2000 년대 초에 생긴 제도이다. 이는 은퇴계좌와 마찬가지로 각종 세금혜택이 주어지고 계좌 내의 자산은 파산 시에도 채권자들로부터 보호되는데, 세금혜택이 은퇴계좌보다 더 좋다 (보호와 세금혜택이 주마다 다를 수 있음). 왜냐하면 은퇴계좌는 보통 납부 시 공제를 받고 세금을 유예할 수 있지만 출금 시에는 소득세를 내야 하는데, HSA 는 의료비에만 사용하면 세금을 내지 않아도 되기 때문이다. 따라서 의료비에 대한 100% 세금공제를 가능하게 해주는 HSA 를 적극적으로 활용하는 것이 좋다. HSA 의 엄청난 세금혜택을 이해하는 사람들은 이것을 은퇴 준비나 심지어 상속의 수단으로까지 활용하기도 하므로, [CHAPTER 5 은퇴 플랜]에서 자세히 논의하기로 한다.

가입할 수 있는 기본 조건은 의료보험의 디덕터블이 $1,350 (가족 보험의 경우 $2,700) 이상이고, 본인 최고 부담금인 아웃 오브 파켓 맥시멈 (out-of-pocket maximum)은 $6,750 (가족 보험의 경우 $13,500) 미만이어야 한다 (2019). 이것은 가입 자격에 소득 한도가 없고, (근로소득이 있는 사람만 할 수 있는 은퇴계좌와 달리) HSA 납입금은 근로소득이어야 한다는 조항이 없다. 보험 구매 시 HSA 에 가능한 보험은 대개 HDHP (high deductible health plan)라고 표시되어 있다. 의료보험이 없는 사람은 가입할 수 없고 허용되는 최대 저축액은 연 $3,500 (가족보험은 $7,000)이며, 55 세가 되면 $1,000 을 추가로 저축할 수 있다. 단, 메디케어에 가입할 수 있는 65 세가 되면 납부할 수 없다.

❶ 메디케이드 (MEDICAID)

앞에서도 언급했듯, 메디케이드는 저소득층을 위한 의료보험이다. (그러나 연방 정부 차원에서 전국민 의료보험을 도입하지 못하는 현실에 저항하여 자체적으로 주 내의 모든 국민을 대상으로 메디케이드를 확장하려는 주의 움직임도 활발해지고 있는 추세이다.) 아이들, 부모, 그리고 메디케어 혜택을 받지만 소득이 적어서 메디케이드 혜택도 받을 수 있는 노인들, 임산부 등이 가입 대상자들이다. 가입 자격은 주 정부에서 정할 수 있으며, 기본 소득액의 기준은 연방 정부의 극빈자 레벨 (federal poverty level - FPL)로, 가족 수마다 차이가 있다. 예를 들어, 독신은 2019 년 현재 $12,490 이고, 2 인 가족은 $16,910, 4 인 가족은 $25,750 이다. 이 금액을 기준으로 각 주마다 다른 가입 자격 요건을 제시하는데, 18 세 미만 아이들을 위한 보험은 이 금액의 200%, (임신하지 않은) 부모는 50%, 임신한 여성은 120%... 하는 식이다. 따라서 한 가정에서 아이들은 메디케어에 가입되어 있지만 부모는 자격이 되지 않아 오바마케어를 하는 경우가 많다. 주마다 다른 가입 조건은 Medicaid.gov (*Medicaid and CHIP Eligibility Levels*)이나 소셜 서비스 사무실을 찾아 문의하는 것이 가장 정확하다.

● 메디케어 (MEDICARE)

¤ 전국 노인을 위한 의료보험

메디케어 (Medicare)는 연방 정부에서 관장하는 65 세 이상의 노인과 장애인을 위한 의료보험이다. 자격 조건은 소득 기준인 메디케이드와 달리, 페이롤 텍스를 10 년 이상 낸 미국 시민권자나 영주권자이어야 한다. 젊은 나이에 장애인이 된 경우와 투석 (dialysis)을 받아야 하는 사람들도 가입할 수 있고, 또한 평생 일하지 않은 배우자나 이혼자라도 결혼 생활을 10 년 (40 크레딧)이상 지속하였으면 배우자가 낸 세금을 바탕으로 가입 자격이 주어진다. 이혼자가 전 배우자가 낸 세금을 바탕으로 메디케어를 신청한다면 신청 당시에 미혼이어야 한다. 당신이 메디케어의 가입 조건이 되는지는 Medicare.gov (*Eligibility & Premium Calculator*)에서 쉽게 알아볼 수 있다. 메디케어에 필요한 크레딧 (40)을 적립하지 못한 사람은 월 $240~$437 을 내고 메디케어 Part A (병원비, 재활 치료, 호스피스 비용 등을 커버)를 살 수 있다. **Medicare Part A** 와 함께 구입할 수 있는 **Part B** (의사, 각종 검사 등을 위한 보험)는 인컴에 따라 월 $135~$460 이 든다 **(2019).**

● 두 가지 옵션

¤ Original Medicare vs. Medicare Advantage Plan

메디케어를 신청할 수 있는 자격이 되는 사람은 Original Medicare (Part A and B)와 Medicare Advantage Plan(Part C) 두 가지 중 하나를 선택해야 한다. 오리지날 메디케어 (Part A and B)는 연방 정부를 통한 의료보험이고, 메디케어 어드밴티지 플랜 (Part C)은 메디케어 법을 따르지만 민간 보험사를 통해 구매한다. 소셜시큐리티 연금을 받고 있는 65 세의 노인은 본인이 연기/취소하지 않으면 자동으로 오리지날 메디케어 (Part A and B)에 가입된다. 소셜시큐리티 연금을 받지 않는 65 세의 노인은 본인이 직접 가입 절차를 밟아야 메디케어에 가입할 수 있다. 메디케어는 Part 가 여러 가지인데, A 는 병원비를 보조해 주며,

가입 조건이 되는 사람들은 무료로 가입할 수 있다. 하지만 통원치료나 의사를 보는 비용을 지급하는 Part B 와 처방전이 필요한 의약품 비용을 지급하는 메디케어 Part D 는 돈을 내고 사야 한다. Part D 는 월 $30 정도이고, 메디케어 Part B 와 D 의 프리미엄은 소셜시큐리티 연금에서 공제된다. 이 두 파트의 구매는 형식상으로는 '선택'이지만, 늦게 사면 영구적인 페널티가 붙으므로 처음에 메디케어 Part A 를 신청할 때 같이하는 것이 좋다. 단, 65 세에도 일하고 있고 직장을 통한 보험이 있는 사람은 메디케어 혜택을 보류시켰다가 필요할 때 (페널티 없이) 가입할 수 있다.

메디케어에 가입할 수 있는 자격이 되는 사람들은 위에서 설명한 오리지널 메디케어 플랜의 여러 파트 (Part A, B, D) 대신 통합된 메디케어 어드밴티지 플랜 (Medicare Advantage Plan-흔히 Part C 로 불림)을 살 수 있다. 이 Part C 는 보험사를 통해 구입하는 노인 의료보험이지만, 메디케어에서 일정액이 지급되므로 고객은 나머지만 내면 된다. 가격은 고객이 선택하는 Part C 의 옵션에 따라, 그리고 주(state)마다 차이가 있다. 보험사를 통해 개별적으로 판매되는 메디케어 관련 플랜들은 모든 메디케어 관련 규정을 지키고 판매 허가도 받아야 한다. 어느 것을 선택하든 가입 기간은 다음과 같다.

◑ 가입 (ENROLLMENT)

¤ 65 세이고 소셜시큐리티 연금을 받고 있는 사람 :

오리지날 메디케어((Part A and B)에 자동으로 가입되며, 65 세가 되기 전 3 개월 이내에 메디케어 카드가 온다.

¤ 65 세이고 소셜시큐리티 연금을 받지 않고 있는 사람 :

65 세가 되는 전후 3 개월 이내에 메디케어를 신청해야 한다. 예를 들어, 7 월생인 사람은 4 월부터 10 월 사이에 신청서를 접수 시켜야 한다.

¤ 65 세 전이지만 장애로 인해 소셜시큐리티 연금을 받고 있는 사람:

소셜시큐리티 연금을 받기 시작한 후 25 개월 이내에 메디케어에 자동 가입되고 메디케어 카드가 나온다.

¤ 65 세가 넘었지만 소셜시큐리티를 받지 않고 메디케어 신청 기간을 넘긴 사람 :

정기 가입 기간인 1 월 1 일부터 3 월 31 사이에 메디케어 가입 신청을 할 수 있지만, 늦게 신청한 만큼 Part B 와 D 의 프리미엄이 높아진다.

¤ 65 세가 넘었지만 직장 보험이 있어서 메디케어 가입을 연기한 사람 :

퇴직하고 곧바로 페널티 없이 메디케어에 가입할 수 있다.

◑ 메디갭 (MEDIGAP)

오리지날 메디케어 (Part A 와 B)는 거동이 불편한 사람들이 일상에 필요한 도움 (long-term care), 안과, 틀니, 보청기 등 노인들에 필요하지만 커버되지 않는 종목들이 많다. 더불어, 메디케어는 코페이 (copayment), 디덕터블 (deductible), 코인슈런스 (co-insurance)는 있지만 아웃 오브 파켓 맥시멈(out-of-pocket maximum)은 없다. 이것은 1 년에 환자가 내야 하는 최대 부담금에 한도가 없으므로 돈이 있는 사람은 자기 부담액을 무한대로 낼 수 있다는 뜻이다 (돈이 아예 없으면 저소득자를 위한 메디케이드 (Medicaid)를 통해 필요한 의료 서비스를 실비로, 또는 무료로 받을 수 있다). 65 세만 되면 메디케어를 통해 모든 의료비가 커버될 줄 알았던 사람들이 크게 놀라는 부분이다.

따라서 평생 모은 자산을 노후에 의료비로 다 사용하지 않으려면 메디케어에서 보장되지 않는 부분에 대한 보험이 별도로 필요한데, 그것이 메디갭 (Medigap-Medicare Supplement Insurance)이다. 매디갭은 10 가지 종류 (A, B, C, D, F, G, K, L, M, N)가 있고 Part C 같이 보험사를 통해 판매되지만, 이 또한 연방 정부의 규제를 받는다. 가격도 다양하니 자기에게 필요한 것을 잘 비교하고 구매하는 것이 중요하다. 당신이 거주하는 주에 따라 이 열 가지 다 판매되지 않을 수도 있다. 매디갭의 비교는 Medicare.gov 에서 할 수 있다 (*How to Compare Medigap Policies*).

◑ 정치

세상의 많은 일이 그렇지만, 개인의 재무에 가장 큰 영향을 미치는 은퇴와 의료 관련 문제에서는 정치가 특별히 중요하다. 미국 국민들이 파산 신청을 하는 가장 큰 이유는 의료비 때문이다 (CNBC.com-*Medical Bills Are the Biggest Cause of US Bankruptcies*). 지금 당신이나 당신의 가족 중 누가 정부의 의료정책 때문에 고통받고 있다면 물론이지만, 만약 지금 당장은 당신에게 직접적인 영향을 미치지 않는다고 하여도 이런 정책들에 대해 관심을 가지기 바란다. 곧 당신과 당신 가족의 재정과 건강에 막대한 영향을 끼칠 중요한 일이 될 것이기 때문이다.

민간 의료보험사들은 돈을 벌기 위해 존재한다. 만약 그들 마음대로 할 수 있다면 지병이 있는 환자들에게는 보험을 팔지 않을 것이며, 환자한테서 받는 보험료보다 지출해야 하는 의료비가 더 많으면 가차 없이 보험을 취소시킬 것이며, 아픈 사람들에게는 엄청난 보험료를 물리고, 동시에 보험사에서 지급하는 병원비에 적은 한도를 둘 것이다. 사실은… 이런 것들은 불과 수년 전, 오바마케어가 시작되기 전에 보험사들이 하던 보편적인 영업행위들이었다. 건강해서 병원 신세를 질 필요가 없는, 그래서 보험료를 내기만 하는 사람들이 보험사들 입장에서는 가장 수익성이 좋으므로 '돈이 되지 않는' 환자들은 갖은 방법을 써서 쳐 낸 것이다. 나는 자유시장이 필요하다고 믿지만, 돈을 버는 것이 제 1 의 목표인 회사들과 의료보험이 공존하는 것은 아주 어렵다고 생각한다. '돈이 되지 않는' 환자들을 쳐 내는 건 보험사들이 사악해서가 아니라 자유시장에서 살아남기 위한 생존 전략일 뿐이다. 무보험자들이 내야 하던 페널티가 2019 년부터 없어졌으니 돈이 별로 없는 많은 젊고 건강한 이들이 보험에 들지 않을 테고, 보험이 필요한 사람들의 비싼 보험료가 더 비싸질 것은 불 보듯 뻔한 일이다. 이 복잡하고 심각한 미국의 의료 문제를 고칠 방법으로는 한국이나 부유한 유럽 국가들이 시행하고 있는 전 국민 의료보험제도 외에 내가 아는 것은 없다.

물론, 무엇이 '좋은 제도'인지, 그리고 그에 대한 재원을 어떻게 마련할지에 대한 범국민적인 논의는 필요하다. 하지만 그러기 전에 명심해야 하는 것은, 누가 어떤 의료 체계를 옹호하든 상관없이 이것은 우리 모두에게 직·간접적인 영향을 미치며 결국 비용은 국민 전체가 지불한다는 것이다. 만약 자유 시장의 옹호자인 당신이 민간 의료업계에 대한 정부의 제재를 최소화해야 한다고 믿는다면 당신도 보험이 가장 필요할 때 보험사에서 쫓겨날 수 있다는 걸 알아야 한다. 당신이 현재 군인 가족이거나 다른 정부 기관을 통해 적은 비용으로 '좋은 보험' 혜택을 누리고 있다면 당신의 그 저렴하고 좋은 혜택은 국민이 내는 세금으로 운영되고 있다는 걸 알아야 한다. 그러므로 당신의 보험 혜택을 위해 세금을 내지만 자신들은 돈이 없어 당신과 같은 의료 혜택을 누리지 못 하는 사람들에게 동정심을 가지는 것은 인간으로서의 마땅한 도리이다. 더 중요한 것은, 물가 상승률보다 빠른 속도로 오르는 미국의 의료비에 정부가 나서서 제동을 걸지 않는다면, 당신이 즐기고 있는 그 '좋은 보험'도 국민의 세금으로 부담하는 데 한계가 있다는 것이다. 세금 인상을 하지 않는 한, 당신의 보험은 시간이 지나면서 혜택이 줄어들 수밖에 없다. 만약 당신에게 회사를 통한 보험이 있어도, 의료보험 혜택이 없는 회사에 다니는 사람들을 위한 정책에 관심을 두어야 한다. 아프거나 회사의 감원 조치로 실직하면 당신도 하루아침에 그들과 같은 입장이 되기 때문이다. 우리는 모두 한 배에 타고 있다. 당신이 있는 곳에 물이 들지 않는다고 하여 아래층에서 새는 물을 막아주지 않는다면 그 물은 곧 당신을 덮친다. 사회적인 약자들의 권리도 나의 권리같이 여기고 지켜줘야 하는 이유이다. 나는 한국에서 세월호 사고로 아이를 잃은 어떤 부모가 한 말을 잊을 수가 없다: '나는 삼풍백화점이 붕괴되었을 때도, 성수대교가 무너졌을 때도 유가족이 절규하며 원인 규명을 요구할

때 함께해 주지 않았다. 내 일이 아니었으니까… 그런데 그렇게 가만히 있으니 결국 내 일이 되더라.'

정치와 정치인들이 만드는 법은 우리 모두의 안전과 건강은 물론, 나의 주머니에도 직접적인 영향을 끼친다. 그래서 내 건강과 주머니 속의 돈을 지키듯, 정치인들이 주장하는 정책을 이해하고 나에게 유리한 사람을 뽑아야 한다. 의료비가 비싼 미국에서는 내가, 또는 가족 중 한 사람만 심하게 아프면 가족 전체가 경제적 파탄을 맞는 건 시간문제이다. 당신이 엄청난 부자가 아니라면 이 심각한 범국가적 의료 문제는 정책으로만 해결할 수 있다는 걸 이해하기 바란다. 그래서 우리는 모두 '정치적'이 되어야 하고 투표를 해야 한다.

자동차보험

미국의 대부분 주(state)에서 자동차를 보험 없이 운전하는 것은 불법이다. 일부 무보험 운전을 허락하는 주들에서는 사고를 냈을 경우 보험이 없어도 손해 배상을 할 수 있다는 '경제적 능력 (financial ability)'를 증명한 후에야 운전할 수 있다. 그러니 자동차보험은 자동차 유지비같이 운전하는 데 꼭 필요한 기본 비용이라고 여기는 것이 좋다.

❶ 두 가지 종류

¤ 라이어빌리티 VS. 컴프리헨시브

자동차보험은 내가 사고를 냈을 경우 상대방 운전자의 손해만 보상해 주는 라이어빌리티 (Liability)와, 상대방과 나의 손해 모두를 보상해 주는 컴프리헨시브 (Comprehensive), 이렇게 두 가지 종류가 있다. 컴프리헨시브 보험은 full policy 또는 full coverage 라고도 한다. 라이어빌리티 보험은 대부분 주에서 요구하는 기본 보험으로, 사고 시 한쪽에만 피해 보상을 해주므로 싸다. 내가 사고를 냈을 경우, 상대방 운전자와 승객들의 치료비와 자동차 수리비를 지급한다. 만약 무보험자가 사고를 내고 도주하였거나, 상대방 운전자의 과실로 사고가 났는데 그 사람의 보험이 나의 치료비와 자동차 수리비를 충분히 지급하지 않을 때도 내가 산 라이어빌리티 보험이 적용된다. 만약 당신이나 자녀가 운전하는 자동차가 오래되고 낡아서 사고 시 폐차하는 것이 고치는 것보다 더 경제적이라면 라이어빌리티 보험만 사는 것도 괜찮다. 신체적 부상은 의료보험을 적용받을 수 있기 때문이다. 다만, 의료보험은 위에서 설명한 대로 디덕터블, 코인슈런스 등의 본인 부담률을 고려해야 한다. 컴프리헨시브 보험은 당신이 사고를 내더라도 상대방의 피해는 물론, 당신의 피해도 모두 보장된다. 도난이나 우박과 홍수 등 날씨로 인한 피해가 있어도 보상이 된다. 라이어빌리티 보험보다 당연히 비싸다.

◑ 보험 용어 이해하기

¤ 신체적 피해 (Bodily Injury Liability)

이 조항은 당신이 사고를 냈을 경우 상대방 운전자와 승객의 치료비는 물론, 사고로 인해 일하지 못했을 경우 손해 보는 소득 (loss of wage)과 사고로 인한 정신적 피해 보상을 한다. 보통 $100,000/$300,000/$50,000, 또는 100/300/50 와 같은 숫자로 표시가 되는데, 이는 환자당 $100,000, 사고 당 총 $300,000, 그리고 최대 자동차/재산 수리비로 $50,000 이 지급 된다는 뜻이다. 사고 시 이 보험이 상대방의 피해보상에 충분하지 않으면 상대방이 나머지 금액을 보상받기 위해 개인적으로 소송을 걸 수 있으므로 충분한 금액의 보험을 드는 것이 좋다. 물론, 이 금액이 높을수록 당신의 보험료는 올라간다.

¤ 재산 피해 (Property Damage Liability)

이것은 당신의 실수로 사고가 났을 경우 상대방의 자동차 수리비와 나무나 가로등, 집 등 다른 재산상의 손해를 보전하기 위한 조항이다. 위의 경우, 마지막 숫자인 $50,000 가 사고 당 보험사가 재산 피해에 지급하는 최대 금액이다.

¤ 무보험/과소보험 (Uninsured or Underinsured) Motorists

이것은 위에 소개된 두 개의 조항들과 마찬가지로 라이어빌리티의
보험 조항이지만, 당신을 위한 보험이다. 만약 상대편의 잘못으로
사고가 났지만 그의 보험 액수가 충분하지 않거나 아예 보험 없이
불법으로 운전을 했다면, 이 보험 조항이 당신의 피해를 보상해 준다.

¤ 추돌/충돌 (Collision)

이것은 당신의 잘못으로 사고가 났을 경우 당신이 입은 피해를
보상해 주는 컴프리헨시브 (comprehensive 또는 full) 보험 조항이다.
추돌/충돌 사고 시 발생하는 당신 자동차의 피해나 다른 재산 피해를
보상해 준다. 이 혜택을 사용하려면 디덕터블 (deductible)을 내야 한다.
의료보험과 마찬가지로, 자동차보험도 디덕터블은 보험사가 피해
보상을 하기 전에 개인이 내야 하는 자가 부담분으로, 보통 $500, $1,000
등으로 표시된다. 본인 부담률이 높을수록 (디덕터블이 높을수록)
보험료는 낮아진다. 그러나 보험료를 낮추려고 본인이 부담할 수 없는
높은 금액의 디덕터블을 선택하면 나중에 문제가 될 수 있으니
주의하여야 한다. 예를 들어, 비상자금으로 $500 만 있는 당신이
보험료를 낮추기 위해 $2,000 짜리 디덕터블이 있는 자동차보험을 산
뒤 사고를 냈다고 치다. 당신 자동차의 수리비에 $3,000 의 견적이
나왔다면 보험사는 당신 부담분인 $2,000 디덕터블을 제외한 $1,000 만
지급한다. 당신이 가진 비상금 $500 을 합쳐도 $1,500 으로는 당신의
자동차를 고칠 수 없으니, 당신은 아주 곤란한 상황에 빠질 수밖에
없다. 그러므로 디덕터블 금액은 당신이 지급할 수 있는 비상자금 한도
내에서 신중하게 선택해야 한다.

¤ 컴프리헨시브 (Comprehensive)

이 조항은 당신의 자동차가 도난당했거나 우박이나 홍수 등
자연재해, 또는 운전 중 도로에 달려든 동물로 인해 발생한 피해를
보상해 준다. 주마다 법이 다를 수 있지만, 이 조항에도 대개
디덕터블이 적용된다.

¤ 메디컬 페이먼트 (Medical Payment)

이 조항은 차 사고 시 당신과 당신 차량에 탑승했던 모든 승객의 치료비를 지급한다. 자동차나 집보험은 대개 보험자나 보험자 가족의 치료비는 낮게 책정되는 경향이 있다. 보통은 의료보험을 사용할 수 있고, 보험 보장액이 적으면 내는 보험료도 적으며, 또한 자동차보험사에서 나의 의료비를 충분히 지급하지 않는다고 하여 나 자신을 고소할 일도 없기 때문이기도 하다.

¤ 렌터카 (Rental Car)

자동차가 수리되는 동안 렌터카가 필요하다면 보조해 주는 조항이다. 30/1,000 와 같은 형식으로 표시되는데, 이는 하루에 $30, 총 $1,000 까지 보조가 된다는 뜻이다. 대개 추가 비용이 드는 옵션이다.

¤ 로드 서비스 (Road Service)

로드사이드 서비스 (roadside service) 또는 로드사이드 어시스턴스 (roadside assistance)라고도 불리는 이 서비스는 만약 당신의 차에 기름이 떨어져서, 또는 고장 나서 주행 중 섰다면 도와주는 서비스이다. 타이어를 갈아주거나, 기름을 배달해 주거나, 가까운 정비소로 차를 옮겨 주는 등의 서비스를 제공한다.

❶ 자동차보험료에 영향을 끼치는 것들

자동차보험료는 자동차 가치, 보험 보장액, 어디에 얼마나 운전하는지, 전에 보험 클레임이 있었는지, 디덕터블, 운전자의 나이, 직업, 교육 정도, 크레딧 등 많은 것들이 영향을 끼친다. 불법 주차와 같은 주정차 시 받는 티켓 (nonmoving violation)은 대개 보험료에 영향을 끼치지 않지만, 속도 위반과 신호 무시 등 운전 중 부주의로 받는 티켓 (moving violation)은 영향을 준다. 운전 중 받는 이런 티켓들은 비싸고 보험료 인상 요인도 되지만, 많이 받으면 면허증이 정지되거나 취소될 수도 있으니 아무리 바빠도 속도와 신호를 잘 지켜야 한다. 보험사들이 참고하는 운전 중 받는 티켓에 대한 벌점과 면허증 정지/취소에 대한 기준은 주마다 다를 수 있으며, DMV.org (*DMV Point System*)에서 확인할 수 있다.

◑ 보험 쇼핑

자동차보험도 두말할 필요 없이 여러 곳에서 꼼꼼히 알아보고 결정하는 것이 좋다. 치열해지는 보험사 간 경쟁 덕분에 고객들은 쉽게 가격 비교를 할 수 있으니 인터넷을 잘 활용하시라. 어떤 보험사들은 경쟁사의 가격을 보여주기도 한다. 자동차에 보안 장치가 있거나, 보험자가 군인 가족이거나, 두 개 이상의 보험을 같이 들거나, 또는 성적이 좋은 학생이거나 하면 받을 수 있는 각종 할인 혜택도 많으니 잘 챙겨야 한다. 보험료를 아낀다고 보험액을 너무 낮게 잡았다가 나중에 피해 보상이 충분히 안 되면 개인적으로 고소를 당할 수 있으니 주의하여야 한다. 또한 당신의 생활 범위가 비교적 부유한 동네라면, 그 지역의 주민들은 대개 더 비싼 차를 운전하므로 사고 시 필요한 피해 보상액이 다른 저렴한 지역보다 커질 수 있다. 이런 경우에는 라이어빌리티 액수를 높게 설정하는 것이 좋다.

◑ 사고 시 유의할 점

자동차 사고 시에는 당황해서 아무 생각이 안 날 수 있다. 내가 아는 어떤 사람은 수년 전 출근길에 상대방의 실수로 인해 사고가 났지만, 당황해서 사고 처리를 제대로 하지 않고 현장을 떠나 그대로 출근한 적이 있다. 사무실에 가서야 정신을 차리고 경찰에 신고하니, 경찰서에서 사고를 낸 당사자도 신고하였고 지금도 현장에 있으니 다시 가서 사고 처리를 하라는 소리를 듣고 그대로 하였다고 한다. 만약 사고를 낸 사람도 현장을 떠났다면 자신의 실수도 아닌 사고로 나온 적지 않은 자동차 수리비는 온전히 본인의 몫이었을 것이다.

누구의 잘못이든 사고가 나면 기본적으로 해야 하는 것들이 있다. 우선 침착하게 경찰에 신고한다. 그리고 상대방과 주소, 이름, 보험사, 자동차 등의 정보를 교환하고 접촉 부분의 사진도 찍어둔다 (상대방 과실이라면 당신의 보험 정보를 줄 필요는 없다). 끝으로 보험사에 연락하는데, 상대방의 잘못으로 사고가 났을 경우에는 내 보험사에 연락할 필요는 없다.

◑ 기타 주의할 점

고객은 만약의 사고를 대비하여 평소에 보험료를 내다가 보험이 필요하면 당연히 회사에 클레임을 한다. 그러기 위해 보험을 사는 거니까. 반면에 보험사들은 자선단체가 아니므로, 고객이 클레임을 많이 하여 더이상 회사에 이득이 되지 않으면 보험료를 큰 폭으로 올리거나 아예 보험을 취소시키기도 한다.

이런 현실에서 우리가 할 수 있는 건 보험료를 최대한으로 줄이고 보험을 꼭 필요할 때만 사용하는 것뿐이다. 보험사마다 기준이 다르지만, 보통 지난 5 년 이내에 클레임이 두어 차례 이상이면 보험료가 많이 오른다. 그러니 피해액이 디덕터블 금액 미만이거나 비슷하면 보험사에 알릴 필요도 없이 내가 지급하는 게 낫다. 어차피 보험사에 클레임을 해도 디덕터블을 공제하고 나면 실제 혜택은 미미할 수 있기 때문이다. 집보험이든 자동차보험이든 보험료는 그저 집이나 자동차에 필요한 유지비의 한 부분으로 생각하고 피해액이 커서 보험이 꼭 필요할 때만 사용하는 것이 좋다. 운전하다가 스피딩 티켓을 받으면 돈이 들더라도 변호사를 사용하여 (당신이 거주하는 주에서 허락이 된다면) 벌점을 받지 않도록 처리한다. 또한, 자동차를 다른 사람에게 빌려주는 건 삼가는 것이 좋지만, 만약에 부득불 빌려준다면 빌리는 사람이 사고를 내더라도 당신의 보험이 사고 비용을 부담해야 한다는 걸 알아야 한다. 자동차보험은 대개 사람을 따라가는 게 아니라 자동차를 따라가기 때문이다. 렌터카는 예외이다. 또한, 만약 비즈니스 보험을 별도로 들지 않은 상태에서 당신의 자동차로 업무를 보다가 사고가 나면 보험사에서 클레임을 거절할 수 있으니 유의하여야 한다. 개인차로 배달을 하거나 업무용으로 많이 사용하면 비즈니스 보험을 별도로 들어야 한다.

집보험

◑ 융자 회사에서 요구하는 보험

집보험은 불이나 자연재해 등으로 인한 피해가 있을 때 보상해주는 보험이다. 자동차보험같이 법으로 요구되는 건 아니지만, 융자 회사에서는 당연히 요구한다. 융자가 없는 집주인은 보험을 사지 않아도 누가 뭐라고 할 사람은 없지만, 집을 소유함으로써 발생하는 세금이나 관리비용같이 기본 경비로 여기고 보험에 가입하는 것이 좋다.

◑ 집보험 적용이 되지 않는 부분

여느 보험과 마찬가지로 집보험도 보장하지 않는 부분이 있으니 이를 먼저 알아보자. 기본적으로, 집의 피해는 하늘에서 내려오는 비나 우박, 바람 (토네이도) 등에 의하면 보장이 되지만, 땅에서 발생하는 피해, 즉 지진, 산사태, 그리고 홍수 등에 의한 손실은 보험 적용이 되지 않는다. 하늘에서 내리는 비 때문에 지붕이 손상되면 보험 적용이 되지만, 땅에 떨어진 빗물이 내려가지 않고 올라와서 집을 훼손하는 홍수 피해는 적용이 되지 않으니 이를 구분해야 한다. 심한 바람이나 눈의 무게를 견디지 못한 나무가 집에 쓰러지면 보험 보장이 되지만, 산사태 때문에 나무가 쓰러졌다면 보험사에서 피해 보상을 거부할 수 있다. 홍수나 지진을 대비한 보험은 별도로 들 수 있다.

보험을 노린 집주인이 고의로 재산 피해를 일으켜도 보상되지 않는다. 다른 사람이 내 집에 와서 다쳤거나 집주인이 다른 곳에서 남에게 피해를 입혔어도 집보험으로 피해를 보상해 줄 수 있지만,

집주인이 누구에게 고의로 상해를 입혔다면 그에 따른 피해 보상은 거절된다. 또한, 전쟁이나 테러, 또는 원자력 관련 사고 시 재산 피해도 보상되지 않는다.

❶ 보험 용어 이해하기

¤ 본 건물 (Dwelling)

집 본채와 그에 붙은 차고, 덱 (deck) 등이 포함된다. 이것은 만약 화재로 집이 전소되었을 때 다시 지을 수 있을 정도의 금액이어야 한다. 시간이 지나면서 건축 자재와 인건비 (집값)가 오르므로 그것에 맞게 보험 커버리지 금액도 높여야 한다. 단독 주택이라면 집이 전소되어도 땅은 그대로 있으므로 필요한 보험료를 결정할 때 참고하기 바란다. 땅값이 비싼 대도시 이외의 지역에서는 보통 마켓 가격의 80% 정도 금액의 보험을 든다. 나머지 20%는 땅값이라는 얘기다.

¤ 부대 건물 (Other Structures)

이 조항은 집 뒤의 창고나 집과 떨어진 차고 등 별도의 건물을 대상으로 하는데, 보통 본 건물의 피해를 보상해 주는 보험액의 약 10% 정도까지이다. 예를 들어, 본건물 보험액이 $500,000 이라면 부대 건물의 피해는 $50,000 까지 보상해 준다. 만약 이 부대 건물을 비즈니스 용도로 사용하였다면 보험사가 피해 보상을 거절할 수 있다.

¤ 개인 재산 (Personal Property)

이것은 부동산이 아닌 동산, 즉 이사할 때 가져갈 수 있는 개인 재산을 일컫는 조항으로, 보통 집보험의 50%까지 피해액이 보상된다. 예를 들어, 당신이 $500,000 짜리 집보험을 사고 집과 그 안에 있던 모든 개인 재산이 화재로 전소되었다면 건물의 피해액은 $500,000 까지, 그리고 가구, 전자제품, 주방 기구, 옷, 신발 등 개인용품은 건물 보상액의 절반인 $250,000 까지 보상이 된다. 물론 보험마다 차이가 있을 수 있다.

여기서 한가지 이해해야 하는 것은 현재 가치 (actual cash value-ACV)와 교체비 (replacement cost-RC)의 차이이다. 개인용품들은 투자가 아니고 소비의 개념이므로 물건을 사고 쓸수록 가치가 떨어진다. 만약 당신이 집보험의 개인 재산 조항을 현재 가치 (actual cash value-ACV)로 정하였다면 보험사는 현재의 중고가로 따져서 피해액을 지급하고, 교체비 (replacement cost-RC)로 하였다면 신제품을 살 수 있는 비용을 지급한다. 예를 들어, 당신이 3 년 전에 산 $3,000 짜리 소파가 현재 $500 중고가로 매매된다면 현재 가치 (actual cash value-ACV)는 $500 이다. 이것을 다시 사려면 3 년 전과 같은 비용이 든다고 할 때, 교체비 (replacement cost-RC)는 $3,000 이다. 이때 당신이 교체비 조항을 넣어 보험을 샀다면 보험사는 $3,000 을 지급하고, 현재 가치 조항을 넣었다면 $500 만 지급한다. 보험료는 현재 가치 조항으로 구매할 때 물론 더 싸다. 현재 가치 조항으로 보험을 사면 옷과 가구 등 모든 개인 재산의 항목들은 모두 중고가로 쳐서 피해액을 보험사에서 지급하니 이를 유념해야 한다. 어떤 조항을 구입하든 개인용품들은 나중에 보험사에 클레임 하려면 서류 구비를 제대로 해놓는 것이 중요하다. 물건들의 리스트를 만들고 영수증을 보관하거나 가끔 개인용품들을 사진으로 찍어 두는 것도 좋은 방법이다. 만약 악기나 골동품 등 가치가 많이 나가는 물건들은 별도 (endorsement)로 보험에 가입해 두는 것이 좋다.

¤ 임시 거주 비용 (Loss of Use)

피해가 너무 커서 집에서 살 수 없으면 수리 (또는 재건축)하는 동안 보험사에서 임시로 거주할 수 있도록 비용을 지급하는 조항으로, 보통 집보험의 20%이다.

¤ 개인 책임보험 (Personal Liability)

이것은 집주인이 다른 사람이나 남의 재산에 손해를 끼쳤을 때 보장해주는 조항이다. 내 집에 놀러 온 사람이나 집배원이 내가 치우다 만 눈길에 미끄러져 다쳤거나 하면 집보험에 포함된 개인 책임보험에서 피해액을 보상한다 (집 앞에 쌓인 눈을 주인이 치우지 않았을 때 집배원이 넘어졌으면 그건 '자연현상'에 의한 피해라 보상해 주지 않아도 되는데, 어설프게 치웠을 때 넘어졌으면 주인 책임이다). 내가 다른 사람 집에 가서 재산 피해를 줬어도 (고의적으로 피해를 입힌 것이 아니라면) 보장이 된다. 이 개인 책임보험액은 보통 $100,000 부터 시작하는데, 적어도 $300,000 에서 $500,000 정도가 권장된다. 만약 당신에게 맹견같이 위험한 애완동물이 있거나 깊은 수영장에서 사람들을 초대하여 파티하는 것을 좋아하는 등 '사고의 위험'이 높아질 수 있는 요소가 있다면 더 많은 금액의 보험을 계약해 두는 것이 좋다. 보험료는 물론 맹견이나 수영장 등 위험 요소가 없는(적은) 사람보다 더 비싸다.

¤ 의료비 (Medical Payment)

당신의 집에 와서 다친 사람들의 치료비를 위한 조항으로, 이는 대개 액수가 적다. 위의 개인 책임보험에서 대부분 피해 보상이 되기 때문이다. 집주인과 그 가족들의 의료비는 지급하지 않는다.

¤ 디덕터블 (Deductible)

자동차나 의료보험에서와 같이 적용되는 자가 부담액으로, 보통 $1,000, $3,000 과 같이 천 불 단위이다. 이 금액이 높을수록 보험료는 적다. 앞에서도 강조했지만, 단지 보험료를 낮추기 위해 당신이 비상자금으로 돌릴 수 있는 금액 이상을 디덕터블로 하는 것은 위험할 수 있으므로, 여러 가지 자신의 경제적 상황을 고려해서 당신이 정말 조달할 수 있는 금액으로 디덕터블을 정해야 한다.

◑ 참고 사항

생명보험 섹션에서도 언급했지만, 보험을 구매할 때 거짓말을 하면 보험이 필요할 때 피해 보상을 못 받을 수 있으니 모든 질문을 솔직하게 대답해야 한다. 집보험은 집 안에 화재경보기가 있는지, 수영장이 있는지, 담이 있는지, 애완동물이 있는지, 지붕의 나이, 집 안에서 담배를 피우는지, 시큐리티 알람이 있는지 등등의 여러 가지에 따라 보험료 차이가 난다. 지붕이나 에어컨을 새로 한 시기를 정확하게 기억하지 못해 1, 2 년 틀리게 말을 하는 건 실수지만, 집안에서 담배를 피우는 사람이 그렇지 않다고 하는 것과 없는 보안 경보장치를 있다고 하는 건 거짓말이며, 보험 피해 신청서가 기각되는 근거가 될 수 있다. 보험료를 줄여 보겠다고 거짓말을 하는 건 근시안적이고 어리석은 일이니 절대 그러지 마시라.

집수리를 정기적으로 하고 자료를 보관하는 것이 좋다. 지붕을 새로 하였다거나 에어컨을 다시 놓았다면 영수증과 워런티 등 기타 서류를 잘 보관하고 개인 재산은 목록을 작성하여 보관하고 주기적으로 점검하는 것이 좋다. 사진도 찍어 둔다. 책이나 신발같이 작은 품목들도 자료를 보관하면 나중에 보험 신청을 하는 데 아주 유용하다. 적어도 2 년에 한 번씩은 주변의 집값과 보험을 점검하고 더 높은 금액의 보험이 필요하면 업데이트한다.

끝으로, 당신이 내는 보험료가 적정한지도 가끔 조사해 보아야 한다. 보험사마다 지역에 따라, 또는 클레임 자료에 따라 보험료를 인상하는 산정법이 다를 수 있으므로 당신은 보험을 사용하지도 않았음에도 보험료가 많이 오를 수 있다. 특별히 오랫동안 사용한 보험사라면 다른 보험사의 가격을 가끔 조사해 보는 것도 좋다. 확률상 집보험은 소멸성 생명보험같이 우리가 사용하지 않을 가능성이 높다. 따라서 여러 곳을 비교하고 필요한 금액만 듦으로써 보험료를 줄이는 것이 좋다. 자동차보험과 집보험을 같이 살 경우 대개 할인을 받을 수 있지만, 항상 그런 것은 아니니 여러 군데에 따로, 그리고 같이 알아보는 것이 좋다. 모든 금융 상품이 그렇듯, 보험에서 커버되지 않는 항목과 기타 제약 사항 등을 잘 이해하여야 한다.

기타 보험

❶ 장애 보험 (Disability Insurance)

장애 보험은 사고나 병으로 인해 일하지 못할 때 경제적인 도움을 받기 위해 드는 보험이다. 뉴욕 타임즈 (The New York Times)에 의하면 20 대인 젊은 사람이 은퇴 전 병이나 사고로 인해 몇달 동안 일하지 못할 확률은 무려 30%나 된다고 한다 (*Weighting the Odds of Disability, for Insurance Purposes*). 소셜시큐리티도 장애 보험 (Social Security Disability Income-SSDI)을 지급하긴 하나, 2019 년 현재 평균 보험금이 월 $1,200 에 불과하며 (시각 장애인은 약 $2,000) 그나마 그걸 받기 위한 서류 처리 기간은 약 1 년가량 소요된다.

현실이 이런데도 많은 사람은 장애 보험이 없다. 보험료가 나이와 직업, 건강 상태, 소득 등에 따라 차이가 크게 나지만, 전체적으로 아주 비싸기 때문이다. 장애 보험에 클레임 할 확률이 높으니 보험료가 아주 비쌀 수밖에 없고, 너무 비싸니 사는 사람들은 별로 없다. 그래서 생명보험이나 자동차보험과 달리 장애 보험을 공격적으로 판매하는 회사가 많지도 않다. 현실적으로 사람들이 장애 보험을 사는 가장 좋은 방법은 직장이나 기타 단체를 통해서이다. 단체 보험이라 개인이 사는 것보다 저렴하기 때문이다. 만약 개인적으로 사면 보험료가 나이와 함께 오르지는 않는지, 얼마를 얼마 동안 지급해 주는지 등을 꼼꼼히 따져 보고 구매해야 한다. 보험사도 위험 부담이 큰 상품이라 자기들의 손실을 줄이기 위해 자기들에게 유리한 (고객에게 불리한) 각종 조항을 넣을 테니 조심하여야 한다.

❶ 롱텀 케어 보험 (Long-term Care Insurance)

사람은 누구나 나이가 들고 늙는다. 또 대부분 노인에게 언젠가는 먹고, 입고, 닦고 하는 아주 기본적인 행위들에도 도움이 필요한 날이 온다. 문제는 가족 중 누군가로부터 이런 도움을 받기를 기대하는 건 현실적으로 아주 힘들고 (배우자는 일찍 사망할 수 있고 자식들은 먹고살기 바쁘다), 그렇다고 누굴 개인적으로 고용하면 비싸다. 그래서 24시간 도움이 필요하면 양로원으로 갈 수밖에 없다. 미국의 최대 노인 단체인 AARP에 의하면 미국의 평균 양로원 비용은 1년에 $50,000이 넘는다고 한다 (*Nursing Homes: Cost and Coverage*). 물론 지역에 따라 가격 차이가 크다. 나는 최근에 내가 사는 센루이스 지역의 양로원을 방문할 기회가 있었다. 시설은 깨끗했지만 고급스러워 보이지는 않았다. 양로원이 있는 곳이 비싼 동네도 아니었다. 그러나 가격은 한 달에 무려 $10,000이 넘었다!

의료보험은 개인적으로 가입하든 직장을 통해 가입하든 대개 장기적인 양로원 체류 비용은 지급하지 않는다. 노인 보험인 메디케어 (Medicare)는 양로원의 단기 체류는 적용이 되지만, 장기 체류는 본인이 내거나 돈이 없으면 저소득자들을 위한 메디케이드 (Medicaid)가 보조해준다. 그래서 노후준비가 어느 정도 잘된 노인들도 양로원에 들어가면 비용을 내느라 바쁘다. 한 달에 $10,000이면 1년에 $120,000이요, 겨우 4년 만에 $500,000 가까운 돈이 필요하지 않은가?

힘들게 모은 돈을 이렇게 양로원에서 단기간 내에 소진하지 않도록 도와줄 수 있는 것이 롱텀 케어 보험 (long-term care insurance)이다. 지킬 자산이 별로 없어도 메디케이드에 의지하여 말년을 보내고 싶지 않으면 롱텀 케어 보험을 고려해 볼 수 있다. 하지만 장애 보험과 마찬가지로 롱텀 케어 보험도 비용이 싸지가 않다. 대개 지병이 있으면 그에 따른 의료 서비스는 보험에서 제외되고, 그럼에도 시간이 지날수록 (늙으며 보험자의 클레임 확률이 높아질수록) 보험료가 올라간다. 그런데 보통의 보험들과 마찬가지로 보험료를 내지 못 하면 보험이 취소되고, 낸 보험료를 되돌려받지 못 하거나 손해를 크게 볼 수 있다. 보험 혜택을 받더라도 30일, 100일과 같은 '대기 기간 (waiting and elimination periods)'이 지난 후 (이 기간이 길수록 보험료가 싸다)에나 받을 수 있고, 그나마 하루에 얼마, 최대 보험액 얼마 이렇게 한정돼 있다 (보험사는 최소한의 보험금을 지급하고 최대한의 이익을 내는 것이 목적이라는 것을 잊지 말자).

물가 상승률도 고려해야 한다. 지금은 하루에 $300 씩 보조해준다고 하는 롱텀 케어 보험이 좋아 보일지 몰라도, 이것이 물가 상승률과 같이 오르지 않으면 당신이 실제로 필요할 몇십 년 이후에는 물가가 올라서 전혀 충분하지 않을 수 있다. 따라서 롱텀 케어 보험을 살 때도 생명보험이나 여느 금융상품과 마찬가지로 여러 가지를 고려하여 꼼꼼히 비교, 조사하고 모든 약관을 충분히 이해한 다음에 결정하여야 한다. 만약 도움이 필요하다면 보험 상품을 권할 때 커미션을 받지 않는 재무 설계사와 상담하는 것이 좋다.

◑ 엄브렐러 보험 (Umbrella Insurance)

엄브렐러 인슈런스는 보험 위의 보험이다. 당신이 자동차 사고를 내거나 당신의 집에서 사람이 크게 다쳤는데 자동차나 집보험에 있는 개인 책임보험료 (liability insurance)가 피해를 보상하기에 충분하지 않을 때 엄브렐러 보험을 사용할 수 있다. 예를 들어, 당신의 실수로 자동차 사고가 났고, 상대편 운전자와 승객들이 크게 다쳐서 치료비와 보상비 등 총 $1,000,000 의 피해액이 발생했다고 치자. 당신의 자동차보험이 최고 $500,000 만 지급한다면 상대편은 나머지 금액을 받기 위해 당신에게 개인적으로 소송할 것이다. 이때 당신에게 엄브렐러 보험이 있다면 이 금액을 지급할 수 있지만, 그렇지 않다면 당신이 가진 자산에 압류신청이 들어올 수 있다. 이런 경우에는 신용카드나 다른 일반 채권자들로부터 보호되는 당신의 은퇴자산도 위험할 수 있다.

엄브렐러 보험 (umbrella insurance)은 개인의 자산을 보호하기 위한 안전장치이다. 그러므로 당신이 소유한 자산 이상의 보험이 필요하며, 보통 보험액은 $1 밀리언부터 시작한다. 보험액은 높지만 기존의 보험이 커버할 수 없을 때만 사용하는 보험, 즉 보험 위의 보험이므로 비용은 저렴하다. 약 $150~$350 정도의 연 보험료로 $1 밀리언 엄브렐러 보험을 살 수 있지만, 가입조건과 보호 항목 조건은 까다롭다. 예를 들어, 자동차와 집보험에 각 최소한 $500,000 의

라이어빌리티 보험액이 있어야 하고, 사고 위험성이 높은 자동차
경주나 행글라이더 같은 취미 활동 시 사고가 나면 보상을 해 주지
않는다. 집에 틴에이저나 나이가 많은 노인이 있어도 보험에 가입해
주지 않는 회사들도 많다. 업무 중 발생한 사고도 보상해 주지 않는다.

◑ 비즈니스 일반 책임보험

고소가 일상화되어 있는 미국에서는 비즈니스를 통한 고객과의
법적 문제가 발생했을 때 오너들의 개인 자산을 보호하는 장치가
절실히 필요하다. 비즈니스를 어떤 형식으로 설립했는지에 따라
고객이 가게에서 넘어져 다쳤다거나 음식을 먹고 식중독에
걸렸다거나 하여 고소를 당했을 경우, 비즈니스 자산은 물론, (회사
설립 형식에 따라) 개인 자산도 압류당할 수 있기 때문이다. 이런
고객과의 손해배상 문제가 아니라도, 화재나 토네이도 때문에 가게
건물이 손상되어 오랫동안 비즈니스 문을 닫아야 하면 발생하는
손해가 막심하다.

이런 잠재적인 문제들을 대비하여 가입하는 것이 비즈니스 일반
책임보험 (business general liability insurance)이다. 이 책임보험도 다른
보험들과 마찬가지로 여러 가지에 따라 보험료의 차이가 크다. 예를
들어, 비즈니스의 종류와 장소, 직원 수, 필요한 보험액, 과거의
클레임이 있는지, 보장해야 하는 재산의 종류 및 디덕터블 등, 많은
것이 보험료에 영향을 미친다. 따라서 필요한 항목과 보험 액수 등을
계산하여 충분한 보험을 들되, 불필요한 조항에 돈을 낭비하지 않도록
보험 상품을 이해하고 가격을 비교하여야 한다. 자연재해 등으로
비즈니스문을 오랫동안 닫아야 할 경우 받을 수 있는 수입 보조 조항은
비즈니스 주인이 소득을 '증명'해야 한다. 따라서 평소에 세일즈
텍스와 소득 보고, 은행 잔액 등을 통해 매출을 잘 기록해 두는 것이
중요하다. 보험에 이미 가입하였어도 가끔 보험 항목과 가격 등을
꼼꼼하게 비교하고 필요하면 바꾸는 것이 좋다. 당신이 보호해야 하는

개인 자산이 많다면 보험 액수를 충분히 하고 비즈니스 엄브랠러 보험도 고려해 보시라.

◑ 산재 보험

산재 보험(workers compensation insurance)은 업무 중 직원 (주인 포함)이 다쳤을 경우를 대비하여 비즈니스 오너가 가입하는 보험이다. 비즈니스 오너와 대부분 종업원이 업무 중 발생하는 산재에 대하여 치료비와 일하지 못 하여 발생하는 인컴 손실을 보전해 준다. 보험은 주 (state)의 법을 따르므로, 당신이 거주하는 주에 따라 직원이 한 명만 있어도 이 산재보험을 들어야 할 수 있다. 여느 보험과 마찬가지로 보험 조항을 잘 이해하고 여러 곳에서 견적을 받아 비교, 분석하는 것이 필요하다. ▨

Chapter 5

은퇴 플랜

은퇴 연금은 사라지는데 경제적으로 힘들게 사는 미국 국민들은 은퇴를 위한 저축을 하지 못 하여 은퇴 문제는 아주 심각하다. 그래서 대부분 은퇴 노인은 소셜시큐리티연금에 의지하여 살아가지만, 이는 원래 은퇴 전 소득의 1/3 정도만 지급되도록 만들어져서 충분한 은퇴자금을 제공하지 못한다. 지금 아무리 힘들어도 은퇴를 위하여 저축하지 않을 수 없는 이유이다.

1. 미국의 은퇴 문제
2. 왜 은퇴계좌인가?
3. 개인 은퇴계좌
4. 직장 은퇴 플랜
5. 소셜시큐리티 연금
6. 은퇴 준비, 어떻게 시작하나?
7. 기타 고려할 점

미국의 은퇴 문제

◑ 저축의 감소/부재

세계에서 가장 부유한 나라인 미국의 은퇴 문제는 정말 심각하다. 연방 정부의 예산집행을 감시하는 기구인 US GAO (Government Accountability Office)의 자료에 의하면 미국의 55세 이상인 국민 중 29%가 직장을 통한 연금이나 은퇴 플랜이 없고 절반 이상인 52%가 노후를 위해 모아놓은 자산이 전혀 없다고 한다. 그나마 은퇴자산이 있다고 대답한 55~64세 응답자들의 평균 은퇴자산은 겨우 $100,000 남짓하다고 한다 (*Most Households Approaching Retirement Have Low Savings*). CNNMoney.com 에 의하면 자그마치 76%나 되는 미국인들은 돈을 거의 모으지 못 하고 한 달 벌어서 한 달 먹고살기가 바쁘다고 하니 어쩌면 당연한 결과라고 할 수 있다 (*76% of Americans are living paycheck-to-paycheck*).

◑ 사라지는 직장 은퇴 연금

많은 미국인들은 전통적으로 한 직장에서 오랫동안 일하고 은퇴하면 회사에서 사망 시까지 은퇴 연금인 펜션플랜 (pension plan 또는 defined benefit plan-DB plan)에서 연금을 받았다. 이는 은퇴 전 연봉의 몇 퍼센트를 은퇴자의 사망 시 (또는 배우자의 사망 시)까지 받을 수 있는 금액으로, 직원들은 열심히 일만 하면 은퇴 후 연금을 받을 수 있었다. 연금 납입과 자산 관리는 물론, 은퇴자들에게 연금을 지급하는 것까지 모두 회사가 관리하였으므로, 직원 입장에서 은퇴 연금을 위해 해야 하는 일이 하나도 없었다.

자, 이제 시간이 지나고 의료기술이 발달할수록 늘어나는 평균 수명에 대해 생각해 보자. 불과 수십 년 전까지만 해도 80세 노인이 흔하지 않았는데 요즘은 주변에서 90세, 심지어 100세 노인들을 어렵지 않게 볼 수 있다. 그래서 100세 시대라고들 한다. 그렇다면 갈수록 길어지는 평균수명은 회사의 은퇴 연금에 어떤 영향을 미칠까? 미국의 대공황 이후 소셜시큐리티연금과 직장의 은퇴 연금이 한창 생길 당시, 65 세 은퇴자의 나머지 평균 수명은 약 10 여년에 불과했다. 시간이 갈수록 평균수명이 늘어난다는 것은 회사가 지급해야 하는 연금액이 그만큼 늘어난다는 뜻이다. 직장 연금을 지급하는 회사들은 대부분 덩치가 크고 상장된 회사들인데, 그것은 회사의 경영자들에게 최대한의 이익을 내어 주주들에게 배당금을 지급하거나 주식값을 올리라고 압박하는 주주들이 있다는 뜻이기도 하다. 이런 이유로 시간이 갈수록 늘어나는 은퇴 직원의 연금은 쉬운 경비 절감의 표적이 되었고, 1980 년 초 60%까지 되던 회사연금은 현재 겨우 14% 정도의 회사만이 연금플랜을 제공하고 있다고 CNNMoney.com 은 보고한다 (*Ultimate Guide to Retirement*). 그나마 아직 연금이 있어도 은퇴자들에게 지급하는 혜택은 계속 줄이고 있는 추세라, 신입사원들은 아예 회사의 연금을 기대하지 않는 것이 속 편하다.

위의 수치는 정부 기관이 아닌 개인회사에서 일하는 직원들의 경우이며, 공직자들의 대부분 (84%)은 아직도 연금 혜택을 받는다 (Money.CNN.com- *Ultimate Guide to Retirement*). 만약 당신이 공직자로서 지금 연금플랜에 가입돼 있거나 은퇴 후 연금을 받고 있다면 가슴을 쓸어내리며 안도하고 있을지도 모르겠다. 미안하지만, 당신의 연금도 안전하다고 할 수 없다. 많은 정부직 공무원들과 공립학교 교사들은 소셜시큐리티 대신 자신들만의 공무원 또는 교직원 연금에 납부한다. 하지만 현재 대부분 연금은 그들이 내는 금액보다 훨씬 많은 혜택을 약속하고 있고, 부족분은 세금으로 충당된다. 따라서 그들이 기대하는 연금 혜택을 사망 시까지 받으려면 연금 펀드가 평균 이상의 높은 수익을 내거나 국민이 내는 세금을 많이 늘려야 한다. 그렇지 않아도 정치와 정치인들에 대한 불신감이 높은 미국 사회에서 공무원들의 연금 혜택을 보장하기 위해 세금을 늘리겠다고 하면 국민들이 어떻게 반응할지는 당신의 상상에 맡기겠다. 반면, 비록 실업률은 낮아도 경제성장은 느리기만 하고, 물가 상승률만큼 소득이 늘지 않아 걷히는 정부의 세금 또한 그만큼 늦은 속도로 늘어난다. 이것은 해마다 늘어나는 공무원 연금과 맞물려

정부 기관들의 재정압박은 갈수록 심해지고 있다. 미국 역사상 가장 큰 도시의 파산 신청으로 기록된 디트로이트 (Detroit, Michigan)가 2013년 파산 신청을 한 큰 이유 중 하나가 은퇴 공무원들에 대한 연금부담 때문이었다.

슬프게도, 연금으로 인한 정부 기관의 재정압박은 디트로이트만의 문제가 아니라 미국 전역에 걸친 문제이다. 권위 있는 경제지 포브스 (Forbes.com)는 이 심각한 연금 문제를 언급하며, "미국 정부는 납세자들이 지킬 수 없는 약속을 하고 있다 (American governments are making promises that taxpayers cannot keep)."고 경고한다. 잡지는, '세금을 큰 폭으로 올리거나 연금 혜택을 대폭 줄이거나, 또는 두 가지를 다 하거나 (massive future tax increase or substantial reduction of benefits or combination of two)' 하지 않으면 이 문제가 해결될 수 없다고 단정한다 (*A Solution to Our Public Pension Problem*). 그러므로 당신이 현재 연방 정부직으로 일하든 (공무원, 군인), 지방정부에서 일하든 (경찰, 판사, 소방사, 일반 공무원직 등), 아니면 공립학교에서 교사로 있든, 세금으로 충당되는 연금에 기대고 있다면 이 문제를 충분히 인지하고 대책을 세워야 한다. 정부 기관들도 이 재정 문제를 해결하기 위해 연금 혜택은 줄이고 대신 개인의 저축/투자계좌인 TSP (Thrift Savings Plan), 403(b), 457 등의 비중을 늘리고 있는 추세이다.

❍ 직장을 통한 개인 은퇴 플랜의 문제

연금 (펜션플랜)은 회사 플랜이든 정부 공직자 플랜이든 납입, 투자, 그리고 연금 지급까지 모두가 고용주 (employer) 인 회사 또는 기관 책임이다. 만약 주식시장이 폭락하거나 은퇴 연금의 투자가 예상만큼 수익을 내지 못 하면 회사(정부 기관)는 부족분만큼 별도의 액수를 플랜에 입금하여야 하며, 모든 은퇴자가 100살이 넘게 살아도 사망 시까지 연금을 지급하여야 한다.

이렇듯 고령화로 인한 펜션플랜의 경제적 압박이 심해지자 발 빠르게 움직일 수 있는 회사들 사이에 1980년대부터 인기를 얻게 된 것이 급여 이체 (salary deferral) 플랜이다. 급여 이체 플랜인 401(k), 403(b), SIMPLE IRA 등은 은퇴 준비에 대한 '책임'을 온전히 직원에게 전가하였다. 회사에서는 직원 각자의 은퇴계좌에 약간의 돈 (보통 직원 급여의 2~4%에 상당하는 금액)만 넣어 주는데, 그나마 플랜에 따라 주지 않아도 된다. 반면 직원들은 자신의 월급에서 얼마를 어디에 투자할 것인지, 그리고 은퇴 후 언제, 얼마를 찾아 쓸 것인지 등 모든 것을 직접 결정해야 한다. 저축을 충분히 하지 않아도 직원 책임이요, 투자를 잘못하거나 증권시장이 나빠서 자산증식이 안 돼도 개인 책임이요, 그래서 은퇴 준비가 충분히 안 되면 온전히 개인 책임이다. 투자나 세금, 재무에 관한 지식이 거의 없는 일반 국민들에게 투자와 은퇴 설계의 모든 책임이 이렇듯 갑자기 전가된 것이 오늘날 수많은 미국인이 겪는 심각한 은퇴 문제의 시작이었다. 수표를 어떻게 쓰는지조차 모르는 아이에게 어느 날 갑자기 가정경제를 맡긴 것과 크게 다르지 않다.

◑ 소셜시큐리티 연금 문제

대공황 이후 국민들의 경제적 안정을 위해 시작된 소셜시큐리티는 애초에 은퇴 전 연봉의 약 1/3 정도만 지급하게 디자인되었다. 나머지 2/3는 직장을 통한 연금과 개인적으로 모으는 저축/투자로 충당이 되길 기대하면서 말이다. 하지만 위에서 설명하였듯, 회사 연금은 사라지고 물가 상승률만큼 오르지 않는 임금 때문에 시간이 지날수록 국민들은 저축은커녕 겨우 먹고살기 바쁘다. 따라서 대부분 은퇴자가 기댈 수 있는 건 소셜시큐리티뿐이지만, 소셜시큐리티연금의 평균액은 2019년 현재 월 $1,500 남짓하다. 평균 국민이 독립적으로 살기에는 턱없이 부족한 금액이다. 그나마 더 큰 문제는, 2035년이면 소셜시큐리티 적립금이 고갈되어 지급 액수가 적어질 수밖에 없다고 한다. 이 또한 늘어나는 수명이 한 원인이리라. 지금 일하는 근로자들이 내는 소셜시큐리티 세금으로 이미 은퇴한 사람들에게 연금을 지급하는 구조인 국민 연금은 사람들이 걱정하는 것처럼 소셜시큐리티 연금이 완전히 사라지지는 않겠지만, 이 또한 세금이 늘거나 혜택 범위가 줄어들지 않는 한, 수령액수가 줄어드는 건 각오해야 할 듯하다. 만약 납세 인구가 지속적으로 크게 증가하거나 세금인상이 없으면, 소셜시큐리티에서 2035년 이후 예상 지급액은 현재의 1/4 가까이 줄어 든다고 한다 (SSA.gov- *A Summary of the 2019 Annual Reports*). 평균 수령액이 한 달에 약 $1,100 정도가 될 수 있다는 말이다. 당신은 이 돈으로 살 수 있겠는가?

◑ 은퇴의 종말?

회사연금이 없고, 개인적으로 모아 놓은 돈도 없고, 그나마 소셜시큐리티 연금까지 줄어들면 어쩌란 말인가? 이런 문제를 인식하는 사람들은 흔히 체념하듯 말한다. '죽을 때까지 일하지 뭐...'. 하지만, 원해서이든 필요해서이든 죽을 때까지 일할 수 있는 사람은 그나마 행복한 사람이다. 건강한 노인들은 직장에서 그만두길 원하고, 직장에서 계속 원하는 직원들은 건강이 허락하지 않는 경우가 대부분이기 때문이다. 죽는 날까지 일할 수 있도록 직업도, 건강도 모두 허락해주는 경우는 아주 드물다. 이런 현실에서 우리가 할 수 있는 건 무엇인가? 지금 아무리 힘들어도 저축하는 거다. 우리가 살기 위해서는 입맛이 없거나 피곤해도 반드시 먹어야 하듯, 은퇴 준비를 위한 저축은 우리가 하고 싶지 않다고, 또는 하기 힘들다고 하지 않아도 되는 게 아니다.

왜 은퇴계좌인가?

이 심각한 은퇴 문제를 미국 정부도 잘 알고 있고, 그래서 각종 세금혜택을 부여하며 국민들이 은퇴를 위하여 저축하도록 장려하고 있다. 은퇴계좌에 주어지는 가장 큰 세 가지 혜택은 저축액에 대한 세금공제/유예, 투자 이익에 대한 은퇴 후 출금 시까지 세금 유예, 그리고 은퇴자금에 대한 법적 보호이다. 자산증식에 가장 크게 기여하는 세금혜택부터 알아보자.

◑ 저축액에 대한 세금공제/유예

은퇴계좌 납입액에 대한 세금혜택은 두 가지 방식으로 나뉘는데, 첫째는 저축하는 금액에 대한 소득세를 내지 않고 (pre-tax) 그 돈을 불리다가 은퇴 후 출금하는 금액 (원금+투자 이익)에 대한 세금을 내는 것, 그리고 둘째는 세금을 미리 내고 (post-tax) 그 후에는 투자 이익이 얼마가 되든 상관없이 세금 없이 출금할 수 있는 것이다. 즉, 소득세를 내긴 하는데 지금 내는지, 은퇴 후에 내는지 둘 중 하나이다. 흔히 사용되는 직장을 통한 은퇴 플랜인 401(k), SIMPLE IRA, 403(b), 그리고 개인이 할 수 있는 Traditional IRA 는 모두 입금 시 세금을 내지 않고 불리다가 은퇴 후에 내는 것에 해당하고, Roth (Roth 401(k), Roth IRA)는 지금 세금을 내고 앞으로 세금을 내지 않는 것이다.

소득공제의 간단한 예를 들면, 평균 소득세율이 25%인 당신이 올해 $10,000 을 401(k) 계좌에 저축/투자하였다면 $2,500 의 절세효과를 본다. 하지만, 만약에 당신이 이 돈을 저축하지 않았다면 $2,500 의 소득세를 내야 하므로 $7,500 만 손에 쥘 수 있다. 세금으로 냈어야 하는 돈을 당신의 자산 증식을 위해 사용할 수 있는 건 은퇴계좌들에 주어지는 특혜이며, 시간이 지날수록 당신의 자산 증식에 지대한 영향을 끼친다. 만약 $10,000 을 은퇴계좌가 아닌 일반계좌에 투자하면, 당신은 $2,500 의 소득세를 먼저 내고 $7,500 만 투자할 수 있다. 거기서 투자 이익이 발생하는 해에는 투자 소득세 (Capital Gains Tax)도 내야 한다. 이런 차이를 표를 통해 보자. 두 계좌 모두 7%의 수익률을 가정하고 25%의 소득세, 15%의 장기 투자 소득세 (long-term Capital Gains Tax)를 적용하였다.

	401(k)	일반 투자계좌
금액	$10,000	$10,000
소득세 25%	0	-2,500
실제 저축/투자액	10,000	7,500
7% 투자이익	700	525
15% 투자 소득세	0	-79
1년 후 자산	$10,700	$7,946

은퇴계좌와 일반계좌의 1년 차이가 이렇게 큰데 과연 이것을 10년, 20년, 또는 30년 동안 지속한다면 얼마나 큰 차이가 날까? 알아보자.

	401(k)	일반 투자계좌
10년 후 자산	$147,836	$104,492
20년 후 자산	$438,652	$290,741
30년 후 자산	$1,010,730	$622,715

이것은 물론 가상의 예에 불과하지만, 은퇴계좌에 저축/투자할 때 받을 수 있는 세금혜택을 잘 보여 준다. 그나저나 많은 회사는 직원이 은퇴계좌에 저축하면 회사에서도 몇퍼센트 정도 직원의 계좌에 넣어 주는 '매치 (match)' 제도가 있다. 보통은 2~4% 정도인데, 소위 '좋은 회사'들은 6% 이상을 주기도 한다. 이런 매치를 고려하면 일반 투자계좌 대신 은퇴계좌에 저축/투자함으로써 얻는 혜택은 비교가 안 될 정도로 더 커진다. 이번에는 위의 예에 더불어 회사에서 연봉이 $70,000인 사람에게 연 3.5% 매치를 해준다고 가정하고 이에 따른 차이가 얼마나 큰지 알아보자.

	401(k) 은퇴계좌	일반 투자계좌
금액	$10,000	$10,000
3.5% 회사 매치	2,450	0
소득세 25%	0	-2,500
실제 저축/투자액	12,450	7,500
투자이익 7%	872	525
15% 투자 소득세	0	-79
1년 후 자산	$13,322	$7,946
10년 후 자산	$184,056	$104,492
20년 후 자산	$546,121	$290,741
30년 후 자산	$1,258,359	$622,715

이렇듯 비록 같은 $10,000 이라도, 그 금액에 대한 세금공제를 받을 수 있는지 없는지, 투자 이익에 대한 세금을 해당 연도에 내야 하는지 아니면 출금 시까지 미룰 수 있는지, 그리고 회사에서 은퇴 저축/투자에 대한 매치를 해주는지 안 해주는지 등에 따른 차이는 시간이 지날수록 엄청나게 커진다. 물론, 위의 예에서 은퇴계좌에 들어간 저축/투자 원금과 투자 이익에 대한 소득세가 모두 유예 (defer)되었으므로 은퇴 후 출금 시 총 출금액에 대한 소득세를 내야 한다. 즉, 은퇴 후 1년에 $50,000을 출금하여 은퇴자금으로 사용한다면 그 금액에 대한 소득세를 내는 거다. 미래의 세금정책이 어떻게 바뀔지 아무도 모르지만, 지금과 같다고 가정하면 은퇴계좌에서 찾아 쓰는 금액에는 페이롤 텍스가 붙지 않으므로 같은 금액이라도 대개 은퇴 전보다 세금 부담은 줄어들게 된다.

급여 이체 (salary deferral)를 통한 401(k)나 개인이 들 수 있는 IRA 계좌들은 은퇴 전이라도 (이론적으로) 언제나 출금할 수는 있다. 회사에서 모든 관리를 하고 은퇴 후 연금을 지급하는 연금과 달리, 이런 계좌들은 모두 개인이 관리하기 때문이다. 단, 59.5세 이전에 하면 밀린

93

세금과 더불어 10%의 페널티까지 내야 한다 (장애 등 페널티를 면제받을 수 있는 몇가지 예외 조항은 있다). 세금을 내기 싫다고 무작정 계좌에 돈을 둘 수도 없다. 70.5 세가 되면 최소한으로 찾아야 하는 금액 (RMD-required minimum distribution)이 정해져 있고, 그 금액을 찾지 않으면 (소득세를 내지 않으면) 50%나 되는 엄청난 페널티를 내야 한다. 그러니까 결론은 너무 일찍 (59.5 세 이전) 출금해도 안 되고, 너무 늦게 (70.5 세 이후)까지 출금을 기다려도 안 된다.

◑ 세후 (POST-TAX) 저축의 혜택

어차피 한번은 내야 하는 세금이라면 미리 내버리고, 차후 투자 이익에 대한 세금을 한 푼도 내지 않겠다고 하는 사람들이 선호하는 것은 Roth 40k(k)나 Roth IRA 와 같은 Roth 계좌들이다. Roth 계좌에 저축하는 금액은 위의 예에서 일반 투자계좌같이 소득세를 미리 내야 하지만, 그 뒤부터는 이 돈에 몇배의 투자 이익이 발생하여도 소득세를 내지 않는다. 내야 하는 세금이 없으므로 Roth 계좌의 자산은 계좌주가 사망할 때까지 출금하지 않고 자라도록 둘 수 있다. 그래서 Roth 계좌의 자산을 은퇴자금으로 사용하지 않아도 되는 부유한 사람들이 상속의 수단으로 이용하기도 한다.

또 한 가지 Roth 계좌에 주어지는 혜택은 계좌에 들어간 원금에 한해서는 59.5 세 이전이라도 꺼내 쓸 수 있다는 거다. 이미 소득세가 징수된 금액이므로 세금 문제가 발생하지 않기 때문이다 (원금 외에 투자 이익금도 출금하면 그에 대한 페널티와 세금이 붙는다). 하지만 나는 이 '혜택'을 장점으로 보지 않는데, 이유는 필요할 때는 원금에 한해서는 얼마든지 꺼내서 쓸 수 있지만, 그 돈을 나중에 다시 넣는 데는 한계가 있기 때문이다. 막대한 세금혜택이 주어지는 은퇴계좌에 대한 납부금은 1 년에 얼마씩 한정돼 있다. 예를 들어, 1 년에 개인이 저축/투자할 수 있는 최대한도가 401(k)는 $19,000 (50 세 이상은 $25,000), IRA 는 $6,000 (50 세 또는 그 이상이면 $7,000)으로 정해져 있다 (2019). 그러므로 당신이 Roth 계좌에서 원금에 한해서는 원하면 얼마든지 찾아서 쓸 수 있지만, 그 돈을 다시 넣는 데는 해마다 정해진 최대 납부액을 넘을 수 없다. 생명이 걸린 중요한 이유가 아니라면 은퇴자산은 은퇴까지 찾을 수 없는 돈으로 여겨야 하는 이유이다. IRA 계좌에 대한 설명은 [개인 은퇴계좌] 섹션에서 더 하기로 한다.

◑ 은퇴자산에 대한 채권자로부터의 보호

은퇴자산에 있는 또 다른 혜택은 은행 계좌나 일반 투자계좌에는 부여되지 않는 채권자들로부터의 보호 장치이다. 만약 당신이 사업을 하다가 실패하고 은행에 빚을 졌다거나, 아픈 가족의 병원비를 감당할 수 없다거나, 아니면 도박이나 낭비벽으로 인하여 생긴 많은 신용카드 빚을 갚을 수가 없어 파산 신청을 하게 되더라도, 은퇴계좌에 있는 자산은 대부분 보호가 된다. 은퇴자산에 압류가 들어올 수 있는 경우가 있긴 한데, 이는 밀린 세금이 있다거나 연방 정부로부터 학생 융자를 받고 갚지 않았다거나 하는 등의 정부에 진 빚과, 이혼 시 위자료나 자녀 양육비와 같이 가족에 진 빚 등으로 한정돼 있다.

은퇴자금에 대한 채권자들로부터의 보호 장치는 잃을 게 많은 자영업자에게 특별히 유리하다. 이런 자산 보호 장치를 잘 아는 사람들은 많은 빚을 지고 챕터 7 파산 신청을 하며 (빚이 많은) 사업체와 심지어는 집까지 잃어도 은퇴자산은 보호받을 수 있다. 내가 재무설계사로 일하며 가장 슬플 때는 돈을 잘 벌던 자영업자가 사업을 확장하고 상업건물까지 구입하고 떵떵거리며 잘살다가 노후에 비즈니스가 하향길에 접어들며 모든 것을 잃는 것을 볼 때이다. 만약 많은 돈을 벌 때 일부 자산을 은퇴계좌에 넣었다면 그것 만큼은 온전히 지킬 수 있었고, 풍족하지는 않아도 노후에 가난하지 않게 살 수 있었을 것이기 때문이다. 물론, 그 은퇴자금을 끝까지 빼 쓰지 않았다는 조건부이다. 지금 은퇴계좌에 많은 돈을 모아도 은퇴 전 써버리면 소용 없다.

만약 당신이 자영업자라면 은퇴계좌에 최대한 저축/투자하기 바란다. 이런 혜택을 잘 알지 못 하는 한인 이민자들에게 은퇴 플랜을 권유하면, 당장 나가는 비용만 아까워서 자세한 건 알아보려고 하지도 않는 사람들이 많다. 정말 안타까운 일이다. 하지만 은퇴계좌라고 하여 다 같은 법적 보호를 받는 건 아니다. 어떤 계좌들은 연방 정부의 ERISA (Employee Retirement Income Security Act)에 의거하여 보호되고, 어떤 계좌들은 주 정부의 법에 따라 보호되므로 금액에 차이가 있을 수 있기 때문이다. 일반적으로 회사를 통한 은퇴 플랜은 금액에 한도 없이 보호되지만 직장을 통하지 않고 개인이 시작할 수 있는 IRA 는 계좌주가 거주하는 주의 법에 따라 다르다. 보통 $1 밀리언 이상 보호되지만 Traditional IRA 와 Roth IRA 는 다르게 보호될 수 있고, 대개 Roth IRA 에 대한 보호장치가 약하다. 그나마 개인의 상황과 판사가 소송을 당한 사람 (가족)에게 '필요하다'고 판단하는 금액에 따라 보호되는 정도가 다를 수 있다. 은퇴계좌 내 자산에 대해 채권자로부터의 보호에 관한 자세한 정보는 재무설계사, 변호사와 상담하는 것이 좋다.

❍ 교육 플랜에도 도움이 되는 은퇴계좌의 혜택

은퇴 플랜은 교육 플랜과 별도의 사안 같지만, 교육 플랜에 절대적인 도움이 되는 혜택이 있어 이를 짚고 넘어가고자 한다. 대학이나 정부로부터의 학비 보조, 또는 비교적 이자가 저렴한 연방 정부를 통한 학생 융자를 받으려면 누구나 FAFSA (Free Application for Federal Student Aid)를 작성하여야 한다. FAFSA 는 부모와 학생의 자산과 소득을 바탕으로, 본인 (부모 또는 독립 학생)이 지급해야 하는 학비 (EFC-expected family contribution)가 어느 정도인지를 가늠하는 잣대이다. 아직 직업 없이 부모의 부양 자녀로 있는 학생들의 경우, 부모의 소득과 자산이 이 금액에 절대적인 영향을 끼친다. 그런데 부모의 '자산'에는 부모의 은행 계좌, CD, 일반 투자계좌, 부동산 투자 등 많은 재산 정보가 들어가지만, 은퇴계좌 내의 자산은 포함이 되지 않는다. 따라서 같은 금액의 자산이 있는 부모라 하여도 그 자산이 어디에 있는지에 따라 자녀가 받을 수 있는 학비 보조에 영향을 줄 수도, 전혀 주지 않을 수도 있다. 그래서 비슷한 소득과 자산이 있는 부모라고 하여도, 그 자산이 은퇴계좌에 있는 가정의 자녀라면 많은 학비를 보조받고, 은행 계좌나 일반 투자계좌에 있는 부모의 자녀라면 아무런 보조도 받지 못할 수 있다. 두 학생이 같은 학교에 다녀도 말이다. 이미 설명했듯, 각종 혜택이 많은 은퇴계좌는 무한대로 넣을 수 있는 게 아니라 1 년에 넣을 수 있는 금액이 계좌마다 한정돼 있으므로, 자녀의 교육비 플랜은 은퇴 플랜과 함께 일찍 시작할수록 유리하다.

개인 은퇴계좌

➊ TRADITIONAL IRA 와 ROTH IRA

직업을 통해 버는 근로소득 (earned income)이 있는 사람은 누구나 개인 은퇴계좌인 IRA (Individual Retirement Account)를 시작할 수 있다. 개인의 필요와 효율성을 따져 Traditional IRA 와 Roth IRA 중 하나만 열거나 두 개 모두 열고 저축할 수 있지만, 계좌에 상관없이 총납부금은 최고 납입액을 넘지 못한다 (자료: IRS.gov- *Traditional and Roth IRAs*- 저자 번역).

	Traditional IRA	Roth IRA
가입 자격	근로소득이 있는 사람과 세금 신고를 같이하는 그의 배우자. 모두 나이는 70.5 세 전이어야 함	근로소득이 있는 사람과 세금 보고를 같이하는 배우자는 나이에 상관없이 가입 가능
저축액의 소득세 공제 가능성	자격 조건이 되면 공제 가능	공제 불가능
최대 납부액	어느 계좌이든 상관없이 2019 년 현재 총 $6,000 (50 세 이상은 $7,000)	

납부 기한	세금보고 마감일인 4 월 중순	
출금 가능한 나이	이론상 출금은 언제나 가능	
출금을 시작해야 하는 나이	70.5 세가 되는 해부터 기본 출금 (RMD-required minimum distribution)시작해야 함. 첫 출금액은 늦어도 다음 해의 4 월 1 일까지, 두 번째부터는 그해 12 월 말까지	계좌주가 살아 있는 동안은 출금하지 않아도 됨
출금액에 대한 세금 부과 여부	모든 출금액에 대한 소득률 부과. 또한, 59.5 세 이전 출금 시 예외 조항으로 허용하는 출금이 아니라면 10%의 페널티도 부과됨	원금의 출금은 59.5 세 이전에라도 가능하지만, 투자 이익분은 59.5 세가 지나고 계좌를 연 지 5 년이 지난 후에 출금하여야 세금 및 페널티 없음(예외 조항 있음)

❍ 두 IRA 계좌들의 가장 큰 차이점

앞에서도 언급하였지만 트레디셔널 IRA 와 Roth IRA 의 가장 큰 차이는 언제 소득세를 내는지이다. 은퇴자금은 입금이나 출금 시 소득세를 내는데, Roth (Roth IRA, Roth 401(k)) 계좌에 들어가는 돈은 소득세를 입금 시 납부하므로 세후 납부액 (post-tax contribution)이라 하고, 일반 은퇴계좌들 (Traditional IRA, 401(k), 403(b), SIMPLE IRA, SEP IRA 등)에 들어가는 금액은 세금공제를 받으므로 세전 납부액 (pre-tax contribution)이라고 한다. 모든 세전 납부액은 은퇴 후 출금 시까지 세금이 유예된다. Roth 계좌에 들어간 돈은 이미 소득세가 부과된 금액이기 때문에 은퇴 후 출금 시에도 세금을 내지 않아도 된다. 비록 투자 이익금에는 세금을 내지 않았지만, 원금에 대한 소득세를 일찍 냈기 때문에 면제가 되는 거다. 하지만, 일반 은퇴계좌들에 있는 자산은 원금이나 투자 이익금에 대하여 한번도 소득세를 내지 않았기 때문에 (pre-tax) 출금되는 총액에 대한 세금을 내야 한다. 세금 액수로만 따지자면 Roth 에 들어가는 돈은 원금에만 소득세가 붙으므로, 출금 시 원금+투자 이익금 모두에 세금이 붙는 일반 은퇴계좌의 자산보다 더 적은 금액의 소득세를 내게 된다. 그래도 지금 세금공제를 받을 수 있는 일반 은퇴계좌가 흔히 선호되는데, 이유는 세금으로 나갔어야 할 돈을 대신 내 계좌에 넣고 은퇴 시까지 증식시킬 수 있는 장점이 있기 때문이다. 이 혜택은 개인 소득과 다른 공제사항 등에 따라 차이가 있다.

◑ TRADITIONAL IRA 납부액의 세금공제

앞에서 설명했듯, Traditional IRA 와 Roth IRA 의 가장 큰 차이는 세금을 언제 내는지이지만, Traditional IRA 에 입금한다고 자동으로 세금공제를 받는 건 아니다. 개인의 인컴과 회사를 통한 은퇴 플랜 (401(k), 403(b), SIMPLE IRA, SEP IRA 등)이 있는지 없는지에 따라 공제를 받는 액수에 제한이 있기 때문이다. 아래는 회사 플랜이 있는 사람이 받을 수 있는 Traditional IRA 납부액 공제 기준이다 (출처: IRS.gov- *2019 IRA Deduction Limits-Effect of Modified AGI on Deduction if You Are Covered by a Retirement Plan at Work* -저자 번역).

세금 보고 형식	Modified AGI 액수	공제 가능액
싱글 또는 홀 가장 (Single or head of household)	$64,000 이하	총납부액 공제
	$64,000~$74,000	부분 공제
	$74,000 이상	$0
부부 공동 보고 또는 부양가족이 있고 지난 2년 이내에 배우자가 사망한 자 (married filling jointly or qualifying widow(er)	$103,000 이하	총납부액 공제
	$103,000~$123,000	부분 공제
	$123,000 이상	$0

부부 각자 보고	$10,000 이하	부분 공제
(Married filing separately)	$10,000 이상	$0
지난 1 년간 별거한 부부가 세금 보고를 각자 할 때는 '싱글'로 간주 됨.		

위의 도표는 회사를 통한 은퇴 플랜이 있는 경우로, 플랜에 가입할 수 있는 자격이 주어진 직원이 어떤 이유에서든 가입하지 않았더라도 해당된다. 만약 회사를 통한 은퇴 플랜이 없거나 가입 자격이 주어지지 않는 사람이라면, 수입에 상관없이 IRA 계좌에 최고액인 $6,000 (50 세 이상은 $7,000)까지 적립하고 공제받을 수 있다. 단, 맞벌이 부부 중 한 명은 회사 은퇴 플랜이 주어지고 다른 한 명은 회사 은퇴 플랜이 없을 때 공제 가능한 기준액이 다르다. 부부가 세금 보고를 같이하고 총소득이 $193,000 이하 (or less)라면 최대 가능액을 저축/투자하고 공제를 받을 수 있지만, $203,000 이상 (or more)이면 전혀 공제를 받을 수 없다. 세금 보고를 각자 하는 부부라면 $10,000 이 기준이다 (2019).

위 테이블에서 기준으로 삼는 Modified AGI (MAGI)는 회계사에게 세금 보고 자료를 건네주고 정확히 알아볼 수 있지만, 대개 특별한 공제사항이 없고 근로소득이 주 수입원인 직장인들은 급여에서 401(k)와 HSA (health savings account) 납부금을 제외한 금액과 MAGI 는 거의 비슷하다. Traditional IRA, Roth IRA, SEP IRA 는 세금 보고의 마감일인 다음 해 4 월 중순까지 할 수 있으니 회계사와 세금 보고를 하면서 결정해도 늦지 않다. 예를 들어, 올해 치 세금 보고를 내년 3 월에 하면서 올해 치 IRA 납부액을 결정하고 세금공제를 받을 수 있다. 만약 MAGI 때문에 일부만 공제가 된다면 공제되는 금액만큼 Traditional IRA 에 넣고 나머지는 Roth IRA (MAGI 에 한도 있음-다음 섹션에 설명)에 넣을 수 있다.

만약 당신이 실수로 허용된 최고 금액 이상을 IRA 에 납부 (over contribution)하였다면 추가된 부분 (원금+투자 이익)을 출금하거나 다음 연도 납부액으로 돌려야 한다. 세금 보고 마감일인 4 월 중순까지 정정하지 않으면 추가액이 없어질 때까지 연 6%의 페널티가 붙는다. Traditional IRA 계좌에서 59.5 세 이전에 출금하면 10%의 페널티와 세금을 내야 한다 (예외 조항에 해당하는 출금은 페널티 없이 세금만 적용). 또한, 70.5 세가 되면 근로소득이 있어도 납부하지 못 하고, 더불어 법이 정하는 최소 출금 (RMD-required minimum distribution)을 해야 한다.

◑ ROTH IRA

Roth 계좌에 들어가는 금액은 입금 당시에는 세금공제가 되지 않지만, 그 후에는 투자 이익이 아무리 많이 발생해도 세금이 붙지 않는다. 내야 하는 세금이 없으므로 계좌주의 나이에 상관없이 계좌 내에서 자산이 세금 없이 증식되도록 둘 수도 있다. 또한, 입금 시 세금공제를 받지만 70.5 세가 되면 더는 저축/투자할 수 없고 기본 출금과 함께 그만큼 소득세를 내야 하는 Traditional IRA 와 달리, Roth IRA 의 계좌주는 나이와 상관없이 근로소득이 있으면 계속 납부할 수 있다. 하지만 59.5 세가 되기 전에 출금하면 투자 이익에 대한 소득세와 10% 페널티를 내야 한다. 계좌주가 장애인이 되거나 집을 살 때 페널티를 면제해주는 몇가지 예외 조항이 있지만, 투자 이익분에 대한 소득세는 내야 한다. IRA 계좌의 조기 출금에 따른 10% 벌금에 관한 정보는 (IRS.gov- *Additional Tax on Early Distributions from Traditional and Roth IRAs*)를 참조하거나 재무설계사와 상담하시라.

Traditional IRA 가 소득과 회사 플랜의 유무에 따라 공제액에 한도를 두듯, Roth IRA 에도 납부할 수 있는 사람의 수입에 한계가 있다. 이 금액 또한 MAGI (Modified Adjusted Gross Income)을 기준으로 한다. 다음의 도표를 참조하자 (자료: IRS.gov- *Amount of Roth IRA Contributions That You Can Make for 2019*-저자번역).

세금 보고 형식	Modified AGI 액수	납부 가능액
부부 같이 보고 또는 부양가족이 있고 지난 2년 이내에 배우자가 사망한 자 (married filling jointly or qualifying widow(er)	<$193,000	총납부 가능액
	$193,001-$202,999	부분 납부
	≥$203,000	$0
1년 중 잠시라도 동거한 부부가 각자 보고 시 (married filing separately and you lived with your spouse at any time during the yea)	<$10,000	부분 납부
	≥$10,000	$0
싱글, 홀몸 가장, 또는 1년 중 잠시도 동거하지 않은 부부가 각자 보고 시 (single, head of household or married filing separatel and you did not live with your spouse at any time during the year)	<$122,000	총납부 가능액
	$122,001-$136,999	부분 납부
	≥$137,000	$0

◑ 백도어 (BACKDOOR) ROTH IRA

Traditional IRA 에 넣으면 공제를 받을 수 없고, 소득 때문에 Roth IRA 에는 납부조차 할 수 없는 고소득자들이 두 계좌를 활용하여 납부가능액 최대치를 Roth IRA 에 넣을 수 있는 방법이 있다. 소위 뒷문 (Backdoor) Roth IRA 라고 불리는데, 이것은 대부분 국민은 돈이 없어서 은퇴 준비를 하지 못 하는데 고소득자들의 세금혜택을 '뒷문'으로 허용하므로, 지탄의 대상이 되기도 한다. 따라서 없앤다는 소문은 무성하지만, 아직도 없어지지는 않았으니 설명하기로 한다. 이것을 활용하는 방법은, Traditional IRA 에 최대 허용치를 non-deductible contribution 으로 넣고 바로 (다음날도 가능) Roth IRA 로 그 금액을 돌리는 거다. 그냥 Traditional IRA 에 돈을 넣었다가 Roth IRA 로 옮기는 것으로, 이 납부액을 세금공제를 받을 수 없는 Non-deductible contribution 으로 구분하여 입금하면 된다. 투자 회사에 따라 이 선택이 없는 곳도 있는데, 이것은 세금 보고 (Form 8606 Nondeductible IRAs)를 제대로 하는 것이 중요하므로 괜찮다. 원래 pre-tax 로 들어가는 Traditional IRA 계좌는 출금액에 대한 세금을 내야 하므로 백도어를 통해 Roth IRA 로 돈을 옮기면 다음 해 연초에 세금 보고 자료인 1099-R 를 받는다. 그러나 세금 공제를 받지 않았다는 서류 (Form 8606)와 1099-R 이 상쇄되어 세금을 내지 않아도 된다.

이 Backdoor Roth IRA 를 가장 효과적으로 (단순하게) 하기 위해서는 같은 해에 하는 것이 좋다. 올해 치 IRA 는 세금 보고 마감일인 내년 4 월 중순까지 가능하므로 올해 치를 내년 3 월에 넣고 백도어를 하면 입금은 올해 치로 잡히지만 Roth 로 옮긴 것은 내년이라 Form 8606 과 1099-R 이 같은 해에 보고되지 않아서 복잡해질 수 있기 때문이다. 연말이 가까워지면 세금 플랜을 미리 해야 하는 이유이다.

또 한 가지 주의해야 할 점은, Traditional IRA 에 잔액이 없어야 이를 최대한 활용할 수 있다는 거다. 앞에서도 설명했듯, Traditional IRA 나 401(k)같이 세전 납부액 (pre-tax contribution)을 계좌에서 출금 시에는 출금액을 소득으로 잡고 소득세를 내야 한다. 그러므로 이미 공제를 받은 (출금시 세금을 내야 하는) 금액 (pre-tax contribution)과 백도어를 하기 위해 공제받지 않고 넣는 세후 금액 (post-tax contribution 또는 non-deductible contribution)이 같이 들어있는 계좌에서 출금할 때는 세금 문제가 발생한다. 예를 들어, 현재 $50,000 의 잔액이 있는 Traditional IRA 계좌에 당신이 $5,500 의 세후 (non-deductible) 금액을 입금하였다고 치자. 이 세후 금액인 $5,500 은 Traditional IRA 계좌 내에서 따로 분류되는 것이 아니라 합쳐지며, 총자산인 $55,500 (기존의 세전 $50,000 +세후 $5,500 납부액)의 약 10% (5,500/55,500)가 된다. 즉, 출금액의 10%는 세금을 내지 않아도 되고, 90%는 세금을 내야 한다. 세후 금액을 계좌에 그냥 둘 수는 있지만, 그러면 거기서 발생하는 투자 소득은 과세 대상이 되므로 빨리 Roth 계좌로 옮겨서 투자 소득도 과세 대상이 되지 않도록 하는 것이 물론 유리하다.

103

아무튼, Roth IRA 으로 전환하기 위해 $5,500 을 출금하면, 당신은 그 금액 중 90%에 대해 세금을 내야 한다. 은퇴 후까지 내지 않아도 되는 세금을 내야 하는 상황에 부닥치는 거다. 따라서 이 Backdoor Roth IRA 를 효과적으로 활용하려면 Traditional IRA 에 공제 받은 납입액이 하나도 없을 때 가장 유리하므로, 기존의 계좌에 있는 자산을 먼저 401(k)으로 옮기는 것이 좋다 (대부분 401(k)는 이것을 허용한다). 이때 IRA 의 자산은 당신이 소유한 모든 세전 금액이 있는 IRA, 즉 Traditional IRA, SIMPLE IRA, SEP IRA 를 포함한 총금액을 바탕으로 계산되므로 유의하여야 한다. 계좌가 다른 투자회사에 분산돼 있어도 마찬가지이다. 이것은 사실 간단하지만 한편으로는 복잡할 수 있는 사항이므로, 잘 이해가 되지 않는다면 커미션을 받지 않는 재무설계사와 상담하는 것이 좋다. 커미션을 받는 재무설계사는 당신의 회사 은퇴 플랜인 401(k) 계좌에 있는 자산에 대해서는 커미션을 (대개) 받을 수 없으므로, (이미 커미션을 받고 있는 – 또는 받을 수 있는) IRA 에 있는 당신의 자산을 401(k)로 옮기는 것 (따라서 자신의 커미션이 줄어드는)을 권하지 않을 수 있기 때문이다.

◑ 메가 백도어 (MEGA BACKDOOR) ROTH IRA

몇만 불이나 되는 많은 금액을 Roth IRA 에 넣을 수 있는 Mega Backdoor Roth IRA 라는 것도 있다. 백도어 Roth IRA 는 계획을 잘 세우면 누구나 할 수 있지만, Mega Backdoor Roth IRA 는 회사의 은퇴 플랜이 이런 형태의 납부 (after-tax, non-Roth)을 허락하고 직장에 다니고 있는 도중에도 이체를 허락해야 (in-service distribution) 가능하다. 이 두 가지를 허용하는 플랜들이 많지는 않은데, 요즘은 엄청난 추가 저축을 가능하도록하는 이 방법이 알려지며 허락하는 플랜이 늘어나는 추세이다. 아무튼, 플랜 조항을 바꾸는 것은 (비용은 들지만) 힘든 일은 아니므로 만약 당신 회사의 플랜이 허용하지 않는다면 담당자에게 바꾸도록 제의해 본다. 당신이 자영업자라면 401(k)에 이 두 조항 (after-tax, non-Roth contribution 과 in-service distribution)을 넣고 Mega Backdoor Roth IRA 납부 절차를 시작할 수 있다. 그러나 해마다 보고해야 하는 401(k)의 차별금지 테스트 (nondiscrimination testing)를 통과하지 못 하면 넣었던 금액을 다시 출금해야 할 수 있으니 무조건 시작하는 건 금물이다. 종업원이 없는 자영업자만 할 수 있는 Individual 401(k) (sole-401(k), owner-only 401(k) 등 여러 이름으로 불림)는 이런 차별금지 테스트를 하지 않아도 되므로 가장 효과적으로 할 수 있다. 하지만 플랜을 시작하는 투자 회사에서 허락하지 않을 수도 있으니 모든 것을 잘 알아보고 결정하도록 한다.

활용하는 방법은 Backdoor Roth IRA 와 비슷하다. 단, Mega Backdoor Roth IRA 는 회사 플랜인 401(k)을 통해야 하는데, 401(k) 계좌에 After-tax, Non-Roth 납부액으로 일단 넣었다가 (플랜이 허락하면) 개인 계좌인 Roth IRA 로 바로 이체하면 (이것도 플랜이 허락하면) 된다. 만약 401(k)에 납부하고 Roth IRA 로 옮기기 전에 투자이익이 발생했다면 이익분만큼의 세금을 내야 하므로, 가능하면 빨리 옮기는 것이 좋다. 개인이 넣을 수 있는 최대 금액은 2019 년 현재 개인 +회사가 넣을 수 있는 최대 $56,000 (50 세 이상은 $62,000)에서 401(k)에 개인과 회사가 넣는 액수 (매치+이익 배당제)를 제외한 나머지다. 예를 들어, 45 세인 당신이 $19,000 을 세전 (pre-tax 또는 before-tax) 납부액으로 넣고 회사에서 매치와 이익 배당제를 통하여 총 $10,000 을 줄 때, 당신이 활용할 수 있는 최대 Mega Backdoor Roth IRA 납부액은 $27,000 이다 (56,000-19,000-10,000). 이것은 SIMPLE IRA 나 SEP IRA 같은 은퇴 플랜에서는 할 수 없다.

❶ 어떤 IRA 가 유리한가?

당신이 두 가지 IRA 에 최고 액수 $6,000 (50 세 이상은 $7,000)를 넣을 수 있다고 가정할 때, 어디에 넣는 것이 유리할까? 대답은 생각만큼 간단하지가 않은데, 여러 가지 개인적인 상황과 세금 문제가 복잡하게 얽혀있기 때문이다. 세금을 공부하다 보면 내야 하는 세금은 최대한 유예할수록 일반적으로 유리하다는 소리를 자주 듣는다. 따라서 지금 세금을 내고 앞으로 내지 않는 Roth IRA 보다는 은퇴 후 출금 시까지 세금을 유예할 수 있는 Traditional IRA 가 대체로 유리하다고 할 수 있다. 하지만 당신이 지금 직장생활을 시작하는 사회 초년생이고 앞으로 소득이 더 높아질 것을 기대한다면, 세율이 낮은 지금 세금을 내고 앞으로 내지않는 것 (Roth IRA)이 유리할 수 있다. 중·장년의 나이라도 소득이 특별히 높지 않고 부양가족/공제사항이 많다면 어차피 소득세율이 낮을 테니 (절세효과가 별로 없으니) Roth IRA 가 유리하다. 반면에 당신의 소득이 높거나, 소득이 특별히 높지는 않아도 지금이 인생에서 전성기라고 생각된다면 당장 내야 하는 세율이 차후보다 높을 수 있으니 Traditional IRA 가 유리할 수 있다. 만약 고소득자인 당신이 직장을 옮기거나 병가를 내며 일시적으로 한 해의 소득이 평소보다 낮다면 Roth IRA 에 넣는 것이 유리하리라. 하지만, 이 모든 것도 소득세율이 현재와 미래에 큰 차이가 없다는 가정하에 하는 소리로, 지금은 일하고 있으니 은퇴 후보다는 소득이 높고, 따라서 소득세율도 높을 거라고 예상하는 거다. 만약 몇 년 후에 지금보다 소득세율이 크게 오른다면 지금 낮은 세율로 적용받아 세금을 내는 것이 유리하다. 그러나 우리는 몇십 년이 될 수 있는 미래의 소득세법이 어떻게 바뀔지 알 수 없다. 그래서 지금 각자의 상황에 맞게 최대한으로 세금을 절약/유예하는 것밖에 할 수 있는 것이 별로 없다. 세법이나 개인 상황이 바뀌면 어느 계좌가 자신에게 유리한지도 바뀌므로, 유동성 있게 결정하여야 한다. 그래서 회계사, 재무설계사와 늘 같이 상의하는 것이 좋다.

끝으로, 이 글을 읽는 시점이 4 월 중순 이전이고 당신이 IRA 에 적립할 수 있었지만 몰라서 못 하고 작년 치 세금 보고도 이미 마쳤다면, 정정 보고 (amendment)를 고려해 보시라. 만약 당신과 배우자가 각자의 Traditional IRA 에 $5,000 씩, 합 $10,000 의 금액을 저축할 수 있을 때 당신의 평균 세율이 25%라면, 저축 후 정정 보고를 하고 $2,500 정도의 세금을 돌려받을 수 있다. 정정 보고를 하는 데 드는 비용을 고려하더라도 큰 가치가 있을 수 있다. 일하지 않는 배우자가 일하는 배우자의 수입에 기초하여 납부할 수 있다.

◑ HSA (HEALTH SAVINGS ACCOUNT)

¤ 은퇴계좌 같은 의료 저축계좌

의료보험 섹션에서 잠깐 설명했듯, HSA 는 같은 금액의 의료비라도 세금을 전혀 내지 않고 (tax-free) 지급할 수 있도록 도와준다. 이것은 Traditional IRA 와 같이 납부액에 대한 세금공제를 받고 일반 채권자로부터 보호되는 등 은퇴자산과 비슷하지만, 의료비용으로 사용하면 출금 시에도 세금을 내지 않기 때문에 은퇴자산보다 절세효과가 훨씬 뛰어나다. 만약 의료비로 사용하지 않으면 65 세가 넘어서는 소득세만 내면 생활비로 사용하여도 페널티가 없으므로 결국 Traditional IRA 계좌 내의 자산과 마찬가지로 취급된다. 그런 이유로 HSA 를 제 3 의 은퇴계좌로 여기는 사람들이 많으므로 여기서 좀 더 자세히 설명하도록 한다.

¤ 가입 자격

2019 년 현재, HSA 는 하이디덕터블 의료보험 (HDHP)에 가입한 사람이 시작할 수 있다. 무보험자는 가입할 수 없다. 가족보험일 경우 디덕터블이 $2,700 이상, 싱글보험의 경우 그 절반인 $1,350 이상이어야 한다. 또한, 의료보험의 맥시멈-아웃-오브-파켓 (maximum out-of-pocket)은 $13,500 (싱글은 $6,750)을 넘으면 안 된다. 수입에 대한 제한은 없다. 2019 년 현재 HSA 계좌에 납부할 수 있는 최대 금액은 $7,000 (가족) 또는 $3,500 (싱글)이며, IRA 와 같이 다음 해 세금 보고 마감일까지 입금할 수 있다. 그러나 가입 자격이 되는 의료보험은 해당 연도의 12 월 1 일 현재 있어야 한다. 예를 들어, 만약 당신이 올해 최대치 HSA 납부액을 세금 보고 마감일인 내년 4 월 중순까지 적립하려면 올해 12 월 1 일 현재 하이디덕터블 의료보험이 있어야 한다. HSA 도 은퇴계좌와 같이 은퇴에 가까운 사람을 위한 추가 저축이 가능한데, 55 세 이상인 사람은 $1,000 을 추가로 납부할 수 있다. 그러나 메디케어에 가입할 수 있는 65 세가 되면 더는 납부할 수 없다. 의료보험은 직장을 통한 단체 보험이든 개인적으로 든 것이든

상관없지만, Medi-Share 나 Christian Med-Aid 같은 비영리 단체 (교회나 사교 단체)를 통한 코압 (co-op) 프로그램에 가입한 사람은 HSA 에 납부할 자격이 없다.

¤ 넓은 사용 범위

이 계좌의 자금을 사용할 수 있는 범위는 아주 넓다. 병원, 의원에서의 치료와 검사비용은 물론, 의료보험에서 커버해주지 않는 일반 의약품이나 의료 보조기구, 금주나 금연을 위한 치료, 심지어는 체중감량 프로그램 (의사가 건강의 이유로 살을 빼라고 했다면) 비용에도 사용할 수 있다. 만약 환자(가족)를 위하여 집에 휠체어가 다닐 수 있도록 공사를 해야 한다면 그 비용도 HSA 계좌에서 지급할 수 있다.

¤ 100% 세금공제=의료비 할인

보통은 공제를 받기 힘든 이런 의료비용에 HSA 계좌를 활용함으로써 얻는 혜택이 얼마나 큰지를 아는 것은 중요하다. 나의 두 아들은 모두 치아교정이 필요했는데, 총비용이 $10,000 이 넘었다. 나는 이 금액을 모두 HSA 계좌를 통해 지급함으로써 100% 소득세 공제를 받는 효과를 볼 수 있었다. 미용을 위한 치아교정은 대개 치과 보험에서 보장을 해주지 않지만, HSA 규정은 의료비로 지급할 수 있도록 허락하므로 전액 세금공제 효과를 볼 수 있었던거다. 만약 내가 $10,000 을 체킹 어카운트에서 지급하였다면 이 돈은 이미 세금을 낸 후의 금액이므로, $10,000 중 한 푼도 세금공제를 받을 수 없는 결과를 낳았을 것이다. 나의 평균 소득세율이 25%라고 가정할 때, 나는 같은 금액이라도 단지 HSA 계좌를 통하여 지급함으로써 $2,500 의 세금을 절약할 수 있었던 거다. 즉, $10,000 짜리 치아교정을 $7,500 에 한 것과 같은 결과이다.

HSA 를 통하지 않고 지급한 일반 의료비를 나중에 세금 보고 시 공제받을 수 있는 길이 있긴 하다. 하지만, 이는 2019 년 현재 소득(AGI)의 10% 이상 되는 금액에 한해서 공제가 허용되므로 의료비로 큰돈을 쓰지 않는 한, 혜택을 보기 힘들다. 예를 들어, AGI (Adjusted Gross Income)이 $50,000 인 사람이 그것의 10%인 $5,000 을 의료비로 지출하였다면 한 푼도 공제를 받지 못 하고, 만약 $6,000 을 지출하였다면 겨우 $1,000 만 세금 보고 시 공제받을 수 있다. 그나마 이것은 일반공제 (standard deduction) 형식이 아닌 세부공제 (itemized deduction)의 세금 보고 형식을 통해서만 받을 수 있는데, 2018 년부터 일반공제 금액이 높아져서 많은 사람에게는 세부공제보다 일반공제로 보고하는 것이 더 유리하다. 다시 말하면, 엄청난 액수의 의료비를 사용하지 않는 한, 공제받을 수 있는 길이 현실적으로 거의 없다. 그러므로 적은 금액도 세금공제가 가능하도록 해주는 HSA 가 유리한 건 물론이다. 다만, 이것은 연방 정부 소득세 공제이고, 주 정부의 소득세 공제는 당신의 거주 주에 따라 차이가 있을 수 있다. 예를 들어, 캘리포니아와 뉴저지는 HSA 납입액에 대한 주 정부 소득세 공제를 허락하지 않는다. 납입금에 대한 소득세 공제를 허락하여도 HSA 계좌 내의 배당금이나 투자 소득이 얼마 이상 되면 주 정부의 소득세를 물리기도 한다. 당신이 거주하는 주의 HSA 세금혜택에 대한 정보는 회계사에게 문의하도록 하되, 주 정부의 세금 혜택이 없더라도 연방 정부의 소득세 공제를 통해 적지 않은 세금을 절약할 수 있는 HSA 가 유리함은 두말할 필요 없다.

직장을 통해 HSA 가 있다면 401(k) 납입액같이 급여에서 나가며 세금이 자동으로 공제되므로 별도의 세금 보고를 할 필요가 없지만, 개인적으로 가입한다면 Traditional IRA 같이 해마다 세금 보고할 때 보고하고 공제받아야 한다. 이때 사용해야 하는 서류는 Form 8889 Health Savings Accounts (HSAs)이니 참고하시라.

¤ 계좌 열기와 사용 방법

여느 금융계좌같이 HSA 도 계좌 관리비 (maintenance fee)가 있는 경우가 많다. 보통 월 $3~$5 정도 하는데, 인터넷 은행 중 아예 면제해 주는 곳도 있다. 또한, 일반 은퇴계좌같이 HSA 계좌 내의 자산에 대한 투자 옵션이 주어지는 회사도 많으니, 만약 당신이 HSA 계좌에 넣는 금액을 나중에 은퇴자산으로 사용할 계획이라면 투자를 고려하는 것이 좋다. HSA 회사들의 계좌 관리 비용과 투자 옵션 등은 HSASearch.com (*HSA Provider Profile List*)에서 쉽게 비교할 수 있다. 단, 이 웹사이트의 자료가 제때 업데이트되지 않을 수도 있으니 관심 있는 회사의 웹사이트를 통해 직접 확인한 후 계좌를 여는 것이 좋다. 나는 고객들에게 HSA 계좌를 '의료비로도 사용이 가능한 은퇴자산'으로 여기고 투자옵션과 낮은 비용을 중심으로 HSA 계좌를 선택하라고 권한다. 다만 투자보다는 어차피 내야 하는 의료비를 HSA 를 통해 내고 세금을 절약하는 것이 목적이라면, 최저 저축액과 월 계좌 관리비가 없거나 적은 회사를 찾아 계좌를 여는 것이 좋다. 사용 방법은 의료보험 섹션에서도 설명했지만, HSA 계좌를 오픈하면 데빗카드 (직불카드)가 우편으로 오고, 그것을 일반 신용카드같이 병원 등에서 의료비를 지급할 때 사용하면 된다. 신용카드같이 사용하여도 데빗카드이기 때문에 돈은 바로 계좌에서 빠져나간다.

¤ 주의 사항

은퇴계좌와 마찬가지로, HSA 계좌에서 출금되면 금융 기관에서 IRS 와 계좌주에게 세금 자료를 보내준다. HSA 계좌의 세금자료에 명시된 금액은 코드로 의료비와 비의료비가 구분된다. 의료비로 구분돼 있으면 세금 문제가 발생하지 않지만, 비의료비로 구분되어 있으면 그것을 본인이 의료비에 사용했음을 증명하는 자료를 제출해야 20% 페널티와 소득세를 피할 수 있다. 그러니 가장 좋은 방법은 HSA 데빗카드는 의료비만 사용하는 거다. 즉, 가게에서 식료품과 약을 산다면 약은 HSA 카드로 따로 계산한다. HSA 데빗카드는 다른 카드들과 혼동하기 쉬우니, 실수로 비의료 관련 비용을 지급하지 않도록 조심하시라.

HSA 카드를 집에 두고 가서 사용하지 못 하였다면 차후에 돌려받을 수도 (reimbursement) 있는데, HSA 계좌에서 자신에게 수표를 보내거나 다른 은행계좌로 이체시키면 된다. 하지만 이 금액이 이미 지급된 의료비를 위한 것임을 증명해야 페널티와 세금을 피할 수 있으니 의료기관에서 발행한 청구서와 영수증 등 자료를 잘 챙겨 두어야 한다. 시간이 꽤 지난 후에 증명하라는 연락을 국세청으로부터 받을 수 있으므로 최소한 3 년은 보관해야 한다 (IRS.gov- *How Long Should I Keep Records?*).

엄청난 세금혜택과 폭넓은 사용 범위 등의 각종 혜택 때문에 많은 사람에게는 아주 유용할 수 있는 HSA 지만, 모두에게 다 유리한 건 아니다. 예를 들어, 소득이 낮거나 공제사항이 많아서 어차피 소득세를 거의 내지 않는 사람에게는 세금혜택이 미미할 수 있다. 만약 월 계좌 관리비까지 내야 한다면 오히려 손해가 될 수도 있으니 자기에게 유리한지를 따져보고 결정해야 한다.

¤ '마누라보다 더 좋은' HSA

같은 pre-tax 지만 HSA 자산은 은퇴계좌와 달리 계좌주가 70.5 세가 되어도 기본 출금 (RMD-required minimum distribution)을 하지 않아도 된다. 그래서 HSA 계좌는 Roth 계좌와 같이 경제적으로 안정된 사람들의 상속 수단으로 사용되기도 한다. 내가 CFP® (CERTIFIED FINANCIAL PLANNER™)를 따기 위해 공부할 때 세금 과목을 가르치던 강사가 'HSA 는 마약이 든 IRA 이다'라고 한 말을 나는 잊을 수가 없다. 그는 또, '만약 내가 와이프와 HSA 중 하나를 선택해야 한다면 나는 HSA 를 택할 수밖에 없다'라고도 하였다. 물론 웃자고 한 소리겠지만, 이는 HSA 의 세금혜택이 얼마나 좋은지를 단적으로 보여준다. 이렇게 혜택이 좋은 HSA 를 당신도 적극적으로 활용하기 바란다.

◑ 어누이티 (ANNUITIES-연금보험)

앞의 보험 챕터에서도 설명했듯, 많은 어누이티들이 제공하는 원금 보장, 사망 시까지 연금 지급 등의 여러 가지 달콤한 혜택은 은퇴자들의 관심을 끄는 게 사실이다. 하지만 개인 연금보험인 어누이티는 일반적으로 은퇴계좌보다 세금혜택이 좋지 않고 비용은 비싸기 때문에, 나는 개인적으로 어누이티를 선호하지 않는다. 은퇴자금을 충분히 모으지 못한 대부분 은퇴자에게는 평생 모은 자산을 주고 어누이티에 가입하여도, 매월 받는 금액은 마찬가지로 적을 수밖에 없어 어차피 그 돈으로는 생활이 힘들기 때문이다. 예를 들어, 평생 $200,000 을 모은 당신이 은퇴를 앞두고 있다고 치자. 이 금액은 대부분의 사람에게 장기간 독립적으로 생활하기에 충분한 은퇴자금은 아니지만, 전체 미국인들 (한국 이민자들 포함)의 은퇴자금에 비교하면 많은 금액이다. 이 챕터 앞부분에서도 언급했듯, 55세 이상의 미국인 절반은 직장을 통한 연금이나 은퇴 플랜이 없고, 그나마 은퇴계좌가 있는 사람들의 평균 은퇴자산은 $100,000 남짓이라고 하니, $200,000 을 모았으면 아주 훌륭한 편이다.

어쨌든, 이 $200,000 으로 어누이티를 구입한다면 회사와 상품마다 차이가 있지만, 한 달에 $1,000 남짓한 연금을 받게 된다. 만약 결혼한 부부가 각자 받을 소셜시큐리티 연금까지 포함하면 지금 당장은 생활할 수 있을지 몰라도, 시간이 지날수록 고정된 어누이티 연금의 가치는 인플레이션 때문에 떨어지므로 오래 살수록 생활이 힘들어진다. 부부 중 한 명이 사망하면 소셜시큐리티 연금도 줄어든다. 어누이티를 사지 않고 $200,000 을 꺼내 쓴다면 돈을 금방 다 쓰고 노후에 그나마 더 힘들어질 수도 있다. 그래서 은퇴자금이 충분하지 않으면 이래저래 아주 곤란한 상황에 빠질 수밖에 없으며, 그나마 가진 자산을 최대한 오래 활용하려면 재무설계사와 함께 꼼꼼하게 플랜을 세우는 것이 중요하다.

앞에서도 언급했지만, 어누이티 상품은 복잡하고 비용이 높아서 보통 사람들이 이를 제대로 알고서는 자발적으로 사기 힘들다는 의미로 흔히 '사는 게 아니라 팔리는 (sold, but not bought)' 제품이라고 불린다. Forbes.com 에 이와 관련된 칼럼 (*Annuities Are Not Bought, They're Sold*)을 기고한 Tim Maurer 은 수년간 어누이티를 판매하던 사람으로, '고객이 어누이티에 비판적인 문제를 제기하지 않고 모르는 상태에서 상품을 사도록 유도하라'는 세일즈 교육을 받았다고 고백한다. 그가 아니더라도 어누이티 상품에 대한 경고는 수없이 많다.

CNBC.com (*Annuities: More Cons than Pros?*)와 FINRA.org (*Equity-Indexed Annuities: A Complex Choice*)를 참조하시라. FINRA (Financial Industry Regulatory Authority 는 미국의 증권 관련 업계를 감시, 감독하는 비정부 (non-governmental) 에이전시이다.

그렇다고 어누이티 상품이 다 나쁘다고 할 수는 없다. 개인마다 상황이 다르고 수명도 다르므로 어누이티로 혜택을 보는 경우도 물론 있기 때문이다. 따라서 이런 금융상품에 많은 지식이 없는 보통 사람들은 커미션을 받지 않는 재무설계사와 개인의 여러 가지 상황을 고려하여 어누이티가 도움이 되는지를 먼저 알아보아야 한다. 만약 필요하다고 여겨지면 커미션이 없(낮)고 제반 비용도 낮은 (no-load) 어누이티를 찾아 비교하고 신중히 선택하는 것이 권장된다. 만약 아는 사람으로부터 사고 싶다면 당신이 직접 노로드 어누이티를 살 때와 에이전트를 통해서 살 때의 비용과 베네핏을 비교하고 에이전트를 통해 받는 서비스가 그만큼의 가치가 있는지를 따져보고 결정해야 한다.

직장 은퇴 플랜

직장을 통한 은퇴 플랜은 여러 가지로 많지만, 여기서는 흔히 사용되는 몇 가지와 기본사항만 설명하기로 한다.

● 심플 (SIMPLE) IRA

¤ 소규모 스몰비즈니스를 위한 은퇴 플랜

SIMPLE (Savings Incentive Match Plan for Employees) IRA 는 여러 가지 면에서 401(k) 플랜과 비슷하지만, 직원이 100 명 이하 (or less)인 소규모 자영업자들을 위한 플랜으로 비용이 적고 서류도 단순하다. SIMPLE IRA 를 도입하는 고용주는 직원들을 위해 2~3%의 매치 (match)와 함께 급여에서 직원이 원하는 만큼 떼어서 각자의 계좌에 넣어 주면, 해마다 특별히 보고할 것도 별로 없어 관리가 쉽다. 직원의 전반적인 은퇴 준비 (저축, 투자, 계좌 관리 등)는 각자의 몫이다.

¤ 가입 자격과 기본 사항

가입 자격은 2 년 이상 근무한 직원으로, 1 년에 버는 돈이 $5,000 이상이면 파트타임 직원이라도 주어진다. 물론, 고용주가 원하면 신입 사원도 가입시켜줄 수 있지만, 이때 차별 없이 모든 직원에게 가입 자격을 주어야 한다. 고용주가 주는 매치는 직원이 급여에서 3% 이상 저축하면 고용주도 3%, 아니면 직원이 급여에서 저축을 하든 안 하든 상관없이 가입자격이 되는 모든 직원에게 2%를 주는 것 중 하나를 선택할 수 있다. 고용주가 주는 2~3%외에 직원이 SIMPLE IRA 에 저축할 수 있는 금액은 401(k)보다 낮은데, 2019 년 현재 최고 $13,000 (50 세 이상은 $16,000)이다. 부부가 같이 일하면 각자 납입할 수 있다.

¤ 2 년, 25% 페널티

SIMPLE IRA 에서 가장 유의해야 하는 것 중 하나는 계좌를 시작하고 2 년 이내 출금 및 계좌 이체 시 비싼 페널티가 부과될 수 있다는 거다. SIMPLE IRA 도 다른 은퇴계좌들과 마찬가지로 59.5 세가 되기 전에 출금하면 10%의 페널티가 붙는데, 만약 계좌를 오픈하고 2 년 이내에 출금하면 페널티가 자그마치 25%나 된다. 이직 시 SIMPLE IRA 자산을 401(k)로 옮기거나 Traditional IRA 로 옮겨도 SIMPLE IRA 를 시작한 지 2 년 이내라면 25%의 페널티를 내야 한다. 페널티 없이 2 년 이내에 옮길 수 있는 길은 다른 SIMPLE IRA 로 옮길 때뿐이고, 이 2 년 조항이 지나면 401(k)나 Traditional IRA 등 다른 은퇴계좌로 페널티 없이 이체할 수 있다. 다만, 다른 IRA 같이 계좌주가 장애인이 되었다거나 의료비에 사용하기 위한 출금 등, 법으로 허용된 예외 조항이라면 페널티가 면제된다 (자세한 예외 조항은 IRS.gov- *SIMPLE IRA Withdrawal and Transfer Rules* 참조). 왜 SIMPLE IRA 계좌에만 이런 2 년 조항과 엄청난 페널티가 붙는지 나도 이해되지 않는데, 아무튼 법이 그렇다니 유념하고 페널티를 피할 수밖에 없다. 만약 당신이 이 계좌를 시작하고 2 년 이내에 직장을 옮기게 되면,

계좌를 현재의 직장에 2 년 조항이 지날 때까지 두는 것이 좋다. 이 계좌를 얼마간 더 둔다고 사업주에게 돈이 들거나 피해가 되는 건 없다. 만약 당신이 정말 급한 일이 생겨서 개설한 지 2 년이 안 된 SIMPLE IRA 에서 출금해야 하면, 적어도 재무설계사와 상담을 먼저 하시라. 재무설계사와의 상담을 통해 SIMPLE IRA 에서의 출금에 붙는 페널티를 충분히 이해하고 같이 다른 방법을 찾을 수 있기를 바란다.

¤ 요점 정리

다음은 SIMPLE IRA 의 요점 정리이다.

- 직원 100 명 이하 (or less)의 사업체를 위한 은퇴 플랜

- 10 월 1 일까지 플랜을 시작해야 해당 연도치 납부 가능 (단, 10 월 1 일 이후에 창업하는 회사는 12 월 31 일까지 가능).

- 2 년 이상 일하였고 연 $5,000 이상 버는 직원은 모두 가입시켜야 함.

- 2019 최대 납부액 : $13,000 (50 세 이상은 $16,000)

- 고용주의 매치(match)는 3% 이상의 본인 급여를 저축하는 직원들에게 3%, 또는 직원의 저축 여부에 상관없이 모든 가입 자격이 되는 직원에게 2% 중 하나 선택.

- 계좌 오픈(입금) 후 2 년 이내이고 59.5 세 되기 전에 출금하거나 계좌를 SIMPLE IRA 가 아닌 다른 은퇴계좌로 옮기면 25% 페널티 +소득세 징수 (예외 조항에 의한 출금은 페널티 면제).

- 계좌 오픈(입금) 후 2 년이 지나면 59.5 세 이전의 출금에 대한 페널티는 10%.

- 70.5 세가 지나서도 일하고 있다면 계속 납부할 수는 있지만, 동시에 최소 출금 (RMD-Required Minimum Distribution)을 하고 소득세를 내야 함.

◐ SEP IRA

¤ 고용주가 100% 납부

SEP (Simplified Employee Pension) IRA 는 SIMPLE IRA 와 마찬가지로 시작이 간단하고 관리 비용이 저렴하여 스몰비즈니스에서 흔히 사용된다. 가장 큰 다른 점은 SEP IRA 는 전통적으로 모두 회사 책임이었던 연금 (pension plan)과 은퇴 준비의 책임이 고스란히 직원으로 옮겨진 현대의 401(k)나 SIMPLE IRA 같은 은퇴 플랜의 중간형이라는 거다. 즉, SEP IRA 의 납부금은 연금과 같이 회사만 넣지만, 401(k)나 SIMPLE IRA 같이 투자 및 모든 자산관리는 직원이 해야 한다. 적립금이 의무인 연금과 달리, SEP IRA 는 회사가 수익이 적거나, 아니면 그냥 넣고 싶지 않으면 하나도 넣지 않아도 된다. 그래서 SEP IRA 는 대개 파트너나 가족을 직원으로 둔 소규모의 고소득 전문직 자영업자들이 많이 사용한다.

¤ 가입 자격과 최고 납부액

SEP IRA 의 가입대상은 현재 21 세 이상으로, 지난 5 년 중 3 년 이상 근무하고 연 $600 이상 번 직원은 모두 가입시켜야 한다. 물론, 마음 좋은 고용주가 신입 직원이라도 가입시켜 주겠다고 하면 말릴 사람이 없지만, 그 조건은 모든 직원에게 적용시켜야 한다. 회사의 사장이 자기 아이를 취직시키고 다른 직원은 제외한 채 자기 자식에게만 연금 혜택을 주지 못 하도록 있는 조항이다. 직원을 위한 연금 최고 납부액은 직원의 세전 급여 (gross income)의 25%, 최고 $56,000 까지이다 (2019). 이 금액은 직원이 납부하는 것이 아니기 때문에 50 세 이상을 위한 추가납부액 (catch-up contribution)은 없다. 주인을 위한 납부액은 비즈니스 비용을 제외한 순이익 (net income)을 기준으로 산정되지만, 회사가 주식회사 (s-corp, c-corp)로 설립되었으면 주인이 받는 급여 (w-

2)의 세전 금액이 기준이다. 주인을 위한 최대 납부액도 직원들을 위한 것과 같은 급여의 25% 또는 $56,000 이다 (2019).

¤ 플랜에 Traditional IRA 추가 가능

SEP IRA 는 플랜을 시작할 때 Traditional IRA 를 부대 조항으로 넣을 수 있다. 직원이 별도의 Traditional IRA 계좌를 열고 세후 금액으로 납입한 후 세금 보고 시 공제를 받는 대신, 그 금액을 급여에서 공제하여 넣도록 허락하는 거다. 직원 입장에서는 납입액과 공제받는 금액은 같지만, 급여에서 바로 나가게 할 수 있으니 편리하다. 이것은 물론 회사가 넣어 주는 SEP IRA 납부액과 별도이지만, 직원은 Traditional IRA 계좌를 따로 열지 않고 한 계좌에서 관리할 수 있으니 편리하다. 이직/퇴직을 할 때는 회사가 넣어준 금액과 본인의 Traditional IRA 납부액 모두를 제한 없이 다른 곳으로 옮길 수 있다. 교육비와 의료비 등과 같이 예외 조항으로 허락되지 않는다면, 59.5 세 이전에 하는 조기 출금에는 10%의 페널티와 소득세를 내야 한다.

¤ 요점 정리

다음은 요약된 SEP IRA 의 주요 내용이다.

- 파트너와 가족 등이 직원으로 있는 소규모 고소득 자영업자에게 유리.

- 시작과 관리가 간단하고 비용이 적음. 세금 보고 마감일 (내년 4 월 중순)까지 시작하고 올해 치 입금 가능. 비즈니스 세금보고를 10 월까지 연장하였다면 그때까지 시작하고 납부 가능.

- 회사에서 납부하는 연금 (pension) 플랜이지만 투자 및 계좌 관리는 직원이 해야 함.

- 직원 급여 (gross income)의 25%, 최고 $56,000 까지 납부 가능하며, 주인을 위한 납부액은 순이익 (net income)을

117

기준으로 계산. 주식회사 (s-corp 이나 c-corp)로 등록된 회사의
주인은 직원과 마찬가지로 급여 (w-2)의 25%.

- 직원 가입 자격: 21 세 이상, 지난 5 년 간 3 년 이상 된 직원은
  파트 타임으로 일하였어도 연 급여가 $600 이상이면 자격
  주어짐.

- 예외 조항에 적용되지 않는 출금을 59.5 세 이전에 하면 10%
  페널티와 소득세 부과됨.

- 70.5 세 이후에도 근무하면 납부 가능하지만 최소 출금 (RMD-
  required minimum distribution)을 하고 소득세를 납부해야 함.

◑ 401(K)

¤ 복잡하고 비싸지만 더 많은 저축/자산 보호 가능

401(k)은 직원이 있는 회사에서 가장 흔하게 제공하는 은퇴
플랜이다. 소규모 자영업자들도 할 수 있지만, 위에서 소개한 SIMPLE
IRA 나 SEP IRA 보다 서류가 복잡하고 비용이 비싸서 대개는 직원이
수십 명 이상인 회사들에서 한다. 직원이 있는 소규모 자영업자들이
401(k)를 하기도 하는데, 이는 SEP IRA 같은 연금은 모두 회사에서
납부하니 너무 비싸고, SIMPLE IRA 는 주인(직원)이 납부할 수 있는
금액이 적기 때문이다. SIMPLE IRA 는 오너가 3% 이상을 매치해 주고
싶어도 할 수 없다. 또한, 빚 문제나 소송 등으로 인하여 잠재적으로
잃을 게 많은 비즈니스 오너들 입장에서 볼 때, 납입금이 높은 401(k)가
자산 보호에 더 유리하다.

¤ 최고 $19,000 (50 세 이상은 $25,000) + 알파

2019 년 현재 개인(주인 포함)이 납부할 수 있는 최대 금액은 $19,000
(50 세 이상은 $25,000)이다. 또한, 회사에서는 보통 401(k)에 지급하는
3~6% 정도의 매치(match)와 더불어, 이익 배당제(profit sharing)를

추가하여 직원 급여의 25%까지 넣어줄 수 있다. 그러나 개인과 회사가 넣을 수 있는 금액은 합 $56,000 을 넘을 수 없다. 50 세 이상인 사람은 추가로 넣을 수 있는 $6,000 까지 합하면 총 $62,000 까지 은퇴를 위한 저축이 가능하다. 이론상으로 그렇다는 것이고, 대부분 회사는 이익 배당제(profit sharing) 없이 3~6% 정도의 매치(match)만 준다. 모든 직원에게 공평하게 같은 퍼센티지를 매치해줘도 일반 종업원보다는 돈을 더 버는 주인이나 임원들에게 유리할 것이므로, 정부에서는 이때 사용되는 최고 소득에 $280,000 의 한도를 두고 있다(2019).

¤ 융자 조항 가능

은퇴 플랜의 스폰서(plan sponsor-회사 또는 자영업자)는 플랜을 시작할 때 여러 가지 조항을 넣을 수 있는데, 그중 SIMPLE IRA 나 SEP IRA 에는 가능하지 않은 것 중 하나가 융자 기능이다. 저축성 생명보험과 같이 계좌에 얼마 이상이 있으면 융자를 받아 필요한 곳에 쓰고 이자와 함께 원금을 갚을 수 있다. 상환금은 급여에서 공제된다. 이런 융자는 한편으로 상당히 편리할 수 있는 조항이지만, 쉽게 쓸 수 있는 만큼 나중에 크게 후회할 이유가 될 수 있다. 나는 401(k)에서 융자를 받고 갚느라 저축을 못 했거나, 이직하며 생각 없이 출금하여 썼거나, 아니면 롤오버 (rollover- 금융회사 간 계좌이체를 시키지 않고 계좌주가 수표를 받아서 다른 계좌로 옮기는 것) 하다가 아예 그 돈을 써버리고 결국에는 10%의 페널티와 소득세를 낸 사람들을 알고 있다. 그들은 돈을 쓸 당시에는 의료비나 다른 곳에 꼭 '쓸 수밖에 없는' 절박한 상황이라고 판단하여 그리 하였지만, 지금은 모두 후회막급이다. 따라서 나는 401(k)를 시작하는 자영업자들에게 이 융자 조항을 아예 넣지 말 것을 권유한다. 은퇴 플랜에 융자 조항을 넣고 안 넣고는 플랜 스폰서의 권한이다.

¤ Traditional 401(k)와 Safe Harbor 401(k)

401(k)는 크게 두 가지로 나눌 수 있는데, Traditional 401(k)와 Safe Harbor 401(k)이다. Traditional 401(k)는 스폰서의 권한이 더 막강하다. 예를 들어, 스폰서는 직원들에게 단 1%의 매치조차 주지 않아도 되고,

그나마 조금이라도 준 매치를 직원이 몇 년 이상 일하지 않고 퇴직하면 압류할 수 있다. 하지만 스폰서(오너)의 권한이 강한 만큼 지켜야 하는 규칙과 제한도 많다. 예를 들어, 직원들의 401(k) 플랜 참여도와 저축하는 급여 공제율이 낮으면 오너/매니저들이 자신의 은퇴를 위해 자기 급여에서 공제하여 401(k) 계좌에 넣는 납부액에 제한을 받거나, 넣었다가도 연말에 다시 빼야 할 수도 있다.

Safe Harbor 401(k)는 스폰서 (비즈니스 주인/매니저)가 직원의 참여도나 저축률에 상관없이 최대한 저축 (2019년 현재 $19,000-50세 이상은 $25,000)할 수 있도록 허용하므로 소규모 자영업자들에게는 대개 이것이 더 유리하다. Safe Harbor 401(k)은 저축하는 직원에게만 4%의 매치(match)를 주든지, 아니면 직원이 저축하지 않더라도 가입자격이 되면 모두에게 3%를 일률적으로 주든지 둘 중 하나를 결정할 수 있다. 회사에서 주는 이 3% 또는 4%의 매치는 근무 연수와 상관없이 직원이 퇴직 시 가지고 갈 수 있다. Safe Harbor 401(k)는 직원들에게 주는 3~4%의 매치에 제한을 둘 수 없는 대신 그들의 저축률/참여도에 상관없이 주인이 최대로 저축할 수 있도록 허용한다.

¤ 베스팅 스케줄 (vesting schedule)

회사에서 직원을 위해 납부하는 금액을 근무 연수나 다른 조건으로 묶어서 그 조건을 충족해야만 퇴직 시 가져갈 수 있도록 하는 것이 베스팅 (vesting)이다. 이것은 Traditional 401(k) 플랜을 통해 회사에서 주는 납입금, Safe Harbor 401(k)에서 기본 매치 3~4%외에 (주인이 원하면) 추가로 줄 수 있는 이익 배당제 (profit sharing), 또는 주식 플랜 등에 적용할 수 있다. Safe Harbor 401(k)에서 주는 Safe Harbor 매치는 직원이 언제나 가져갈 수 있으므로 베스팅 스케줄을 적용할 수 없다. 베스팅은 대개 2년 차부터 20%씩 주어 6년이 지나야 하거나 (6-year graded vesting), 3년 이내에는 아무것도 주지 않다가 그 후에 전액 가져갈 수 있도록 (3-year cliff) 할 수 있다. Traditional 401(k)에서는 이 베스팅 스케줄 (vesting schedule)을 회사에서 주는 모든 금액 (매치+이익 배당)에 적용할 수 있다. 그러므로 이직/퇴직하기 전에는 반드시 당신의 401(k) 계좌에 베스팅 스케줄 때문에 회사에서 넣어준 돈을 가져갈 수 없는 게 있는지 확인해야 한다. Safe Harbor 401(k)에 가입된 사람은 회사의 매치 (match)외에 이익 배당제나 주식 플랜에서 받은 돈이 베스팅에 걸려있는지 확인한다.

¤ 소규모 자영업자들에게도 유리한 401(k)

나는 소규모 자영업자들과 상담할 때 401(k) 개인 최대 가능 납부액인 $19,000 이상 저축할 수 있는 사람들에게는 Safe Harbor 401(k)을 하라고 권한다 (위에서 설명했듯 Traditional 401(k)은 직원의 납부율과 참가율에 따라 주인이 납부할 수 있는 금액에 제한이 있을 수 있다). 비용이 비싸고 각종 서류나 보고자료도 복잡한 401(k)를 권하는 이유는 장기적으로는 그것이 더 유리할 수 있기 때문이다. 앞에서도 설명했듯, SIMPLE IRA 보다 훨씬 많은 금액을 저축할 수 있고 (그만큼 세금을 공제받을 수 있고), 거래처와 비즈니스 관련 빚은 물론, 모기지와 자동차 융자 등의 일반 채권자로부터 보호되는 금액에 한도가 없다. 만약 부부가 운영하는 사업체라면 1 년에 $38,000 에서 $100,000 이상까지도 소득세를 내지 않고 저축할 수 있으며, 그만큼 자산을 채권자들로부터 보호할 수 있으니 엄청난 혜택이다. 물론, 소득이 낮아서 최대로 저축할 수 있는 금액이 어차피 401(k) 납부 한도액에 못 미친다면 저렴하고 서류도 간단한 SIMPLE IRA 를 고려하는 게 더 효과적이다. 부부가 저축할 수 있는 총액이 $12,000 미만이라면 SIMPLE IRA 플랜도 필요 없이 개인 계좌인 IRA 면 족하다. 나중에 소득이 높아져서 더 많은 금액을 저축/투자할 수 있으면 그때 SIMPLE IRA 를 하고, 필요하면 401(k)로 전환할 수 있다. 단, 한 해에 두 가지 플랜에 납입할 수 없으므로 연말부터 작업을 시작하여 연초부터 새 플랜을 시작하는 것이 좋다.

401(k)는 59.5 세 이전의 조기 출금을 할 때와 70.5 세 이후의 최소 출금을 하지 않았을 때의 페널티 등 많은 조항이 IRA 와 비슷하다. 다만 401(k)는 직장에서 일하는 동안은 70.5 세가 넘어서도 계속 납부할 수 있지만, 개인 계좌인 Traditional IRA 는 근로소득이 있어도 납입할 수

없다. 다른 은퇴 플랜인 SIMPLE IRA 와 SEP IRA 도 계속 직장에서 일하고 있으면 70.5 세 이후에도 계속 납입할 수 있지만, 동시에 최소 출금 (RMD-Required Minimum Distribution)을 해야 한다.

401(k)는 70.5 세 이후에도 일하고 있으면 RMD 를 유예할 수 있지만, 회사의 지분을 5% 이상 가지고 있는 주인은 출금을 유예할 수 없다. 나이가 70 정도면 이제 정리를 시작하는 것도 좋으니, 비즈니스를 대부분 매도하고 소유권을 5% 미만으로 하면 주인도 납부는 계속하고 출금은 유예할 수 있다. 참고로, RMD 는 정부에서 '오랫동안 세금을 유예시켜 주었으니 생전에 밀린 세금을 내라'라고 하는 것과 같다. 이를 어겼을 때 페널티는 RMD 의 50%로 아주 가혹하다. RMD 는 지난해 12 월 말 현재 pre-tax 은퇴계좌의 총 잔액과 나이에 따른 수치를 보여주는 테이블을 사용하여 계산되는데, 투자회사에서 출금해야 하는 금액을 계산해서 알려준다. 인터넷으로도 쉽게 검색이 가능하다.

¤ 요점 정리

- 직원이 있는 비즈니스는 직원 수에 상관없이 시작할 수 있으나, 비싸고 서류가 복잡해서 대개 규모가 큰 회사에서 사용.

- 가입 자격: 21 세 이상, 지난 1 년 이상 (1,000 시간) 근무한 직원. 단, 비즈니스 오너의 재량으로 신입사원에게도 나이와 근무 시간에 상관없이 가입자격을 줄 수 있음.

- 2019 년 현재 직원의 최고 저축/투자 가능액은 $19,000 (50 세 이상은 $25,000).

- 회사에서 보통 3~6%의 매치를 주지만 더 높은 금액을 주거나 이익 배당제 (profit sharing)를 통해 추가로 급여의 최고 25%까지 줄 수 있음. 직원 납부금+회사 납부금은 최대 $56,000 (50 세 이상은 $62,000)까지 가능.

- 59.5 세 이전의 출금은 예외 조항에 의거한 출금이 아니라면 10%의 페널티와 소득세가 물림. 단, 55~59.5 세 사이에 퇴직하는 사람은 페널티 없이 출금이 허락되지만, 이 조항은 401(k) 자산을 IRA 로 옮기면 상실됨.

- 70.5 세가 되었을 때 일하고 있으면 계속 납부 가능.

- 직원은 70.5 세 이후에도 근무하고 있으면 최소 출금 (RMD)을 유예할 수 있으나, 5% 이상의 주인은 출금을 시작해야 함.

◑ 403(b)

403(b)는 회사들에서 흔히 사용하는 401(k) 플랜과 비슷한 은퇴 플랜으로, 학교, 병원, 정부 기관, 교회, 자선단체 등 비영리단체의 직원들을 위한 은퇴 플랜이다. 401(k), 403(b)하는 이런 숫자들은 IRS(Internal Revenue Service)의 세금 코드에서 온 것이다. Tax-Sheltered Annuity(TSA)라고도 불리는 403(b)는 전통적으로 플랜 안에 은퇴 보험상품인 고정 어누이티 (fixed annuity)를 (개인이) 구입하여 연금같이 활용하는 은퇴 플랜이다. 고정 연금상품은 대개 표준금리와 비슷하게 움직이고, 개인들이 투자 결정을 할 필요가 없다. 하지만 지난 10 여년간 이어진 정부의 초저금리 조처로 인한 어누이티의 낮은 수익성과 높은 비용 등의 문제 때문에 요즘은 뮤추얼펀드 투자가 대부분으로, 401(k)와 아주 흡사해지는 추세이다. 전통적으로 연금을 지급하던 학교나 정부 관련 에이전시들이 연금으로 인한 경제적 압박이 심해지며 연금 베네핏을 줄이는 동시에, 403(b) 저축을 장려하고 있다. 회사에서 근무하든, 비영리 단체에서 근무하든 상관없이 은퇴 준비에 대한 전반적인 책임이 모두 개인에게 돌려지는 추세는 같다.

403(b)에는 대개 있지만 (플랜마다 다름) 401(k)에는 없는 특별한 조항 하나는 15-year rule 이다. 이 조항은 (플랜에서 허락하면) 15 년 이상 근무한 직원 중 은퇴 준비를 충분히 하지 못한 사람 (그동안

연평균 $5,000 미만의 금액을 은퇴계좌에 저축한 사람들)이 1 년에 $3,000 씩, 최고 $15,000 까지 추가의 저축을 할 수 있도록 허용한다. 이는 근무 연수에 상관없이 50 세 이상의 사람들이 401(k)와 403(b)에 추가로 저축할 수 있는 $6,000 와 별도이다. 따라서 두 가지 조건 (50 세 이상+15-year rule)이 충족된다면 최고 $28,000 ($19,000 연 납부액 +50 세 이상을 위한 $6,000 +$3,000-15 년 조항)까지도 은퇴를 위한 저축이 가능하다 (2019). 고용주가 직원들에게 넣어 주는 매치 금액은 별도이다. 403(b)의 저축액 한도와 조기 출금에 대한 페널티, 그리고 70.5 세가 되면 찾아야 하는 최소 출금액 등은 401(k)와 비슷하다. 하지만, 403(b)는 비영리단체를 위한 은퇴 플랜이기 때문에 서류상 이익금(profits)은 있을 수 없으므로 profit sharing 조항을 넣을 수 없고, 관련 기관에 하는 보고 서류가 401(k)보다 간단하다.

◐ 이익 배당제 (PROFIT SHARING PLANS)

이익 배당제 (profit sharing plans)는 영리를 목적으로 하는 일반 비즈니스들이 직원의 은퇴를 위해 납부해 주는 일종의 복지혜택이다. 은퇴 플랜인 401(k)과 연계하거나 별도의 플랜으로 할 수 있다. 플랜 조항을 어떻게 넣었는지에 따라 직원이 전액을 현찰로 받거나 일부, 또는 전액을 은퇴계좌에 입금되도록 하는 선택을 할 수 있다. 나는 가능하면 은퇴계좌에 모두 넣도록 권유한다. 은퇴를 위하여 충분히 저축하지 못 하는 사람은 조금이라도 저축을 더 해야 하고, 이미 충분한 은퇴 자산을 모으고 있는 사람은 그만큼 소득세를 줄일 수 있기 때문이다. 직원들이 급여에서 공제하여 저축하는 은퇴자금과 달리, 이익 배당제 (profit sharing)를 통해 은퇴계좌에 들어가는 돈은 7.65%의 페이롤 텍스까지도 공제가 된다. 직원은 물론, 회사도 이 금액에 대한 페이롤 텍스를 내지 않아도 되므로 그야말로 서로 이익 (win-win)이다.

◑ 직장 연금

앞에서 설명했듯, 전통적인 연금플랜은 납부, 투자 관리, 은퇴자에 대한 연금의 지급 등 모든 것에 대한 책임이 회사에 있으므로, 직원들은 그저 열심히 일만 하면 된다. 직장연금의 조건과 베네핏 등 자세한 사항은 플랜마다 다르니 해당 직장의 연금플랜 서류를 보거나 담당자에게 연락하는 것이 가장 좋다. 다만, 지금은 당신에게 아주 좋은 직장연금이 있다고 하더라도 앞에서 지적한 대로, 연금에 크게 기대하지 않고 노후준비를 더 하는 것이 좋다. 가능하면 빨리 재무설계사와 상담하고 대책을 세울 것을 권한다.

◑ 기타 은퇴 플랜

지금까지 설명한 은퇴 플랜들은 모두 가입자격이 되는 평직원들을 차별할 수 없도록 (고용주/경영자들에게만 혜택이 돌아가지 않도록) 하는 데 목적이 큰 플랜들 (qualified retirement plans)이다. 이는 곧, 회사나 단체가 원하는 사람들에게만 차별적으로 가입자격을 줄 수 있는 플랜 (non-qualified retirement plans)도 있다는 소리로, 여기서는 그것을 간단히 설명한다.

위에서 설명한 플랜들의 가장 큰 문제 중 하나는 납부액에 한도가 있다는 거다. 세금혜택이 크고 법적 보호가 좋은 401(k)나 403(b)의 2019 년도 최대 납부액은 $19,000 (50 세 이상은 $25,000), Traditional IRA 는 $6,000 (50 세 이상은 $7,000), 그리고 경제적으로 안정된 많은 사람이 은퇴 투자의 하나로 여기는 (가족 건강보험을 기초로 한) HSA (Health Savings Account)는 $7,000 (55 세 이상은 $8,000)의 최대 납부금을 다 합쳐도 50 세 이상인 사람들이 저축할 수 있는 금액은 $40,000 정도 뿐이다. (각자 은퇴 플랜이 있는 맞벌이 부부라면 더 많은 저축이 가능하다.) 이것은 대부분 미국인에게는 더 바랄 수 없을 정도로 큰 저축액이지만, 많은 고소득자에게는 충분하지 않은 금액이다.

차별이 가능한 은퇴 플랜 (non-qualified retirement plans)의 가장 큰 3 가지 특징은 대개 입금액에 한도가 없고, 입금 시 세금공제가 되지 않으며, 또한 자산이 회사(단체)의 소유로 여겨져 채권자들로부터의 압류가 가능하다는 것이다 (아래에 소개되는 457(b) 플랜 같은 예외는 있다). 가입자격에 대한 차별을 허락하는 대신 세금혜택과 자산 보호 장치를 제한하는 거다. 하지만 계좌 내의 자산은 출금 시까지 투자 이익에 대한 세금이 유예(tax-deferral) 된다. 이것은 대개 CEO 와 같은 회사의 고위직들과 종교 지도자 등 특정인을 위해 사용되며 플랜 내에 현금이나 자사주(회사의 경우)를 넣거나 보험상품을 구입하기도 한다. 누구를 위하고 어떤 자산이 예치되는지 등에 따라 사용할 수 있는 플랜의 종류가 여러 가지이다.

457(b)는 흔히 정부 기관이나 비영리단체에서 일정 직급 이상인 직원들을 위해 제공한다. 납부 한도액 등 많은 조항이 401(k)나 403(b)와 비슷하지만, 이는 non-qualified retirement plan 으로 분류되므로 qualified retirement plan 들과 별도로 운영될 수 있다 (앞에서 설명된 qualified plan 들은 회사에서 동시에 두 가지를 할 수 없다).

457(b)는 non-qualified plan 이지만 qualified plan 같이 납부하는 금액에 대한 세금공제가 가능하다는 특징이 있다. 따라서 403(b)와 457(b)에 동시에 가입할 수 있는 자격이 있는 사람이라면 그만큼 납부할 수 있는 금액이 높아진다. 다만, 457(b) 플랜은 직장에서 납부하는 금액이 있으면 그것이 연 최대 납부액에 계산되어, 직원은 나머지만 저축할 수 있다. 예를 들어, 직장에서 $10,000 을 넣어 주면 직원이 납부할 수 있는 금액은 $9,000 이고, 직장에서 하나도 넣어주지 않는다면 직원은 자기 급여에서 $19,000 까지 저축할 수 있다. 또 한 가지 혜택은, 457(b) 가입자 중 은퇴를 3 년 남겨둔 사람은 (플랜이 허락한다면) 저축액을 두 배로 늘릴 수도 있다는 거다. 이것은 당신이 403(b)와 457(b)에 동시에 가입할 수 있고 은퇴를 3 년 남겨두고 있다면, 자그마치 $57,000 ($19,000x 3)이나 되는 금액을 소득세를 공제받고 저축할 수 있다는 얘기이다 (2019). 403(b)플랜에서 허락하는 50 세

이상 추가 납입액 $6,000 와 15-year 에 의거한 추가 납부 가능액은 제외하고 말이다. 입금 시 세금공제가 가능하므로 은퇴 후 출금하는 모든 금액에 대해서는 소득세가 붙는다. 하지만 457(b) 플랜은 non-qualified plan 이므로 qualified plan 들에 적용되는 59.5 세 이전의 조기 출금에 대한 10% 페널티가 없고 소득세만 붙는다. 공공기관에서 근무하는 사람들을 위한 엄청난 혜택이다. 그러니 만약 가입자격이 된다면 최대한 활용하도록 하되, 457(b) 플랜이 없다면 상사(들)에게 도입하도록 로비해 보시라. 당신과 상사, 그리고 동료들에게 큰 도움이 될 수 있다.

● 플랜 가입자가 알아야 할 것들

¤ 회사의 매치 (employer match)는 반드시 챙길 것

직장을 통한 은퇴 플랜에 가입된 직원들 (participants)은 사실 투자 비용이나 다른 플랜 조항들에 대한 선택의 여지가 없다. 그러므로 만약 회사에서 매치 (employer match)가 주어진다면 일단 최소한 그 액수만큼은 투자하고, 나머지는 어디에 투자할지를 정하는 것이 좋다. 왜냐면 회사에서 직원들에게 주는 매치 (employer match)는 당신 급여의 몇 % 상당의 '공짜 돈'이기 때문이다. 예를 들어, 당신 회사의 은퇴 플랜 매치가 3%까지는 100%, 나머지 6%까지는 50% (100% up to 3% and 50% up to 6% over 3% of participants' contribution)라고 할 때, 당신이 급여의 6%를 공제하여 은퇴 플랜에 저축하면 회사는 4.5%를 당신 계좌에 넣어준다. 만약 당신이 1%만 저축하면 회사에서도 1%만 주고, 3%를 하면 회사도 3%만, 5%를 저축하면 회사는 4%를 준다. 당신 저축분이 6% 이상이라면 10%든 15%든 간에 상관없이 회사에서 주는 금액은 4.5%로 한정돼 있다. 따라서, 만약 저축하지 않으면 회사에서 주겠다는 4.5%의 연봉을 거절하는 것과 같다 (제발 그러지 마시라!). 만약 당신이 얼만큼의 저축을 해야 회사의 매치를 최대한도로 받을 수 있는지 모르겠다면 플랜 담당 직원에게 물어보시라. 위의 경우같이 당신이 6%의 급여를 저축하고 회사에서 4.5%를 주면 당신은 총급여의

10.5%를 저축하는 것과 마찬가지로, 당신의 은퇴 준비에 아주 큰 도움이 된다.

¤ 저축의 비밀은 자동화시키는 것

그렇다, 저축의 비밀은 저축행위를 자동화시키는 것이다. 만약 그동안 몰라서, 또는 사정이 여의치 않아서 미루어 왔다면 지금 당장 시작하시라. 언뜻 보면 5%, 6% 하는 금액이 아주 많게 느껴지고 그 돈이 없으면 갑자기 생활에 곤란이 올 것 같아도, 이 금액에는 소득세가 공제되기 때문에 생각보다 급여로 들어오는 돈에 많은 차이가 나지 않는다. 만약 아무리 생각해도 힘든 액수라면 최소한 3%는 시작하고, 해마다 자동으로 1%씩 인상되도록 설정해 놓는다. 저축은 내 눈에 보이지 않게 자동으로 나가게 설정해 놓으면 처음엔 힘들게 느껴질지 몰라도 곧 익숙해진다. 단 1%라도 당장 시작을 하는 것과, 해마다 은퇴 플랜에서 자동으로 저축률을 올리는 것이 은퇴 준비를 충분히 할 수 있는 최고의 '비결'이다.

¤ 무서운 비용

만약 당신이 비교적 작은 회사에서 근무하고 있다면 은퇴 플랜 내의 펀드 비용과 기타 비용이 높을 가능성이 높다. 작은 회사들은 큰 회사들같이 은퇴 플랜을 관리하는 투자회사와 낮은 비용으로 협상을 할 여지가 좁기 때문이다. 대개는 자신들이 내는 비용이 어느 정도인지를 비교할 수도 없고, 따라서 평균보다 높은 비용을 내는지 모르는 경우가 많다. 하지만 회사의 규모가 크다고 다 비용을 적게 내는 것도 아니다. 그 이유는 투자와 은퇴 플랜 관련 일을 전문으로 하지 않는 사람들은 자신들의 은퇴 플랜에 드는 비용이 얼마인지 아는 것이 힘들기 때문이다. [CHAPTER 7 투자]에서 이 부분을 더 설명하겠지만, 분산 투자가 잘 된 당신의 은퇴계좌 자산에 평균 주식시장 이익률보다 현저히 낮은 수익이 발생했다면 고비용을 의심해 볼 수 있다. 참고로, 최근 2017년과 2018년에는 주식시장의 변동 폭을 보여주는 지수 중 하나인 S&P 500 Index는 각 +12%, -7%의 변동이 있었고, 2019년 1분기 (1월~3월) 중에는 약 +13%가 올랐다. 물론, 당신이 투자한 펀드와 계좌

관리비용 등 여러 가지 변수가 있어서 시장지수와 직접적인 비교를 하기는 힘들지만, 만약 당신의 수익률이 같은 기간 동안 마켓의 평균 수익률보다 현저히 낮았다면 이유를 심각하게 찾아볼 필요가 있다.

¤ 은퇴 플랜의 고비용이 의심될 때

만약 당신 회사의 은퇴 플랜에 고비용이 의심된다면 담당 직원에게 이유를 물어보고 대책을 마련해야 한다. 이는 당신만의 문제가 아니라 회사의 플랜 담당자는 물론, 그 플랜에 참여하는 사장과 모든 직원의 문제로, 그냥 대충 넘어갈 일이 아니다. 당신의 저축액과 현재 나이 등 여러 가지 상황에 따라 비용이 자산형성에 끼치는 영향은 다르지만, 기본적으로 은퇴 기간이 많이 남은 사람일수록 고비용으로 인한 피해는 커진다. 객관적으로 판단할 수 있는 제 3 의 재무설계사를 고용하여 비용을 분석해 보는 것도 좋은 방법이다.

¤ 회사 은퇴 플랜 비용을 낮출 수 없을 때

만약 당신이 할 수 있는 게 없다고 판단되면 회사의 매치를 최대한 받을 수 있는 금액만 회사 플랜에 저축하고 나머지는 IRA 등 다른 방법으로 투자하는 것도 고려해 볼 수 있다. 그러나 현실적으로 회사의 은퇴 플랜을 통하지 않으면 세금공제를 받으며 은퇴 준비를 충분히 하기가 쉽지 않으므로, 이때는 재무설계사와 상담하고 최선의 방법을 찾도록 한다. 만약 회사에서 매치를 해주지 않고, 은퇴 플랜의 비용은 비싸며, 어차피 당신이 저축할 수 있는 금액도 많지 않다면 IRA 가 훨씬 유리할 수 있다. 회사 플랜이 아니어도 부부라면 IRA 에 각자 $6,000 씩, 그리고 HSA 에 $7,000 을 합치면 $20,000 가까이 세금 공제를 받으며 저축할 수 있다.

◑ 플랜 스폰서가 알아야 할 것들

¤ 플랜 비용을 '적당하게' 유지해야 하는 법적 의무

은퇴 플랜의 스폰서인 회사 (자영업자)에게는 플랜의 비용이 너무 높지 않고, 적당한 비용 (reasonable fees)으로 플랜을 유지해야 하는 법적인 의무 (fiduciary duty)가 있다. 은퇴 플랜 감독기관에서 이 '적당한 비용'이 어느 정도인지 숫자로 제시하지는 않으므로 오히려 더 세심한 주의가 필요하다. 즉, 정기적으로 플랜의 비용을 비교해 보고 줄일 수 있으면 줄여야 한다. 나는 Employee Fiduciary*를 고객들의 401(k) 플랜 관리회사로 주로 사용하는데, 이유는 투자옵션이 방대하고 내가 아는 회사 중에서는 스몰비즈니스를 위한 플랜의 비용이 가장 투명하고 저렴하기 때문이다. 이 회사의 웹사이트 (EmployeeFiduciary.com)를 통해 다른 회사의 펀드 및 플랜 비용을 어느 정도 알아볼 수 있으니 참고하기 바란다 (*Compare Your 401(k) Provider's Fees*). 단, 은퇴 플랜의 비용은 플랜 내의 총자산, 참여 직원 수, 관리회사와 투자 펀드 등 여러 가지에 의해서 부과되고, 또한, 같은 투자회사와 펀드를 사용하는 두 회사의 은퇴 플랜의 자산이나 직원 수가 비슷해도 비용이 다를 수 있으므로 위의 웹사이트는 참고 자료로만 사용하기 바란다. 만약 당신이 직접 비교하는 것이 부담스럽거나 시간이 없다면 제 3 의 재무설계사를 고용하여 비용을 비교해 보도록 하는 것이 좋다.

비즈니스 오너인 당신이 은퇴 플랜의 비용에 신경 써야 하는 또 하나의 이유는, 높은 비용을 방관하면 나중에 직원들로부터 직무유기로 고소 당할 수 있기 때문이다. 비용이 높은 은퇴 플랜의 소송을 전문으로 하는 로펌들도 있다 (CNBC.com- *Lousy 401(k) Plans May Spark More Lawsuits*). *나는 스몰비즈니스 고객들의 401(k) 플랜을 위해 Employee Fiduciary 서비스를 사용하고 있으므로 이 회사의 웹사이트에 재무설계사로 등록이 되어 있다. 하지만, Employee Fiduciary 와 나는 일절의 금전적 관계가 없고, 나는 서비스 비용을 고객으로부터만 받는다.

¤ 차별 금지

은퇴 플랜을 관리하는 정부 기관의 주요 업무 중 하나는 회사의 주인이나 일부 매니저들이 자기들만의 이익을 위해 각종 혜택이 좋은 은퇴 플랜을 유용하는지에 대한 감시이다. 즉, 말단 직원들에게도 플랜에 가입할 공평한 기회와 회사 납부금을 주는지를 중요하게 본다. 따라서 자격이 되는 직원들에게 최소한 1 달 전에 알리고 그들의 권리와 플랜에 대한 설명을 하여야 한다. 만약 그들이 어떤 이유에서든 가입하지 않겠다고 하면 서명을 받고 서류를 보관해 두어야 한다. 가끔 소규모 비즈니스 오너들이 이런 법의 중요성을 모르고 무심코 넘어가는 경우가 있는데, 이는 아주 위험한 일이다. 나중에 직원이 소송을 걸 수 있으니 부주의로, 또는 적은 금액을 아껴 보겠다고 자격이 되는 직원을 가입시키지 않아 큰 낭패를 보는 일이 없도록 해야 한다. 또한, 만약 같은 주인이 여러 개의 회사를 가지고 있다면 그중 하나의 회사에서 은퇴 플랜을 시작하더라도 나머지 회사들의 가입자격이 되는 종업원들도 포함시켜야 한다.

◑ 은퇴 플랜이 없는 자영업자가 알아야 할 것들

¤ 은퇴를 앞둔 수많은 한국인 자영업자들의 현실

미국에서 스몰비즈니스를 하는 건 아주 힘든 일이다. 특히 매출이 많지 않은 영세업자에게는 직원을 쓰는 것이 곧 주인인 자신의 소득이 그만큼 줄어든다는 뜻이므로, 파트타임 직원 한 명 고용하는 것도 쉬운 결정이 아니다. 그래서 주인이 장시간 일할 수밖에 없고, 단 $1 의 지출에도 민감해질 수밖에 없다. 이런 사정을 나도 잘 알기 때문에 많은 한국인 스몰비즈니스 오너들에게 은퇴 플랜은 '남의 일'로만 여겨질 수 있음을 충분히 이해한다. 특히 직원들에게 2~4% 줘야 하는 매치 부분에서 고개를 젓는다. 하지만, 비용이 아까워서 은퇴 플랜을 하지 않는 건, 앞으로 나가는 동전만 움켜쥐려다 뒤에서 지폐가 빠져나가는 걸 모르는 것과 같다. 은퇴 플랜이 아니고서는 주인인 자신도 각종 세금혜택과 자산 보호를 받으며 노후준비를 충분히 하기가 아주 힘들기 때문이다.

미국에서 20 년 이상 산 나는 평생 제대로 쉬지도 못 하고 정말 열심히 살아온 한국인 이민 1 세들을 많이 알고 있다. 그들은 한때 돈도 적지 않게 벌었고, 지금도 곁에서 보면 제법 성공한 이민자 같아

보인다. 대개 집도 좋고, 차도 멋있다. 하지만 슬프게도, 은퇴 준비가 제대로 된 사람은 별로 없다. 은퇴 후 지금의 화려해 보이는 라이프스타일을 계속 유지하려면 적어도 몇 밀리언 달러는 필요한데 이제 60, 70 이 되는 이민 1 세들 중 몇 십만 불 모아 놓은 사람이 드물다. 은퇴 후 '집 관리가 힘들어서' 또는 '자식들 곁으로 가려고' 집을 파는 대부분 사람은 살던 큰 집을 계속 유지할 수 없는 경제적 이유가 더 크다. 일찍이 은퇴 플랜을 하고 재무설계사와 자산관리를 하였다면 얼마든지 노후에 남 부럽지 않게 살 수 있었던 사람들이 노후에 힘들게 사는 걸 보는 것만큼 재무설계사인 나에게 힘든 게 없다. 이미 은퇴의 나이가 된 그들에게 내가 해줄 수 있는 건 아주 한정돼 있기 때문이다. 그래서 상담 후 울기도 많이 하였다.

¤ 미국인 자영업자들은 왜 은퇴 플랜을 하나?

재무설계사로서 나는 자영업자가 엄청난 세금혜택과 자산 보호를 받으며 노후준비를 할 수 있는 현실적인 방법으로 은퇴 플랜만큼 좋은 게 없다고 생각한다. 증권시장이 무조건 위험하다고 생각하여 부동산에 투자하는 이민자들이 많은데 (이 주제는 차후 더 논의), 부동산 투자를 계속하더라도 은퇴 플랜과 병행할 것을 권한다. 경제적으로 안정된 미국인들이 은퇴 플랜을 적극적으로 활용하는 걸 우리는 주목해야 한다. 은퇴 플랜에 제공되는 각종 혜택을 잘 이해하는 미국인 자영업자들이 비즈니스 이익이 나자마자 은퇴 플랜을 먼저 시작하는 이유는 비용 대비, 자신들이 얻을 혜택이 더 크기 때문이다. 직원들에게 복지혜택을 주기 위해서가 아니다 (물론, 은퇴 플랜이 직원들의 은퇴 준비에도 크게 도움이 된다). 현실적으로 직장을 통한 은퇴 플랜이 없으면 개인이 노후준비를 위해 세금혜택을 받으며 모을 수 있는 방법이 아주 한정돼 있기 때문이다. 그래서 은퇴 플랜은 주인과 종업원 모두에게 도움이 되는, 흔하지 않은 윈윈 (win-win)의 효과가 있다.

¤ 어떤 플랜이 유리할까?

직원이 없는 스몰비즈니스라면 주인(들)만 할 수 있는 Solo 401(k)를 고려해 볼 수 있다. 이것은 Individual 401(k), Self-employed 401(k), Owner-only K 등 여러 이름으로 불린다. 납부 한도 등 여러 가지가 회사에서 하는 401(k)와 비슷하지만, 비즈니스 오너만을 위한 것이므로, 소유권(ownership)이 없는 종업원이 하나라도 있는 비즈니스에서는 할 수 없다. 서류가 간단하고 비용도 아주 저렴하여, 개인이 투자회사를 통해 직접 할 수 있다. SEP IRA 도 고려해 볼 수 있지만, 이십 여만불 이상 버는 고소득 자영업자가 아니라면 개인이 급여에서 공제하여 납부하는 금액 외 25%의 회사 매치도 가능한 Solo 401(k)가 최대 납부액을 모으는데 더 유리하다. Vanguard, Fidelity, Charles Schwab 이 많이 사용되는 회사 중 세 곳이니 직접 비교해 보시라. 나중에 직원이 생기면 플랜을 바꾸고 자산을 옮길 수 있다. 고소득자이고 직원이 있어도 가족이나 가족 같은 사람들로, 급여의 25%까지 은퇴 플랜에 넣어 줘도 아깝지 않다면 SEP IRA 를 고려해 본다.

직원(들)이 있다면 SIMPLE IRA 나 401(k) 중 하나를 선택할 수 있는데, 만약 주인인 당신이 $19,000 (50 세 이후이면 $25,000) 이상 저축할 수 있다면 서류가 복잡하고 비용이 더 들더라도 401(k)를 고려해 볼 것을 권한다. 그만큼 저축이 힘들다면 SIMPLE IRA 가 적당하다. 나중에 소득이 높아지면 401(k)를 시작하고 SIMPLE IRA 의 자산을 옮길 수 있다.

¤ 아직도 '비용'이 아까워서 주저 된다면…

만약 아직도 직원들에게 주어야 할 2~4%의 매치가 아까워서 주저하고 있다면 직원의 급여를 올리는 대신 은퇴 플랜을 고려해 보시라. 만약 연 $25,000 을 받는 직원에게 3% 매치를 준다면 회사 측에서는 1 달에 약 $63 의 추가 비용이 든다. 이 $63 을 급여로 받으면 직원은 각종 세금을 내야 하므로, 집에 가져가는 돈은 당연히 그보다 적어진다. 회사도 페이롤택스를 내야 한다. 하지만, 회사에서 직접 직원의 은퇴계좌에 넣어주면 직원은 페이롤 텍스는 물론, 소득세를 내지 않아도 되므로 자기가 급여에서 공제하여 저축하는 것보다 유리하다. 회사(당신)도 페이롤 텍스를 내지 않으므로 급여로 올려 주는 것보다 절세효과가 더 좋다.

그나저나 은퇴 플랜에서 3%를 준다고 할 때, 직원보다는 급여가 훨씬 높을 당신의 은퇴계좌에 들어가는 돈이 더 많으므로, 결국 당신이 은퇴 플랜의 최대 수혜자라는 것을 잊지 마시라. 예를 들어, 당신의 급여가 $100,000 이라면 당신의 은퇴계좌에는 연 $3,000 이 예치된다. 급여가 $25,000 인 직원의 네 배가 되는 은퇴자금을 당신의 계좌에 세금 없이 넣을 수 있다. 401(k)에 추가 조항으로 할 수 있는 이익 배당제 (profit sharing)를 통해 회사에서 (주인 포함) 직원들에게 주는 금액에도 페이롤 텍스가 붙지 않는다. 그러니 연말에 직원들에게 보너스를 주는 마음 좋은 (경제적 여력이 있는)주인이라면 이익 배당제도 고려해 보시라.

¤ 은퇴 플랜 셋업을 위한 세금 크레딧

이론적으로, 영어와 인터넷이 편하고 투자에 관한 기본 지식이 있는 사람이라면 재무설계사의 도움 없이도 인터넷으로 직접 플랜을 시작할 수 있고, 그것이 물론 가장 저렴한 방법이다. 만약 재무설계사의 도움이 필요하다면 일정액을 주고 셋업하는 데만 도움을 받거나, 아니면 당신이 직접하다가 막힐 때 재무설계사에게서 시간당 서비스를 받을 수도 있다. 이때 초기 3 년간 이 비용의 $1,000 에 대해서는 $500 의 크레딧을, 나머지는 세금 공제를 받을 수 있으니 참고하시라. 세금 크레딧 (tax credit)은 공제(deduction)보다 절세 효과가 훨씬 좋은데, 심각한 미국의 은퇴 문제를 위해 정부에서 회사에 주는 또 다른 세금 혜택이다. 크레딧을 받는데 필요한 서류는 Form 8881 Credit for Small Employer Pension Plan Startup Costs 이다.

소셜시큐리티 연금

◐ 국민연금

한국의 국민연금에 해당하는 소셜시큐리티 연금은 근로소득이 있는 모든 국민이 납부하고 은퇴 후 받는 연금제도이다. 관리 기관인 Social Security Administration (SSA)에 의하면 96%의 미국인이 연금에 가입돼 있다고 한다. 대공황을 겪으며 경제적 불안에 떠는 국민들의 노후를 위하여 1930 년 중반에 시작된 미국의 소셜시큐리티 연금은 원래 은퇴 후 생활비의 약 1/3 정도가 지급되도록 설계되었다. 나머지 2/3 은 회사를 통한 은퇴 연금과 개인의 저축으로 충당할 수 있다는 이유였다. 소셜시큐리티 연금은 애초에 일하고 세금을 내는 근로자 (primary workers)에게만 은퇴 연금이 지급되었지만, 점차 생존 배우자, 미성년 자녀, 장애인에게도 연금 혜택이 확장되었고, 1960 년대에는 65 세 이상 노인을 위한 의료보험인 메디케어 (Medicare)로까지 확장되었다.

전통적으로 편안한 은퇴에 필요하다고 하는 회사의 연금, 개인 저축, 그리고 소셜시큐리티 연금을 '3 개의 다리가 있는 의자 (3-legged stool)'라고 표현하였다. 하지만 앞에서 우리는 회사를 통한 은퇴 연금은 점차 사라지고, 국민들의 3/4 은 적은 금액도 저축하지 못 하고 살아가고 있는 문제에 대하여 짚어 보았다. 우리에게 필요한 의자 (은퇴 준비)의 다리 세 개 중 두 개가 부러진 셈이다. 그러면 마지막 '다리'인 소셜시큐리티는 안녕할까? 대답은 슬프게도 '아마'이다. 그 이유를 설명하기 전에 먼저 소셜시큐리티의 기본에 대해 알아보자.

◐ 소셜시큐리티 세금

소셜시큐리티의 세금은 흔히 페이롤 텍스, 또는 FICA (Federal Insurance Contributions Act)라고 불리며 2019 년 현재 총 7.65%이다 (소셜시큐리티 연금 6.2%+메디케어 1.45%). 국민연금이 시작된 초기에는 세금을 낸 당사자들만 은퇴 연금을 받았고 세금도 1%였지만, 연금 혜택이 가족과 장애인으로 확장되고 노인 의료보험인 메디케이드가 추가되면서 세금도 늘었다. 이 세금은 종업원이든 자영업자든 '직업(work)'을 통해 버는 근로소득에만 붙는다. 주식이나 부동산 투자, 돈을 빌려주고 받는 이자, 상속 등을 통해 얻은 소득은 '근로소득'이 아니므로 소셜시큐리티 세금이 없다. 근로소득 없이 이런 기타소득만 있는 사람은 소셜시큐리티 세금을 내지 않으므로 연금과 65 세 노인 의료보험인 메디케어에 필요한 크레딧을 쌓을 수도 없다.

◑ 소셜시큐리티 최고 납세액

¤ 소셜시큐리티 연금

소셜시큐리티 연금의 과세 대상인 근로소득에는 최고액이 책정돼 있는데, 2019 년 현재 $132,900 이다. 이는 최고 세금이 $8,240 ($132,900 의 6.2%)로, $132,900 이상이면 $150,000 을 벌든 $10 밀리언을 벌든 납부하는 소셜시큐리티 세금은 같다는 말이다. 그래서 은퇴 후 받는 소셜시큐리티 연금도 최고액이 한정돼 있다. $132,900 미만을 버는 사람은 소득 총액의 6.2%를 낸다.

¤ 메디케어 세금

65 세 이상 노인을 위한 의료보험인 메디케어 세금은 1.45%인데, 여기에는 과세대상인 금액에 한계가 없을 뿐 아니라 고소득자 (싱글: $200,000, 부부: $250,000 초과)에게는 0.9%의 추가 세금 (Medicare surcharge)이 부과된다. 예를 들어, 만약 당신이 현재 싱글이고 $250,000 의 연봉을 번다면, 다음과 같은 총 $12,315 의 페이롤 텍스가 부과된다:

$132,900 에 대한 소셜시큐리티 세금 6.2% = $8,240

$250,000 에 대한 메디케어 세금 1.45% = $3,625

$50,000 ($250,000~$200,000)에 대한 메디케어 추가세 0.9% = $450

페이롤 텍스는 종업원과 고용인이 각자 내는데, 고소득자에게 부과되는 0.9% 메디케어 추가 세금은 종업원에게만 부과된다. 자영업자들은 자신이 주인이며 동시에 고용인이기 때문에 페이롤 텍스를 두 배 (총 15.3%)로 내지만, 절반은 세금공제를 받는다.

◐ 10 년, 40 크레딧

메디케어와 소셜시큐리티 연금 혜택을 받으려면 최소한 10 년 동안 일하고 40 크레딧을 벌어야 한다. 누구나 1 년에 4 크레딧까지 벌 수 있는데, 연 $5,440 (1 크레딧에 $1,360) 이상을 벌고 세금을 내야 한다 (2019). 만약 1 년에 4 크레딧에 해당하는 소득액($5,440)보다 적게 벌면 10 년보다 더 걸린다. 크레딧 당 최저 소득액은 인플레이션에 따라 바뀐다. 장애 연금을 받을 수 있는 자격은 (장애는 계획하고 되는 것이 아니므로) 더 적은 크레딧이 있어도 받을 수 있는데, 이는 장애를 얻는 나이에 따라 최소 6 크레딧부터 가능하다. 30 세 이후에 장애가 되면 최소한 20 크레딧이 필요하다. 이에 관한 자세한 정보는 <u>소셜시큐리티 웹사이트</u>에서 확인할 수 있다 (*Benfits Planner| Social Security Credits*).

◐ 은퇴 나이

소셜시큐리티를 조기 수령에 대한 페널티 없이 풀(full)로 받을 수 있는 은퇴 나이 (normal retirement age)는 출생연도에 따라 다른데, 1960 년, 또는 그 이후에 태어난 사람은 67 세이다. 소셜시큐리티 시행 초기에는 65 세였지만, 평균수명이 늘면서 은퇴 나이도 같이 늘었다. 1954 년도 이전에 태어난 사람은 66 세이고 그 이후에 태어난 사람은 1 년에 두 달씩 점차 은퇴 나이가 늘어나서 1960 년도부터 67 세가 된다. 장애인이 아닌 사람이 은퇴 연금을 신청할 수 있는 가장 빠른 나이는 62 세이지만, 일찍 탈수록 페널티 때문에 액수가 줄어든다.

❶ 연금 계산

소셜시큐리티 연금액은 은퇴 전 40 년 중, 소득이 가장 높은 35 년 동안의 (페이롤 텍스를 낸) 소득을 기준으로 계산된다. 만약 올해에 67 세로 은퇴하는 당신이 지난 40 년 동안 근무한 (페이롤 텍스를 낸) 기간은 25 년이라면 소셜시큐리티 연금이 계산되는 35 년에서 10 년이 부족하다. 이때 일하지 않은 10 년은 소득이 $0 으로 계산되므로 연금 액수가 줄어든다. 만약 당신이 10 년 이상 일하고 40 크레딧을 벌었다면 소셜시큐리티 웹사이트에서 당신이 받을 수 있는 연금 예상치를 미리 알아볼 수 있다. 물론, 아직 은퇴 전이라면 은퇴까지의 시간 동안 무슨 일이 생겨서 당신이 일하지 못할 수도 있으니 이 금액은 예상치이다. 본인을 확인하는 여러 가지 절차 (소셜시큐리티 번호, 주소, 융자 금액 등)를 걸쳐야 당신의 소셜시큐리티 명세를 볼 수 있다. 웹사이트는 인터넷으로 "Social Security benefit calculator"를 검색하면 쉽게 찾을 수 있다. "Social Security Quick Calculator"에서 복잡한 절차 없이 소득과 생년월일만으로도 단순계산할 수 있지만, 이는 은퇴 전 적어도 35 년간 일하며 비슷한 돈을 번다고 가정하고 주는 예상치라 당신의 실제 수령액과 큰 차이가 있을 수 있다. 만약 계산기를 두드려 직접 계산하는 걸 좋아하는 당신이라면 소셜시큐리티 웹사이트에서 자료를 뽑아 직접 적어가면서 계산해 보시라 (*Retirement Benefits: How It's Figured*). 다음은 소득이 다른 네 사람이 정상 은퇴 나이 (full retirement age 또는 normal retirement age) 에 은퇴하고 받을 연금이 어떻게 차이가 나는지를 보여주는 표이다.

연봉	$30,000	$50,000	$100,000	$200,000
월 연금액	$1,186	$1,618	$2,500	$3,044

위의 자료는 모두 1960 년생이 67 세 은퇴까지 일하다가 연금을 받을 것을 가정한 수치로, 언제 뽑아 보는지에 따라 차이가 조금씩 날 수 있다. 이 자료에 의하면 1960 년생인 사람이 67 세까지 일하며 연 $30,000 정도를 벌고 소셜시큐리티 연금을 부으면 은퇴 후 월 $1,186 정도의 연금을 받게 된다고 한다. 물론, 일하는 총기간이 35 년

미만이라면 연금 액수가 줄어든다. 연봉이 $50,000 인 사람은 월 $1,618 의 연금을, $100,000 이면 $2,500, 그리고 $200,000 이면 은퇴 연금으로 매월 약 $3,044 정도를 받게 된다. 자세히 보면 돈을 많이 번다고 연금이 그만큼 오르는 건 아니다. 예를 들어, 연봉 $30,000 인 사람이 받을 연금은 월 $1,186 으로, 그 3 배 이상을 버는 $100,000 연봉자가 받을 월 $2,500 의 약 절반 가까이 된다. 위의 표에는 없지만, 연봉 $10,000 을 버는 사람은 월 $607 정도의 연금을 받는데, 이는 연봉이 3 배인 $30,000 을 버는 사람이 받는 연금액의 절반이 넘는다. 소셜시큐리티는 저소득층이 은퇴 후 극빈자로 전락하는 걸 방지하기 위한 목적이 큰 소셜프로그램으로, 본인이 낸 소셜시큐리티 세금 대비, 받는 연금 혜택은 저소득층일수록 더 높아지기 때문이다. 또한, 이는 연봉이 많을수록 (페이롤 텍스를 많이 낼수록) 혜택을 받을 수 있는 비율이 상대적으로 낮아진다는 뜻으로, 고소득자들에게 적용되는 페이롤 텍스의 소득액에 한계를 두는 이유이기도 하다 (2019 년 현재 $132,900).

◐ 소셜시큐리티 연금의 수혜자들

소셜시큐리티 연금은 배우자와 미성년자인 자녀들도 받을 수 있다. 예를 들어, 남편이 10 년 이상 일하여 40 크레딧을 벌었지만, 은퇴 전에 사망하여 가정주부인 아내와 미성년자 아이들이 남았다고 가정하자. 이때 소셜시큐리티 연금은 미성년자를 키우는 아내와 18 세 미만인 아이들에게 양육비 (survival benefits)를 지급한다. 혜택 조건이 까다롭긴 하지만, 남편의 친자식이 아니더라도 사망한 남편의 경제적 보조에 기대던 아내의 아이 (stepchildren), 입양 자녀들 (adopted children), 또는 손주들도 연금을 받을 수 있다. 이 경우, 생존 가족이 받는 연금 총액수는 남편이 67 세에 정년퇴직 후 받을 수 있는 연금 액수보다 더 높다. 하지만, 이것은 미성년자의 양육을 위한 것이므로, 아이가 18 세(고등학생이면 19 세)가 되면 연금이 중단된다. 아내는 60 세부터 다시 연금을 받을 수 있지만, 자신의 정년퇴직 나이보다 일찍 신청할수록 연금 액수는 줄어든다. 가정주부로 살던 아내가 남편을 잃고 막내 아이가 18 세가 되면 모든 연금이 중단되므로 그때부터 아내는 은퇴 나이가 될 때까지 경제적 곤란을 겪는 경우가 많다.

이혼한 배우자라도 결혼 생활이 10 년 이상 지속되었고 연금 신청 시 재혼하지 않은 상태라면 전 배우자의 자료를 바탕으로 소셜시큐리티 연금을 받을 수 있다. 일단 연금을 받기 시작하면 재혼하여도 연금을 계속 받을 수 있다.

◑ 물가 상승률에 따른 연금액의 인상

소셜시큐리티 연금의 빼놓을 수 없는 또 다른 좋은 혜택은 물가가 오르면 연금도 같이 오른다는 거다. 시간이 지나면서 집값, 음식값, 교통비 등 생활 물가가 다 오른다. 그래서 연금액이 물가와 같이 상승하지 않으면 시간이 지날수록 그 가치는 떨어질 수밖에 없다. 그러므로 당신이 오늘 소셜시큐리티 연금으로 월 $2,000 을 받고 미래의 연평균 물가 상승률이 2% 정도라면 20 년 후에는 $3,000 가까이 받아야 지금의 $2,000 가치가 유지된다. 이 물가 상승에 따른 연금액 인상 조항은 회사를 통한 은퇴 연금이나 개인 연금보험인 어누이티에는 없을 수 있다. 그래서 보험상품이나 다른 금융상품에 투자할 때 미래가치를 고려하여 신중히 선택하여야 한다. 지금은 충분해 보여도 물가 상승률과 함께 액수가 오르지 않으면 시간이 지날수록 가치가 자꾸 떨어지기 때문이다.

◑ 조기 신청의 대가, 늦은 신청의 보상

현재 은퇴자가 소셜시큐리티 연금을 가장 일찍 신청할 수 있는 나이는 62 세, 1 개월이다. 만약 원래 소셜시큐리티 정년이 67 세인 사람이 62 세에 연금을 신청하면 5 년 정도 일찍 받게 되는 셈이다. 그럴 경우, 받을 수 있는 연금은 30% 정도가 영구적으로 줄어든다. 예를 들어, 67 세에 월 $2,000 을 받을 수 있는 사람이 62 세부터 연금을 신청하면 약 $1,400 정도만 받는다. 조기 신청의 대가이다. 62 세 이후부터 정년인 67 세 중간에 신청한다면 줄어드는 액수가 조기 퇴직 개월 수에 따라 차등 계산된다.

만약 정년퇴직 나이가 되기 전에 일하면서 소셜시큐리티를 신청하면 치러야 하는 대가가 훨씬 더 커지므로 특별히 유의하여야 한다. 직업을 통해 버는 $17,640 이상에 대한 금액의 1/2 에 해당하는 연금을 공제하기 때문이다 (2019). 예를 들어, 67 세가 정년인 당신이 일하면서 63 세에 소셜시큐리티 연금을 받기 시작했다고 하자. 당신이 $30,000 을 벌면 기준치인 $17,640 보다 $12,360 이 많은 금액이다. 그러면 소셜시큐리티 공단에서 이 $12,360 의 1/2, 즉 $6,180 만큼을 제외하고 연금을 지급한다. 만약 당신이 받을 수 있는 연간 소셜시큐리티 연금이 $20,000 이라면 $6,180 이 적은 $13,820 만 받을 수 있는 거다. 정년퇴직 나이가 되는 해에는 기준인 소득한도가 $46,920 으로 오르고, 그 이상에 대한 공제는 1/2 이 아닌 1/3 로 줄어든다 (2019). 다만, 정년퇴직 나이가 지나서 일하면 버는 금액에 상관없이 소셜시큐리티 연금을 다 받을 수 있다. 정년이 되지 않은 사람이 일하는 동안 소셜시큐리티 연금을 신청하기 전에 반드시 계산해 봐야 하는 부분이다.

연금을 일찍 받으면 이렇게 비싼 대가를 치러야 하지만, 67 세가 넘었는데도 기다렸다가 연금을 신청하면 보너스가 주어진다. 정년이 지나서도 70 세까지 연금 신청을 하지 않고 기다릴 수 있는데, 그러면 연금 액수가 1 년에 8%씩 올라간다. 만약 67 세에 월 $2,000 을 받을 수 있는 당신이 68 세까지 기다렸다가 연금을 받으면 $2,160 을, 69 세에 받으면 $2,320 을, 70 세까지 3 년을 기다리면 $2,480 을 받을 수 있는 거다.

연금을 언제 받아도 상관이 없다면, 연금 혜택을 극대화하기 위하여 여러 가지 개인 상황을 고려하여 받는 시기를 결정하여야 한다. 예를 들어, 부모와 혈연가족들이 장수하는 집안이고 본인의 건강도 좋다면 70 세까지 기다려서 연금 액수를 최대한 높이는 것이 유리하다. 그러나 가족병력이 있고 본인도 건강이 좋지 않아서 장수가 기대되지 않는다면 대개 일찍 연금을 받는 것이 유리하다. 나이 차이가 많이 나는 부부 중 젊은 사람이 소셜시큐리 크레딧을 쌓지 않았다면 그를 위해서라도 나이 많은 배우자가 최대한 늦게 신청하는 것이 권장된다. 언제 연금을 타는 것이 좋은지에 대한 도움이 필요하면 소셜시큐리티 웹사이트 SSA.gov 을 참조하거나 (*Retirement Planner: When to Start Your Benefits*), 가까운 소셜시큐리티 오피스를 방문하거나, 아니면 소셜시큐리티 연금 플랜 경험이 많은 재무설계사와 상담하는 것이 좋다.

◑ 소셜시큐리티 연금의 문제

¤ 줄어드는 연금과 2035 년 적립금의 고갈

자, 이제 소셜시큐리티 연금은 안녕한지에 대한 질문으로 돌아가자. 대부분 미국인이 은퇴 후 절대적으로 의지하는 소셜시큐리티는 범국민 연금이다. 개인이 내는 페이롤 텍스는 은퇴계좌같이 개인계좌가 있는 것이 아니라, 모든 사람의 세금이 한 계좌에서 운용된다 (각자의 계좌에 개인이 납부하는 금액이 고스란히 쌓이는 401(k)나 IRA 와 다른 연금의 특징이다). 이 국민연금은 해마다 걷히는 소셜시큐리티 텍스로 이미 은퇴한 사람들의 연금을 지급하는 구조이며, 걷힌 세금이 나간 연금보다 많으면(흑자) 미래를 위해 적립된다. 연금으로 나가는 돈이 걷히는 소셜시큐리티 세금보다 많으면(적자) 적립된 돈으로 충당된다. 그런데 앞에서 여러 차례 언급되었듯, 사람들의 수명은 시간이 갈수록 늘어나고, 그만큼 연금 지출액도 많아지고 있다. 소셜시큐리티 공단 (Social Security Administration)은 해마다 이에 관련된 자료를 발표하는데, 2018 년 말 현재까지는 수입이 지출보다 많다. 하지만, 이 상황이 곧 역전되어 적자로 돌아서고, 2035 년부터 적립금이 고갈된다고 연금공단은 보고한다 (*Status of the Social Security and Medicare Programs - A SUMMARY OF THE 2019 ANNUAL REPORTS*). 그 이전에 정부에서 어떤 조치를 취하지 않는 한 현재 지급되는 연금액은 3/4 수준으로 줄어들 수밖에 없다고 한다. 연금이 안녕하기만 할 수 없는 이유이다.

¤ 연금의 25% 감소

이것은 무슨 뜻인가? 만약 $2,000 의 소셜시큐리티 연금을 현재 받고 있거나 미래에 받을 것을 기대하는 사람이라면 2035 년 이후에는 $1,500 정도로 줄어든다는 말이다. 은퇴 준비에 필요한 3 개의 다리 (회사 연금+개인 저축+소셜시큐리티 연금) 중 유일하게 아직은 멀쩡한 소셜시큐리티 연금조차 줄어들면, 연금에 절대적으로 의지하고 사는 대부분 노인에게 엄청난 경제적 충격을 줄 것은 불 보듯 뻔한 일이다.

¤ 해결 방법?

이걸 '고치는 방법'은 간단하면서 복잡하다. 간단한 이유는 소셜시큐리티 세금을 올려서 (또는 과세대상인 최대 근로소득액을 인상하여) 수입을 늘리거나, 연금의 혜택을 줄여서 지출을 줄이는 아주 단순한 '산수'로 해결이 되기 때문이다. 복잡한 이유는, 과연 국민들이 단 한 푼의 세금이라도 올리는 걸 동의할지가 의문이고, 혜택을 줄이면 엄청난 숫자의 국민들이 극빈자층으로 전락할 것이 뻔하기 때문이다. 그렇지 않아도 빈부의 차이가 점점 벌어지는 차에, 사회불안의 큰 요인이 될 것은 쉽게 상상할 수 있다. 일부 정치인들은 물가 상승률에 따른 연금의 자동인상 (Chained CPI) 조항을 없애자고도 하는데, 이는 연금의 가치가 줄어 결국 혜택을 줄이는 것과 같은 결과를 가져온다. 은퇴 나이를 현행 67 세보다 더 올리자고 하는 이들도 있는데, 과연 90%의 국민들이 높은 페널티에도 불구하고 정년퇴직 나이가 되기 전에 소셜시큐리티 연금을 신청하는 현실에서 얼마나 효과적일지 의문이다. 육체노동을 하는 많은 은퇴자에게 67 세까지 기다리는 것 자체가 이미 불가능한 일이기 때문이다. 또 어떤 이들은 국민연금인 소셜시큐리티를 민영화 (privatization) 하자고 하는데, 이는 '주주들의 이익을 극대화 (maximize shareholders' profits)' 하는 것을 제 1 의 비즈니스 목표로 하는 투자회사들이 수익률을 높이기 위해 위험한 금융상품에 투자하여 국민연금 자체를 위험에 빠뜨릴 수 있다. 또한, 1%도 되지 않는 지금의 소셜시큐리티 연금 공단의 낮은 업무비용 (직원급여+기타 업무비용)을 과연 어떤 회사가 유지할 수 있을지도 크게 의문이다 (SSA.gov - *Social Security Administrative Expenses*). 누가 운용하든 직원급여가 많고 업무비용이 높으면 은퇴자들이 받는 연금 혜택은 줄어들 수밖에 없다.

¤ 살아남기

세계에서 가장 부자라는 나라의 참 우울한 현실이 아닌가? 이 심각한 미국의 은퇴 문제는 수십 년 동안 여러 가지의 이유가 복잡하게 얽히고설켜 빚은 결과이다. 정책, 정치인, 자본주의의 탐욕, 그리고 '성공하지 못한' 개인의 '무능함' 등 여러 가지 탓할 대상은 많지만, 결국 은퇴 문제는 고스란히 개인이 짊어져야 하는 짐이다. 지금 아무리 힘들어도 노후준비를 해야 하는 이유이다. 집값만 갚으면, 아이들이 대학만 마치면 저축하겠노라 하고 지금은 은퇴계좌조차 없거나, 있어도 거의 모으지 못 하고 사는가? 슬프게도 인생은 당신의 계획대로 착착 진행되는 경우가 드물다. 집값을 다 갚기 전에, 아이들이 대학을 졸업하기 전에 가장이 직장을 잃을 수도 있고, 자영업자면 비즈니스가 더 나빠질 수 있고, 또는 가족 중 누가 아파서 지금보다 더 많은 돈이 필요할 수도 있다. 생각 없이 산다고 노후문제가 없어지지도 않는다. 그래서 우리는 오늘 아무리 힘들어도 저축해야 한다.

투표도 해야 한다. 나는 재무설계사로 일하며 아주 '정치적'이 되었다. 너무도 심각한 노후문제를 알아갈수록 정치와 정치인들이 개인의 삶에 얼마나 크게 영향을 미치는지를 절실히 느끼기 때문이다. 슬프게도 이런 정책들에 가장 큰 영향을 받는 대부분 (부자가 아닌) 국민은 정치에 관심이 없거나, 자기들의 삶과 직접적인 연관이 없는 정책들에만 신경을 쓰는 경향이 있다. 심지어는 자신과 가족에게 큰 도움이 되는 소셜시큐리티 연금과 의료보험 정책들을 반대하기도 한다. 그래서 자신에게 이익이 되는 정책들을 이해하지 못 하고 반대하거나 투표를 하지 않는 국민은 정치인들로부터 무시당하고 이용당한다. 불행히도 한국 이민자들은 수십 년 전에 떠난 고국의 정치에는 지금도 지극한 관심을 갖고 주시하지만 정작 자신의 삶에 직접적인 영향을 끼치는 미국의 정치에는 관심이 없고 투표도 하지

144

않는 경우가 많다. 정치인들에게 '우리를 무시하라'고 말하는 것과 뭐가 다를까? 어떤 정책, 어떤 정치인을 지지하든 그것은 당신 자유이지만, 적어도 현실적으로 당신의 가정경제에 도움이 되는 정책과 정치인들을 지지하시라.

은퇴 준비, 어떻게 시작하나?

◐ 필요한 노후자금

은퇴 준비의 시작은 나에게 필요한 노후자금이 얼마인지를 아는 것이다. 이는 물론 개인이 원하는 은퇴 후 생활에 달려있다. 많은 은퇴자가 은퇴 전의 라이프스타일을 유지하고자 한다고 가정할 때, 은퇴 전 소득의 80%는 있어야 가능하다고 한다. 하지만, 나를 포함, 많은 재무설계사는 은퇴 전 소득의 100%가 필요하다고 가정하고 노후준비를 할 것을 권한다. 은퇴 전에 모든 융자금을 갚는다고 하여도, 세금, 보험, 유지비 등은 계속 필요하고, 나이가 들면 젊었을 땐 필요하지 않았던 의료비용이 발생하기 때문이다. 미국에도 전 국민 의료보험이 생기고 환자(가족)들이 의료비 걱정을 하지 않아도 된다면 얘기가 달라지겠지만, 작금의 정치 환경을 볼 때 저렴한 전 국민 의료보험은 요원해 보이기만 하니 스스로 준비할 수밖에 없다.

그럼 정확히 얼마나 필요할까? 정년 (67 세 기준)에 은퇴하고 그 후 93 세 정도까지 산다고 가정할 때, 은퇴까지 모아야 하는 총 노후자금은 은퇴 전 소득의 최소 10 배 정도라고 Fidelity.com 은 보고한다 (*How Much Do I Need to Retire?*). 여러 가지 추정치와 자료에 따라 8-12 배가 필요하다고도 한다. 정년보다 일찍 은퇴를 계획하거나 100 세까지 산다고 가정하면 더 많은 금액을 모아야 함은 당연하다. 어쨌든 이것은 현재의 가치이고 당신의 은퇴가 오래 남았을수록, 그리고 그때까지의 물가 상승률이 높을수록 금액이 많아진다. 예를 들어, 만약 현재 연 $50,000 이 필요한 당신이 오늘 정년퇴직한다면 $600,000 이 필요하지만, 만약 20 년 후에 은퇴할 계획이고 그때까지 연 물가 상승률이 평균 2%라면 당신이 은퇴할 20년 후에는 $900,000 가까이 있어야 지금의 생활 수준을 유지할 수 있다.

◑ 얼마씩 모아야 하나?

필요한 은퇴자금이 얼마인지 알았으면 이제 해마다 얼마의 금액을 모아야 하는지를 알아야 하는데, 이게 단순하지가 않다. 지금은 아무도 알 수 없는 미래의 물가 상승률과 투자수익률, 그리고 당신의 현재 나이와 은퇴 나이, 지금까지 모아 놓은 돈, 은퇴 후 기대수명 등 여러 가지에 따라 크게 변하기 때문이다. 당신이 지금까지 모아 놓은 돈이 많을수록, 그리고 당신의 기대 투자수익률이 높을수록 저축해야 하는 돈은 적어지고, 은퇴 나이에 가까울수록, 당신의 기대 투자수익률이 낮을수록, 또는 인플레이션률이 높을수록 당신이 모아야 하는 돈은 많아진다.

¤ 기대수익률

미래의 기대수익률은 너무 높게 잡지 않는 것이 중요한데, 그 이유를 잠시 설명하고 넘어가자. 대공황 이후 미국의 평균 주식시장은 연 10% 정도씩 올랐지만, 그것은 미국의 경제성장률이 높던 과거에 있었던 얘기로, 그와 같은 성장률을 기대하기는 이제 힘들다. 경제가 더 빨리 성장하지 못 하는 이유는 여러 가지가 있지만, 그중 하나는 미국 국가 경제(GDP)의 70% 정도를 차지하는 개인소비 증가율이 경제가 좋던 지난 수십 년 같지 않기 때문이다 (Federal Reserve Bank of St. Louis-*Don't Expect Consumer Spending To Be the Engine of Economic Growth It Once Was*). 왜 그럴까? 국민의 평균 실질 임금이 몇십 년간 물가 상승률만큼 오르지 않은 동시에, 비즈니스의 이익이 주주들이나 일부 매니저들에게 쏠리고 있는 현상 때문이다. 경제가 튼튼하게 성장하려면 중산층이 많아야 하는데, 이렇듯 부익부 빈익빈 현상이 심화하며 미국의 중산층이 점점 더 사라지고 있다. 아무리 실업률이 낮고 주식시장이 올라도 주식에 투자할 돈이 없는 '보통 사람들'은 경제회복의 혜택을 피부로 느끼지 못한다. 이것은 한국 이민자들이 많이 하는 스몰비즈니스들이 계속 힘들 수밖에 없는 이유이기도 하다. 경제지표가 아무리 좋아져도, 돈이 주식시장과 일부 부자들에게만 가면 지역의 '보통 사람들'의 소비에 의지하는 스몰비즈니스들은 나아질 수 없다.

이 문제를 어떻게 해결할지에 대한 논의는 (아주 중요하지만 이 섹션의 주제와 별도이므로) 차치하고, 지금 우리가 해야 하는 노후준비에 필요한 미래의 기대수익률은 그래서 과거보다 낮게 잡아야 한다는 것이 요점이다. 얼마나 낮게 잡아야 할지에 대한 것도 또 다른 토론의 주제가 될 수 있지만, 나는 고객의 투자위험 감수율 (investment risk tolerance level)과 여러 조건에 따라 보통 5~7%를 사용한다. 많은 회사가 막대한 영업 이익금을 고용과 신규사업에 대한 투자 대신 자사주 매입에 쏟는 추세와, 2018년부터 시행되는 회사의 법인세와 부자들의 감세 조처가 맞물려 주식시장의 성장세가 당분간 지속할 수 있겠지만, 경제의 중추인 국민들의 재무기반이 너무 약해서 얼마나 갈지는 의문이다.

경제가 빠르게 성장하던 과거와 최근 몇 년간 보인 주식시장의 활황을 기초로 높은 미래의 투자수익률을 은퇴 계산기에 넣으면 당신이 지금 모아야 하는 돈이 많이 줄어든다. 예를 들어, 15년 동안 $300,000을 모아야 하는 당신이 해마다 10%의 투자 수익을 얻는다고 가정하면 1년에 약 $8,600 정도만 모으면 되지만, 5%의 투자 수익을 가정하면 해마다 $13,000 이상을 모아야 한다. 기대수익률을 높게 잡으면 지금은 조금씩 모아도 노후준비가 될 것 같으니까 마음은 편하겠지만, 그만큼 노후준비가 안 될 확률은 높다. 나는 나의 고객들이 미래 투자수익률을 너무 높게 잡았다가 노후에 곤란한 상황에 빠지는 것보다, 실제 수익률보다 '실수'로 낮게 잡아서 노후준비를 더 많이 하기를 바란다.

¤ 물가 상승률

물가 상승률은 투자수익률에 직접적인 영향을 미친다. 즉, 물가가 3% 오른 해에 당신의 투자수익률이 5%였다면 실제 수익률은 2%이다.

147

만약 그나마 투자하지 않고 은행에 현찰로 두었다면 3%의 가치를 잃는 것과 마찬가지다. 역사적으로 미국의 물가 상승률은 연 3%를 넘었지만 경제성장률이 둔화하면 대개 물가 상승률도 같이 낮아지므로, 낮은 경제성장률이 기대되는 미래의 물가 상승률도 이보다는 낮아질 거라 예상된다. 물론, 어느 정도나 낮아질지는 아무도 모르지만, 나는 평균 2% 정도를 잡고 노후 플랜을 한다.

¤ 다른 고려 사항

만약 배우자가 당신보다 많이 젊다면 배우자의 사망 시까지 더 많은 은퇴자금이 필요하므로 염두에 두어야 한다. 의학의 발달로 평균 수명이 꾸준히 늘어나고 있는 현실도 고려해야 한다. 부모님을 지병으로 일찍 여의었으니 자기도 조기 사망할 거라 여기고 노후준비를 하지 않았다가 오래 살면 어찌할 건가? 그래서 나는 고객들에게 평균 수명보다 장수할 것을 예상하고 노후준비를 하라고 권한다.

부모가 부자라고 자신의 노후준비를 게을리하는 것도 위험하다. 비즈니스의 성공으로, 또는 물려받은 자산이 많아서 평생 부족함 없이 살던 부모가 노후에 불황이나 예상치 못했던 일로 부도를 맞고 자산을 잃는 경우는 흔하다. 그러므로 아무리 부모가 부자여도 당신 이름으로 상속/증여되기 전까지는 당신의 자산이 아니라 여기고 노후준비를 충분히 하는 것이 현명하다.

¤ 계산하기

자, 이제 당신이 모아야 하는 금액을 알아보시라. Vanguard.com, FINRA.org, NerdWallet.com, 또는 당신이 원하는 다른 웹사이트의 은퇴 계산기 (Retirement Calculator)를 참고하여 여러 가지 시나리오로 입력해 보도록 한다.

당신이 은퇴 준비를 제대로 하기 위해 모아야 하는 금액이 얼마인지 몰라도 아주 당황스러운 숫자일 것이다. 그러나 은퇴 준비에 필요한 저축액이 많아 보인다고 절망하고 포기하지 마시라. 사람들의 가정경제를 자세히 들여다보면 줄일 수 있는 금액이 적지 않다. 예를 들어, 텔레비전 수신료, 핸드폰 사용료, 각종 보험료, 집과 자동차 융자, 심지어는 부동산 세금 등 많은 사람이 '고정 비용'이라고 여기는 것들도 알아보면 줄이는 방법이 있을 수 있다. 직장인의 점심값이나 별생각 없이 쓰는 외식비와 커피값 등도 크다. 텔레비전 쇼를 통해 사람들의 재무상담을 해주며 유명해진 Suze Orman 은 젊은 사람이 스타벅스같은 커피 전문점에서 쓰는 커피값만 줄여도 평생 $1 밀리언을 모을 수 있다고 하는데, 우리가 생각 없이 쓰는 이런저런 돈을 줄이는 것이 얼마나 중요한지를 말해준다. 그러니 당신의 가정경제에서 나가는 비용을 돌아보고 줄일 방법을 최대한 알아보시라. 나가는 돈을 줄이는 것만큼 중요한 건, 이 줄인 비용만큼 저축액을 늘리는 거다. 아무리 많은 돈을 절약해도 모으지 않고 다른 곳에 써 버리면 경제적 안정에 전혀 도움이 되지 않는다.

❶ 직장 베네핏 이해하기

직장을 잡을 때 너무 많은 사람이 급여에만 관심을 두는 경향이 있다. 하지만 은퇴 플랜이 있는지, 있다면 회사에서 얼마의 매치를 주는지, 직장 건강보험이 되는지, 된다면 회사 측 보조가 어느 정도인지 등은 당신의 노후준비에 직접적인 영향을 미치니 잘 살펴보아야 한다. 사람들이 선호하는 많은 회사는 생각보다 급여가 특별히 높지 않다. 예를 들어, 구글 (Google)에서 일하는 프로그래머들의 경우, 살인적인 물가로 유명한 실리콘밸리에 있지만, 생활비가 훨씬 저렴한 미국의 다른 중소도시에서 일하는 다른 프로그래머들과 비슷한 급여를 받는다. 하지만 구글 직원들은 회사에서 무료로 음식을 먹을 수 있고, 회사 내의 의사를 볼 수 있으며, 직원들은 401(k)에 맥시멈까지 매치로 받을 수 있다고 한다. 개인에 따라 이런 복지혜택이 몇만 불이나 되는 별도의 가치가 될 수 있다. 그러니 당신이 새로운 직장을 구할 때 급여와 함께 이런 복지혜택의 가치를 꼼꼼히 따져보고 결정하시라. 자료에 의하면 직원의 복지혜택은 총급여 가치의 평균 30% 정도나 된다고 한다. 이것은 당신이 활용할 수 있는 복지혜택이 $30,000 정도이고 급여가 $70,000 인 직장이 복지혜택 없이 $90,000 의 급여를 주는 곳보다 더 유리하다는 뜻이다. 물론 어떤 혜택이 나에게 얼마나 유리한 지는 따져봐야 하지만, 나는 일반적으로 급여가 높고 은퇴 플랜이 없는 곳보다 낮은 급여지만 좋은 플랜이 있는 곳을 선호한다. 회사를 통한 은퇴 플랜이 없는 직장인들은 각종 세금혜택을 받으며 노후준비를 제대로 하는 것이 거의 불가능하기 때문이다. 만약 당신이 직접 비교하는 것이 힘들면 재무설계사와 상담해서라도 반드시 이해하도록 한다.

◑ 퇴직/이직 시 401(K)를 어떻게 하나?

퇴직이나 이직을 할 때 첫 번째로 알아보아야 하는 것은 회사에서 준 매치가 베스팅 (vesting)이 됐는지이다. 만약 베스팅이 안 돼 있다면 그동안 회사에서 당신의 은퇴계좌에 넣어 준 금액의 일부, 또는 전부를 잃을 수 있다. Safe Harbor 401(k)는 회사의 매치가 베스팅기간 없이 바로 직원의 자산이 되지만, 만약 Safe Harbor 401(k) 내에 별도의 매치나 이익 배당제 (profit sharing)가 있다면 여기에는 베스팅 조항이 있을 수 있으니 확인해야 한다.

Traditional 401(k)는 회사에서 준 모든 금액에 베스팅 조항이 있다고 보고, 재직 기간이 6 년 미만이라면 잘 알아보아야 한다. 만약 베스팅 기간이 다 되지 않았고 묶인 액수가 많다면, 다 될 때까지 기다리는 것도 고려해보는 것이 좋다.

일단 회사에서 넣어준 금액 모두를 가지고 갈 수 있다고 가정하고, 이때 당신이 할 수 있는 건 크게 3 가지이다. 첫째는 현재 직장의 401(k)가 마음에 든다면 그냥 둘 수 있다. 하지만 조항에 따라 당신 계좌의 자산이 $5,000 미만이라면 퇴직 후 자동으로 수표가 당신 주소로 보내질 수도 있다. 이때 이 돈을 사용하면 조기 출금으로 처리되어 세금과 페널티를 내야 하니, 서둘러 새 직장의 401(k)나 IRA 로 (60 일 이내에) 넣어야 한다. 둘째는 당신의 새 직장에 401(k)가

150

있다면 거기로 가져가는 것인데, 이때도 현 직장과 새 직장의 401(k)를 비교하고 유리한 쪽으로 결정해야 한다. 셋째는 Traditional IRA 계좌로 옮기는 거다. 많은 사람이 보통 이 세 번째 방법을 택하는데, 개인이 할 수 있는 IRA 가 대부분 401(k) 계좌보다 투자 선택이 더 광범위하고 비용이 저렴하기 때문이다. 하지만 단점으로는 백도어 Roth IRA 를 하고자 할 때는 Traditional IRA 계좌 내의 자산이 걸림돌이 될 수 있다는 거다.

IRA 계좌 내의 자산 보호장치가 당신이 거주하는 주에 따라 다르다는 것도 유념해야 한다. 보통 401(k)에서 옮겨진 IRA 계좌 내의 자산은 필요하면 구분되어 보호 장치도 유지되지만, 당신이 거주하는 주에 따라 한정돼 있을 수도 있다. 그러니 만약 당신이 자영업을 하기 위해 퇴사한다면, 그리고 Backdoor Roth IRA 와 같은 다른 은퇴 플랜 방법을 사용할 계획이라면 비용이 조금 더 들어도 401(k)에 그냥 두는 것이 유리할 수 있다. 당신이 어떤 상황에 있는지, 그리고 새로운 직장의 401(k)가 어떤지 등에 따라 당신에게 유리한 것이 달라지므로 이직 시에는 재무설계사와 상담하는 것이 좋다. 그러나 고객이 Traditional IRA 로 옮겼을 때 그 자산에 대한 커미션이나 수수료를 받을 위치에 있는 재무설계사보다는, 어떤 결정을 하든 상관없는 입장에 있는 재무설계사와 상담하는 것이 좋다. 이때 재무설계사에게 직접 상담료를 지급해야 하지만, 장기적으로는 많은 비용을 절약하고 자산증식을 더 효과적으로 할 수 있다.

◑ 재무설계사가 필요한가?

우리는 모두 어려서부터 '돈'에 대해 배웠고 나름대로 '관리'를 해 왔기 때문에 굳이 다른 사람의 도움이 필요하지 않다고 생각하기 쉽다. 나는 가난한 농부의 자식으로 태어나 자라서 돈이 귀한 줄 일찍 배웠고, 고등학교를 졸업 후 몇 년간 주경야독하다가 돈을 모아 미국에 유학 왔다 (미국에서 공부하는 동안 당신의 집에 있도록 허락해 준 이모가 계셨기에 가능한 일이었다). 아무튼, 나는 스스로 절약의 달인이라

여겼고, 한국에 있는 동안 증권회사에서 몇 년 일을 했다는 경험으로 (투자상담사가 아니었음에도) 투자도 잘 할 수 있고 공부를 마치고 돈만 벌면 잘살 거라 확신 (착각)했다. 지금 생각하면 참으로 순진한 (무식한) 생각이었다. 일찍이 습관이 된 절약 정신은 나같이 물려받을 유산이 없는 사람에겐 당연히 소중한 자산이다. 하지만 내가 몰랐던 건, 세금과 투자 관련 법을 아는 것이 자산형성에 얼마나 중요한 역할을 하는지 였다.

미국에서 돈을 벌고 낭비하지 않는 것은 재정 안정에 필요한 절반의 조건으로, 세금과 기타 법 조항들을 잘 활용하지 않으면 경제적 안정을 이루기가 쉽지 않다. 같은 돈을 모아도 어떤 계좌에 저축하면 몇십 년 간 세금공제를 받고 투자 이익에 대한 세금도 유예받을 수 있지만, 어떤 계좌에 하면 아무런 혜택도 받을 수 없다. 어떤 계좌에 있는 자산은 파산 신청을 하더라도 채권자들로부터 보호되지만, 같은 금액의 돈이 다른 계좌에 있으면 아무런 보호를 받지 못한다. 이런 각종 혜택을 제대로 활용하여야 재산을 빠르게 증식시키고 채권자들로부터 안전하게 보호할 수 있음은 두말할 필요 없다. 만약 내가 지금 아는 것들을 결혼하던 20 여년 전에 알았다면, 나와 남편은 같은 소득으로도 지금보다 훨씬 더 경제적으로 안정되었을 것이다. 그러므로 당신이 미국의 세법과 은퇴 플랜, 투자 등에 관한 공부를 별도로 하지 않았다면, 재무설계사의 도움이 꼭 필요하다고 나는 생각한다.

그러나 현실은, 소위 '재무설계사'라는 사람 중 너무도 많은 이가 진정한 재무설계에 필요한 지식은 없이 금융상품 판매를 집중적으로 교육 받은 영업사원들이다. 그런데도 보통 사람들 입장에서는 누가 금융상품을 파는 데만 관심이 있는 영업사원인지, 누가 필요한 교육을 받았고 고객의 이익을 최우선으로 해야 하는 법적인 의무가 있는 재무설계사인지를 구분하는 건 쉬운 일이 아니다. 이에 대한 설명도 단순하지가 않아서 별도의 챕터를 배정하였으니 [CHAPTER 8 재무설계사]를 참고하시라.

기타 고려할 점

◑ 냉혹한 현실

정기적인 소득이 있는 사람들이 충분히 저축하지 못 하고 매월 근근이 살아가는 걸 보는 것은 나에게 정말 슬픈 일이다. 언제 깨질지 모르는 살얼음판을 걸어가는 것 같아 보이기 때문이다. 자그마치 3/4 이나 되는 국민들이 이렇게 심각한 경제적 문제를 안고 하루하루 살아가고 있는 걸 정치인들이 아는지 나는 의문이다. 수많은 국민들이 혈압과 고지혈증과 같은 지병에 필요한 약을 살 돈이 없어서, 찜통더위에도 에어컨을 고치지 못해서, 추운 겨울에 난방비를 아끼려고 따뜻하게 살지 못 하는 슬픔을 그들은 알까? 비싼 돈을 내는 의료보험이 있음에도 불구하고 본인 부담률이 걱정돼서 아픈 아이를 병원에 선뜻 데려가지 못 하는 부모의 고통을 그들은 정말 이해할까? 자신들이 쥐락펴락하는 의료보험 정책에 수많은 아이들, 젊은이들, 노인들의 목숨이 달려 있다는 걸 정치인들은 알까? 이런 '보통 사람들'의 고통을 잘 이해하는 정치인들이 물론 있긴 하다. 하지만 부자들을 위한 정책 만들기에 혈안이 돼 있는 정치꾼들이 훨씬 더 많아 보인다.

소위 지도자라는 정치인들이 이런 범국가적인 문제를 정말 모르는 건지, 아니면 알고도 외면하는지는 알 수 없지만, 시간이 갈수록 찌그러지는 국민들의 주머니 사정은 오롯이 개인의 문제이다. 이 냉혹한 현실에서 당장 우리가 자신을 위하여 할 수 있는 것은 오늘 아무리 힘들어도 자산을 모으는 거다. 이보다 더 힘들 수 없을 거 같다고 여겨져도 미래는 오늘보다 훨씬 더 힘들어질 수 있다는 걸 알아야 한다. 거대한 토네이도가 당신에게 불어 닥치고 있는데 '지금은 너무 힘들어서' 또는 '다음에...' 하고 가만히 있으면 목숨을 잃는다. 토네이도가 오는지도 모르고 있거나, 날씨가 틀릴 거라고 아예 무시하거나, 또는 토네이도가 뻔히 보이는데도 대피를 하지 않으면 우리가 치러야 하는 참담한 결과는 같다. 폭설로 며칠간 밖에 나갈 수

153

없다고 하면 우리는 수단과 방법을 가리지 않고 그에 대한 대책을 세운다. 여행을 가도 언제, 어떻게, 어디에 가서 무엇을 하고 어느 정도의 돈을 쓰고 언제 돌아올지를 계획한다. 그런데 누구에게나 반드시 찾아오는 노후에 대한 준비는 왜 하지 않는가? 미국에서 폭설로 주민들이 고립되면 구조대가 온다. 여행은 망쳐도 다음을 기약할 수 있다. 하지만, 노후에 돈이 없으면 누가 구조해 주지도 않고, 다음을 기약할 수도 없으며, 직업이 없으므로 돈을 빌릴 수도 없다.

◐ 우리는 생각만큼 합리적이지 않다.

비슷한 돈을 벌고 비슷한 환경에 사는데 어떤 이들은 시간이 지날수록 경제적으로 안정되고, 어떤 이들은 나이가 들수록 힘들어진다. 왜 그럴까? 우리는 모두 자신을 아주 합리적인 사람이라고 생각한다. 돈 관리를 잘 하고 우리에게 필요한 것이 무엇인지를 잘 알고 모든 걸 현명하게 준비하는 사람이라고 믿는다. 하지만, 행동경제학 (behavioral economics/finance)은 사람들은 스스로 생각하듯 합리적이거나 현명하게 살지 않는다고 설명한다. 이것은 우리가 그동안 옳다고 믿고 살았던, 또는 별생각 없이 가져왔던 사고와 행동방식을 바꾸지 않으면 이 심각한 노후문제를 해결할 수 없다는 말이기도 하다. 아무리 훌륭한 은퇴 관련 조언이나 재산을 모으는 방법을 알려주어도 당신이 그걸 따르지 않으면 아무 의미가 없다. 즉, 당신이 지금까지 경제적 안정을 이루지 못한 이유를 이해하고 행동을 바꾸지 않으면 당신의 미래는 지금보다 나아질 수 없다. 그래서 이 챕터를 마치기 전에 같이 생각해 볼 몇 가지 주제를 다루어 본다. 내가 쓰는 글이기 때문에 나의 의견이 그대로 반영될 수밖에 없지만, 한 가지 정답은 없다. 당신의 인생이고 결국 당신이 책임을 져야 하므로 이 주제들을 통해 스스로 고민해 보고 당신이 나중에도 만족할 결정을 하기를 바란다.

● 돈과 행복

많은 사람이 돈으로는 행복을 살 수 없다고 말한다. 세상에는 물론, 돈으로 살 수 없는 것들이 많은 것이 사실이다. 하지만 돈으로밖에 해결이 안 되는 많은 문제가 있는 것 또한 사실이다. 기본적인 생활비를 걱정해야 하는 사람들의 스트레스는 이루 말할 수가 없으며, 이런 상태에서는 행복하기가 아주 힘들다.

나는 평생 처음으로 돈 때문에 울어버린 2001년의 어느 여름날을 잊을 수가 없다. 그때 나는 갓 1살이 된 큰아이와 집에 있었고, 남편은 다니던 회사에서 시간을 줄이고 친구와 동업을 하고 있었다. 하루는 아이의 기저귀가 떨어지고 있어서 가게로 가기 위한 준비를 하면서 문득 지갑을 열어 보았다. 잠시 후, 나는 $1 짜리 지폐들을 보며, '혹시 구석에서 조금씩 잘라 붙이면 또 한 장의 지폐가 '만들어'지지 않을까..?' 하고 있는 자신을 발견하고 화들짝 놀랐다. 나는 앞에서도 언급했듯, 가난한 집안에서 나고 일찍이 경제적 독립을 해야 했기 때문에 가난을 그저 '불편함' 정도로 여겼을 뿐, 두려워해 본 적은 없다. 가난했기 때문에 내가 성실하고 강하게 자랄 수 있었으므로 오히려 가난으로부터 얻은 게 더 많다고 생각한다. 그러므로 나는 남편이 다니던 직장의 일(급여)을 반으로 줄이고 사업을 하겠다고 했을 때 주저 없이 동의하였고, 그렇게 2년여가 지나며 생활이 꽤 힘들었지만 불평하지 않았다. 하지만, $20이나 $10도 아닌 $1 짜리 한 장을 더 '만들' 생각을 하고 있는 나 자신을 발견하고 나서는 결국 무너졌다. 나는 그날 평생 처음으로 돈 때문에 울었다. '기본 생활'이 힘들면 경제적인 스트레스 때문에 행복하기가 아주 힘들다는 걸 체험한 날이었다. 돌이켜 보면, 내가 자랄 때는 대부분 주변 사람들이 비슷하게 가난했고, 커서 나 혼자일 때는 아무리 힘들어도 늘 공부를 하며 미래에 대한 희망이 있었으므로 힘든 줄 몰랐었다. 하지만 아이의 기저귀는 긍정적인 사고방식이나 희망으로 해결되는 문제가 아니었다. 오직 돈만이 해결할 수 있었다.

인간이 마음의 평화(행복)를 얻기 위해서는 배고픔이나 신체적 고통과 같은 아주 기본적인 문제들이 해결되어야 하는데, 그러려면 돈이 필요하다. 물론, 필요한 '기본 생활'의 기준은 사람마다 다르다. 예를 들어, 생활비가 저렴한 중소도시에 사는 젊은 싱글에게는 $40,000 의 소득이 충분할 수 있다. 하지만 비싼 대도시에서 가족과 사는 사람에게는 $200,000 의 소득도 아주 팍팍할 수 있다. 또한 사람은 감정의 동물이고 주변의 사람들과 자신을 비교하는 습관이 있어서, $1 밀리언을 벌어도 훨씬 더 많은 돈을 버는 사람들에 둘러싸여 있으면 스스로 가난하게 느껴질수 있다. 이렇듯 기본 생활에 대한 기준은 사람마다 다르지만, 노벨 경제학상을 받은 프린스트 대학 (Princeton University)의 Angus Deaton 교수는 $75,000 을 기준으로 삼을 수 있다고 제시한다. 그가 조사한 바에 의하면, $75,000 보다 적게 벌면 적은 액수만큼 스트레스가 심했지만, 그 이상을 버는 사람들 사이에서는 버는 돈과 삶에 대한 스트레스의 차이가 크지 않았다고 한다. 이 금액은 2010 년에 발표된 자료로, 그동안 연 2%의 물가상승률을 가정하면 2019 년 현재, 약 $90,000 정도이다. 당신의 행복한 삶에 필요한 기본 생활비는 얼마인가?

❶ 지금의 당신과 미래의 당신

행복의 필요조건인 '기본 생활'에 대한 당신의 기준이 얼마인지를 알았다면 (그리고 앞에서 하지 않았다면) 앞 섹션에서 소개한 은퇴 계산기들을 사용하여 당신이 지금 모아야 하는 은퇴자금이 얼마인지 알아보시라. 확률상, 당신도 다른 많은 사람들과 마찬가지로 필요한 금액을 모으지 못 하고 있을 것이다. 당신이 모아야 하는 금액과 현재 모으고 있는 금액의 차이가 너무 커서 '멘붕 (멘탈 붕괴)' 상태에 빠질지도 모르겠다. 아무리 절망감이 느껴져도 당신이 혼자가 아니라는 걸 아시라. 겉으로는 잘 사는 듯 보이는 당신의 형제자매들, 친구들, 직장 동료들 등 많은 사람이 당신과 비슷한 상황에 있다. 중요한 건, 당신이 자신의 과거에서 무엇을 배우고, 지금 미래를 위해 무엇을 하는가이다. 과거에 돈을 모으지 않았기 때문에 지금 경제적 안정을 이루지 못 하고 있듯, 지금 모으지 않으면 미래의 당신은 지금보다 더 힘든 상황에 부닥친다.

은퇴 준비가 되지 않아 힘들어하는 60 대 후반의 어떤 분이 나한테 이런 얘기를 하였다. 직장 초년생이던 45 년쯤 전에 어떤 투자상담사가 한 달에 $200 만 모으면 노후에 크게 도움이 되니 그렇게 하라고 했지만, 그 젊은 나이에는 은퇴가 남의 일 같아서 하지 않았다고. 만약 그분이 45 년 전의 투자상담사 말대로 월 $200 씩 저축하여 연 8% (복리)를 벌었다면 현재 $1 밀리언 이상의 자산을 모았을 거다 (이 기간 동안 증권 시장의 평균 상승률은 10% 정도였다). 그분의 경우, 과거의 자신에게 조언할 수 있다면 45 년 전의 자신에게 반드시 월 $200 씩 모으라고 했을 것이다.

슬프게도 우리는 과거의 자신에게 조언할 수가 없다. 하지만 미래의 당신이 지금의 당신에게 무슨 말을 하겠는지는 충분히 상상할 수 있다. 그렇다면 늙어서 계속 일하고 싶어도 할 수 없는 미래의 당신은 지금 일하는 당신에게 무슨 말을 하겠는가?

◑ 누구를 위하여 사는가?

보이지 않는 미래의 경제적 안정을 위해 오늘 당장 필요한 돈을 쓰지 않고 저축하는 것은 사실 쉬운 일이 아니다. 늘 계산해야 하고, 쓰고 싶은 욕구를 자제해야 한다. 점심을 사 먹는 대신 만들어 가져가야 하고, 선물도 자제해야 하며, 사고 싶은 옷과 가방을 포기해야 하고, 심지어 아이들의 레슨비도 줄여야 한다. 만약 당신이 주변의 눈에 신경을 많이 쓰는 사람이라면 이 질문을 자신에게 던져야 한다: '나는 누구를 위하여 사는가?' 만약 당신이 다른 사람들에게 '무시당하지 않으려고' 비싼 차와 유명메이커 가방이 '필요'하다고 생각한다면, 주변 친구들이 자식을 사립학교에 보내니 당신도 그래야 한다고 생각한다면, 당신은 과연 자신을 위한 삶을 살고 있는지 심각하게 고민해 보아야 한다. 물론, 우리 인간은 사회적 동물이므로 주변의 시선을 완전히 무시할 수도, 우리가 가진 걸 주변 사람들의 것과 비교를 하지 않을 수도 없다. 우리 모두에게는 잘살고 싶은 욕망이 있다. 하지만 당신은 주변의 다른 사람들에게 내가 잘살고 있다는 걸 보이기 위하여 어떤 비용을 치르겠는가? 지금의 당신 사는 모습에 당신은 행복한가? 이것은 당신만이 대답할 수 있다.

나는 저렴한 가격과 단순한 물건 진열이 좋아서 디스카운트 식품점인 Aldi 를 애용한다. 지구 환경을 걱정하는 한 시민으로서, 여기서는 봉지를 돈 주고 사야 하는 것도 좋고, 집에서 가장 가까운 식품점이라는 이유도 있다. 내가 지금 사는 곳에 이사 왔을 때는 15 분 거리 내에 지점이 없어서 크게 실망하고 Aldi 본사에 편지도 보냈었다. 다행스럽게도 그렇지 않아도 근처에 빌딩을 짓고 있다는 반가운 답장을 받았고, 실제로 곧 문을 열어서 얼마나 좋았는지 모른다.

아무튼, 그 후 어느 날 한국인 가정주부 몇 명과 수다를 떨 기회가 있었는데, 그때 나는 Aldi 를 애용하는 것에 대해 얘기했었다. 그랬더니 그중 어느 한 명이 정색하고 하는 말, "그런데서 쇼핑하세요?" 그러며 자기는 가족의 건강을 위하여 Whole Foods 같은 '믿을 수 있는 (비싼)' 식품점에서 물건을 산다고 덧붙였다. 참고로, 미국인들은 Whole Foods 마켓에서 쇼핑하려면 버는 돈을 다 써야 한다는 의미로 Whole Checks 라고도 부른다 (Amazon 이 이 회사를 구입하고 나서는 가격이 낮아지고 있는 추세라고 한다).

당신도 예상하겠지만, 나는 그 사람과 친구가 되지는 않았다. 한참 후 나는 그 사람을 Aldi 에서 보았는데, 그는 멀리서 나를 보고 도망치듯 나갔다. 그 뒷모습을 보며 나는 가슴이 아팠다. 한정된 소득으로 노후에 경제적 고통 없이 살기 위해서는 지금 쓰는 돈이 당신에게 어떤 의미인지를 이해하여야 한다. 한 푼이라도 절약하기 위해 Aldi 와 다른 디스카운트 가게에서 쇼핑해야 하는 당신이 사람들 눈을 의식해서 Whole Foods 과 고급 쇼핑센터에 다닌다면, 또는 노후준비를 하지 못하면서도 해마다 비싼 여행은 해야 한다면, 그런 것들이 당신의 노후에 끼치는 영향을 생각해 봐야 한다. 생각 없이 사서 마시는 커피 한 잔, 밥 한끼는 당신이 생각하는 것 이상으로 당신의 노후에 큰 영향을 미친다.

작은 비용이라도 우습게 생각하면 큰돈을 모으지 못하고, 그렇지 않아도 힘든 노후 준비가 불가능해진다. 오늘부터 \$1 을 쓰더라도 그것이 필요한지, 왜 필요한지 생각해보고 소비를 하면 어떨까? 왜? 라는 자신의 질문에 답이 즉시 나오지 않는다면 집에 와서 생각해보고 답이 나올 때 사도 늦지 않는다. 당신을 위한, 당신에 의한 삶을 살기 위해서는 (당신의 경제적 안정을 이루기 위해서는) 반드시 필요한 과정이다.

◑ 아이들은 부모의 '노후준비'가 아니다.

미국에 살면서도 아이들의 미래가 마치 자신의 노후준비라도 되는 듯 아이를 위해 모든 걸 거는 부모들이 아직도 많다. 그들의 기대대로 아이들이 성공하고 부모의 노후까지 책임져 주길 진심으로 바라지만, 그게 얼마나 비현실적인 기대인지를 나는 지적하지 않을 수 없다.

미국인이지만 한국의 문화와 정서를 많이 이해하는 남편 덕분에 나는 친정 부모님을 노후에 모실 수 있었다. 나의 부모님은 당신의 부모를 당연한 듯 모셨고, 자신들에게도 자식이 그야말로 '노후준비'라 여기고 별도의 노후준비를 하지 않았다. 나는 그런 부모님들을 모실 수 있었고 그래서 나의 아이들이 한국 할머니와 할아버지를 알 수 있게 되었음에 감사한다. 하지만 그건 결코 쉬운 일이 아니었다. 특히 엄마의 사망 후 아버지가 돌아가시기까지의 약 10 년 정도는 정말 힘들었다. 평소에 선비 같은 아버지는 가끔 아무것도 아닌 일로 갑자기 아이들에게 역정을 낼 때가 있었는데, 그때마다 나는 아이들과 남편에게 미안해서 쥐구멍에라도 숨고 싶었다. 하지만 체면을 목숨처럼 여기는 아버지에게 나는 서운하고 부당하다고 느껴도 남편과 아이들 앞에서는 아무 소리 하지 않았다. 뒤에서 아이들을 보듬어 주고, 아이들이 학교에 간 후에는 아버지와 싸우기도 하며 나는 나름 현명하게 사는 줄 알았다. 그러다 아버지가 돌아가시고 사춘기를 유난스레 보내던 큰아이가 상담을 받았는데, 나는 그제야

화를 자제할 수 없는 내 아버지의 모습을 보고 자라며 아이가 얼마나 큰 상처를 받았는지를 알고서는 미안해서 통곡하였다.

이 개인적인 이야기를 나누는 이유는 결혼하여 가정을 이룬 자녀와 부모가 함께 사는 것이 얼마나 힘든 일인지를 생각해 보자고 하는 것이다. 나의 아버지는 주변 사람들로부터 '법이 없어도 살 사람'이라는 소리를 듣는 참 좋은 분이었고, 힘들게 농사를 하면서도 책을 놓지 않는 아버지를 나는 존경하며 자랐다. 가끔 불같이 화를 내는 것 외에는 술주정을 하거나 화난다고 욕하거나 누구를 때리지 않았다. 하지만 그런 아버지와 사는 것은 평소에 큰소리를 거의 내지 않는 나와 남편, 특히 나의 큰아들에게는 큰 상처가 되는 힘든 일이었다.

누군가에게 정신, 경제적으로 의지하는 건 양쪽 모두에게 정말 힘든 일이다. 나와 내 아이도 힘들었지만, 나의 아버지도 갈 곳이 없어서 '딸년' 집에 '얹혀' 사는 걸 힘들어하였다. 과거를 바꿀 수 없는 우리가 할 수 있는 건 과거를 보고 배우는 것 뿐이다. 그래서 나에게 노후준비는 가장 중요한 재무 목표 1호이다. 아이들의 교육비 지원도 나의 노후를 위하여 저축하고 남는 돈으로 할 것이다. 노후에 내가 경제적으로 안정이 돼 있으면 아이들의 학자금을 갚아주거나 손주들의 교육비를 도와줄 수 있지만, 아이들의 교육 때문에 내 노후준비를 충분히 하지 못 하면 자식들에게 짐이 될 수밖에 없다. 부모를 '모신다'는 것이 어떤 의미인지를 직접 체험하여 잘 아는 내가 나 자신의 노후준비를 하지 않고 자식에게 짐이 된다면 너무 뻔뻔한 일이다. 아니, 뻔뻔함은 둘째치고 시대와 문화가 다른 미국에서 자란 아이들로부터 노후에 도움을 받기를 바라는 건 현실 가능성도 없다. 번개에 맞을 확률보다 낮다는 복권 당첨을 기대하며 노후준비를 하지 않는 것과 뭐가 다르랴. 아이들이 나중에 경제적으로 힘든 부모를 도와줄 수 있는 상황에 있고 그렇게 한다면 아주 감사한 일이지만, 기대는 하면 안 된다. 노후에 아이들에게 도움받을 것을 기대하는 것은 늙어서 아이들과의 관계를 망치는 지름길이라고 나는 생각한다. 아이들은 부모의 노후준비가 아니다.

❍ 제 2, 제 3 의 은퇴 플랜

아무리 노후문제가 심각한 줄 알아도 당장 먹고살기가 힘든 상황에서 충분히 저축하는 것은 극히 힘들다. 많은 사람에게는 아무리 허리띠를 졸라매도 불가능한 일이다. 그럼 우리가 할 수 있는 일은 무엇인가? 제 2, 제 3 의 은퇴 플랜을 세워야 한다. 지금 일하고 있다면 변화하는 세대를 이해하고 새로운 기술을 익혀서 최대한 오랫동안 일할 수 있는 능력을 갖춰야 한다. 다른 사람과의 공동 주거도 생각해 본다. 집이 있다면 집을 담보로 은행에서 정기적인 생활비를 받아 쓸 수 있는 역모기지 (reverse mortgage)의 옵션도 미리 알아본다. 그 외 당신이 생각할 수 있는 생활비를 줄이거나, 노후에도 계속 돈을 벌 수 있는 모든 방법을 고려해 본다. 이런 계획은 일찍 시작할수록 유리하므로, 당신이 충분한 은퇴자금을 모으고 있지 않다는 걸 인식하는 순간 바로 시작해야 한다.

❍ 돈 이상의 것

돈은 은퇴 생활에 반드시 필요하지만, 그렇다고 돈을 많이 모아 놓았다고 하여 노후가 다 행복한 건 아니다. 그러므로 은퇴란 당신의 삶에 어떤 의미인지 생각해 보아야 한다. 은퇴는 평생 일하며 간절히 바라던 '자유로운 시간'을 충분히 주지만, 동시에 아침에 일어나면 가야 할 곳이 없어진다는 뜻이기도 하다. 많은 은퇴자가 갑자기 많아진 자유시간을 어찌할 줄 몰라 당황하거나, 자신을 이제 '쓸모없는 인간'이라고 생각하기도 한다. 은퇴 초기에는 손주들을 보느라 바쁠지 몰라도 아이들은 곧 당신의 도움이 필요 없도록 훌쩍 커버린다. 당신이 같이 많은 시간을 보내고 싶은 친구나 가족들은 당신이 원하는 만큼 같이 보낼 시간이나 경제적 여유가 없을 수도 있다. 시간이나 경제적 여유가 있어도 당신과 많은 시간을 보내고 싶어 할지도 의문이다. 곧 친구들은 하나씩 세상을 떠나거나 몸이 아파서 당신을 보러 올 수도 없다. 만약 그때까지도 당신은 비교적 건강하다면 무엇을 할 수 있겠는가? 이런 생각은 가능하면 일찍 시작하는 것이 좋다. 어느 정도의 규칙적인 생활과 다른 사람들과의 교류는 마음과 몸을 건강하게 하는 데 아주 중요하다. 당신이 좋아하면서 다른 사람들에게도 도움이 되는 일이 무엇인지 생각해 보시라. 평소에 관심이 있는 비영리 단체에서 규칙적으로 봉사 활동을 하여도 좋다. 사진과 비디오 촬영, 그리고 편집기술을 배워 주변 사람들의 행사를 기록해 주어도 의미가 있을 것이다. 그림이나 글쓰기를 좋아한다면 작품을 만들고 다른 사람들을 가르치는 걸 고려해 보시라. 운전하지 못한다면 주변의 어린 아이들에게 책을 읽어 주거나 글을 배우는 아이들에게 책을 읽어달라고 하여도 좋을 것이다. 어디에서, 어떻게, 무엇을 하며 살 것인지, 은퇴 훨씬 전부터 당신의 인생 2막을 차근차근 준비하기 바란다. ▨

Chapter 6

교육 플랜

학비가 비싼 미국에서는 많은 사람이 융자를 받지 않으면 대학 교육을 받기가 힘들다. 갚지 않아도 되는 정부 보조액과 장학금을 잘 활용하고 일찍 플랜을 시작하는 것이 학생은 물론, 전체 가족의 경제적 압박을 최소화하는 가장 좋은 방법이다.

1. 그랜트와 장학금
2. 학자금을 위한 저축
3. 학생 융자
4. 교육 플랜

그랜트와 장학금

그랜트와 장학금은 학생이 갚지 않아도 되는 학비 보조의 형태로, 그랜트는 대개 정부 기관에서 지급하고 장학금은 정부, 학교, 회사, 비영리 단체 등 여러 기관에서 지원한다. 그랜트는 당연히 학생과 부모들로부터 가장 선호되지만, 문제는 그만큼 기회가 많지 않다는 거다. 받을 수 있는 조건도 까다롭다. 대부분 소득이 낮아야 하고, 그랜트는 학비를 보조받고 학업을 계획대로 마치지 않거나 기타 수령 조건을 어기면 받은 돈을 되돌려주거나 앞으로 받을 액수가 줄어들 수도 있다. 범죄경력이 있는 사람들은 받을 수 있는 자격이 제한되기도 한다. 이 섹션에서는 잘 알려진 정부의 그랜트 몇 가지를 간략하게 설명하고 장학금 찾는 방법을 소개한다.

◑ 펠그랜트 (PELL GRANTS)

펠그랜트는 연방 정부의 학비 보조 프로그램으로, 대학 학위나 전문학위 (bachelor or professional degree)가 없는 학부생들에게 주어진다. 금액이 해마다 바뀔 수 있는데, 2019~2020년 1인당 1년 최대 보조액은 $6,195 이다. 받을 수 있는 자격은 경제적 도움의 필요성 (financial need), 총학비, 풀타임 학생인지 파트타임 학생인지 등 여러 가지에 의해 결정되며, 자격이 되는 사람은 누구나 받을 수 있다. 더 자세한 내용은 StudentAid.ed.gov 참조 (*Federal Pell Grants are usually awarded only to undergraduate students*).

◑ FSEOG 그랜트

또 다른 연방 정부의 학비 보조 프로그램인 FSEOG (Federal Supplemental Educational Opportunity Grant)는 경제적 보조가 절실히 필요한 (exceptional financial need) 학부생들에게 주어지며 1 년에 총 $4,000 까지 지원된다. 신청은 다니는 (다니게 될) 학교를 통해서 한다. 자격이 되면 누구나 받을 수 있는 위의 펠그랜트 (Pell Grants)와 달리

이 프로그램의 총지원 액수는 한정돼 있어서 지원하는 순서대로 지급하며, 당 해에 한정된 금액이 소진되면 자격이 돼도 받을 수 없다. 따라서 자격이 되는 사람이라면 서둘러 지원할수록 받을 수 있는 확률이 높다. 이 그랜트에 대한 자세한 정보는 StudentAid.ed.gov 참조 (*A Federal Supplemental Educational Opportunity Grant(FSEOG) is a grant for undergraduate students with exceptional financial need*).

◑ TEACH 그랜트

TEACH 그랜트 (Teacher Education Assistance for College and Higher Education grant)는 저소득층 지역에서 필요한 과목 (high-need field)을 4년간 가르치겠다고 약속하는 교육학과 학생들을 위한 정부 지원이다. '필요한 과목'은 외국어, 수학, 읽기, 과학, 장애 교육, 그리고 기타 연방 정부나 주 정부, 또는 지방 교육기관으로부터 '필요한 과목'으로 인정된 것으로 한정돼 있다. 보조받을 수 있는 자격은 이 프로그램에 참여하는 학교에 다니는 학부나 대학원생으로, 연방 정부로부터 학비를 보조받을 수 있는 자격 (basic federal student aid eligibility)이 되어야 한다. '연방 정부로부터 학비를 보조받을 수 있는 자격'은 미국 시민권자나 영주권자, 남자의 경우 입대 가능자로 등록이 되어 있어야 하며, 총학비, 그리고 학생과 부모의 소득 등 조건이 까다롭다. 학생이 받을 수 있는 1 년 총보조액은 $4,000 이지만, 정부의 재정 문제로 2019 년 현재 6~ 7% 줄어든 금액으로 지급된다. '연방 정부로부터 학비를 보조받을 수 있는 자격'에 대한 자세한 정보는 StudentAid.ed.gov (*To qualify for federal student aid(grants, loans, and work-study funds), you have to meet certain requirements*)이나 소속 학교에 문의 하시라. 이 그랜트 수령자는 학교를 마치고 저소득층 지역에서 4 년간 교사로 일하겠다는 서약을 해야 하며, 만약 불이행 시에는 보조받은 금액이 '융자'로 전환되므로 모두 갚아야 한다. 이때는 그랜트를 받은 날짜로부터 이자 계산이 된다. 건강의 문제나 군대 등 몇 가지 예외 조항은 있다. TEACH 그랜트에 관한 자세한 정보는 StudentAid.ed.gov 참조 (*A TEACH Grant can help you pay for college if you plan to become a teacher in a high-need field in a low-income area).*

❶ 이라크, 아프가니스탄 서비스 그랜트

이름에서 알 수 있듯, 이라크, 아프가니스탄 서비스 그랜트 (Iraq and Afghanistan Service Grants)는 이라크나 아프가니스탄에서 근무한 군인들을 위한 학비 보조 프로그램이다. 이것은 911 이후 군 복무를 하던 부모나 보호자를 잃은 24 세 미만의 자녀들에게도 학비를 보조해 준다. 개인이 받을 수 있는 2019~2020 년 최대 보조액은 $6,195 이다.

❶ 군인 가족을 위한 보조

현역/퇴역 군인과 가족을 위한 학비 보조 프로그램은 많다. 예를 들어, 육군, 공군, 해군에서 각자 ROTC (Reserve Officers' Training Corps) 보조 프로그램을 지원하고 있고, 퇴역군인을 위한 VA (Dept. of Veterans Affairs)에서도 멤버와 가족을 위하여 학비를 보조해준다. 기타 American Legion, AMVETS, Paralyzed Veterans of America, 그리고 Veterans of Foreign Wars 등의 단체에서도 군인과 군인 가족을 위한 학비를 보조해 준다. 자세한 사항은 StudentAid.ed.gov (*You may be able to get money for college or career school for your or your family member's military service*)이나 소속기관에 문의하시라.

❶ 그랜트/장학금 찾기

정부가 보조해 주는 그랜트는 위의 몇 가지 예에서 보듯 금액이 많지가 않으며 조건도 까다롭다. 일부 성적 장학금이나 특기 장학금을 제외한 대부분 장학금도 연방 정부의 그랜트와 마찬가지로 경제적으로 어려운 사람들을 기준으로 주어지지만, 자격 조건이 그랜트보다는 덜 까다롭고 기회도 많다. 그랜트/장학금들은 당 해 연도에 지정된 금액이 소진되면 대개 더는 지급하지 않으므로 일찍 알아보고 준비하는 것이 좋다. 요즘은 인터넷 덕분에 신청할 수 있는 그랜트/장학금을 쉽게 찾을 수 있다. 다음은 교육부가 운영하는 웹사이트 (StudentAid.ed.gov)에서 권장하는 장학금을 알아볼 수 있는 방법들이니 참고하도록 한다 (*Find and apply for as many scholarships as you can-it's free money for college or career school!*).

- 다니는(또는 입학할) 학교의 카운셀러

- 노동부가 운영하는 웹사이트 (CareerOneStop.org)의 장학금 검색 엔진 (*Scholarship Finder*)

- 교육부가 운영하는 웹사이트인 U.S. Department of Education 의 프로그램 찾기 (Find Programs by Title and Office)

- 종교단체나 기타 비영리 단체들

- 공부하는 분야의 회사나 단체

- 부모의 직장

한 가지 조심해야 할 것은 장학금이나 그랜트를 찾아 준다고 광고하는 '서비스' 업체들이다. 많은 경우, 이들은 장학금이나 그랜트를 찾아주고 그 돈에서 비용을 빼거나 선급을 요구하는데, 사기일 수도 있다. 이런 것들을 신청하는 데는 돈을 한 푼도 안들이고 누구나 직접 할 수 있으니 당신이 (학생이) 직접 하는 것이 좋다. 그랜트나 장학금을 받으려면 대개 에세이를 쓰고 뽑혀야 하므로 시간이 많이 필요한 일이다. 일찍 시작할수록 성공률이 높다. 부지런한 학생들은 고등학교 시작하며 이런 준비를 하기도 하고, 가끔은 이렇게 하여 대학 동안 용돈까지도 모두 조달하였다는 학생의 기사도 보이니 참고하시라.

❍ FEDERAL WORK-STUDY JOBS

이것은 학생이 일하며 스스로 학비를 벌 수 있도록 도와주는 연방 정부 프로그램이다. 학부생이나 대학원생, 또는 그 외 박사학위와 의과생 등이 포함된 직업 학생 (professional students) 누구나 참여할 수 있다. 대개 하는 일은 학생이 공부하는 분야와 관련된 것으로, 임금은 하는 일과 학부생인지 대학원생인지 등의 여러 가지에 따라 차이가 난다. 다니는 학교가 이 연방 정부 프로그램에 참여하는지, 그리고 참가한다면 어떤 기회가 있는지는 소속학교의 담당자를 통해 알아보는 것이 좋다. 교육부의 웹사이트인 StudentAid.ed.gov 에서도 알아볼 수 있다 (*Federal Work-Study jobs help students earn money to pay for college or career school*).

학자금을 위한 저축

세금혜택이 주어지는 학자금을 위한 저축플랜은 크게 대학교와 그 이상의 교육에 사용할 수 있는 529 와 사립 초등학교부터 사용이 가능한 Coverdell ESA, 이 두 가지가 있다. 대학교 또는 대학원 교육을 위한 529 은 IRS 의 세금 코드에서 나온 숫자로, 529 Qualified Tuition Programs 이 정식 명칭이지만 흔히 529 플랜, 또는 529 으로만 불린다. 주 정부가 관장하는 529 플랜은 플랜마다 납부액, 세금공제 여부, 투자 옵션, 비용 등이 다르다. 대개 거주하는 주의 529 에 들지 않고 본인이 원하는 타 주의 플랜에 들 수 있지만, 혹시 세금혜택에 차이가 있는지 미리 알아보아야 한다. 어떤 주의 529 에 들더라도 일단 529 계좌에 들어간 돈은 이익금에 대한 세금이 모두 유예되며, 이 돈을 교육비로 사용하면 세금을 내지 않아도 된다. 529 플랜은 해당 주 내의 학교를 일찍 정해서 현재의 수업료로 고정된 비용을 미리 내는 수업료 선지급 플랜 (Prepaid College Plan)과 어느 대학에 가든 상관없이 학비를 모으는 것이 목적인 저축플랜 (College Savings Plan), 이렇게 두 가지로 나뉜다.

◑ 529 수업료 선지급 플랜 (Prepaid College Plan)

학비 선지급 플랜은 플랜에 가입할 때의 수업료로 고정된 금액을 시간을 두고 낼 수 있다. 대개는 주립대학을 중심으로 이 플랜이 사용되는데, 같은 주 내의 사립학교도 참여할 수 있다. 이 플랜은 평균 물가 상승률보다 더 빨리 오르는 미국의 학비를 크게 절약할 수 있는 장점이 있다. 예를 들어, 당신이 아이의 출생과 함께 이 플랜에 가입하여 1 년에 $20,000 인 수업료를 고정하고 4 년 치 수업료 ($80,000)를 일시금으로, 또는 시간을 두고 완납하였다고 치자. 그러면 그 아이가 대학에 갈 때는 학비가 올라서 연평균 $50,000 이 되어도, 당신의 자녀는 별도의 수업료를 내지 않고 학교에 다닐 수 있다. 또 한 가지 수업료 선납 플랜의 장점은, 학교를 정하고 학비를 미리 내기 때문에 투자 옵션이나 투자 비용 등, 신경 쓸 일이 없다는 거다. 주식시장의 등락폭에 상관없이 정해진 수업료만 내면 되기 때문이다.

단점은 나중에 자녀가 해당 학교에 가지 않을 때 발생한다. 만약 A 대학에 수업료를 선납했는데 자녀가 B 대학에 간다고 할 때, B 대학도 당신 주의 같은 529 에 참여 한다면 큰 문제가 없을 수 있다. 그렇지 않다면 A 대학으로부터 선납한 학비를 되돌려받을 수는 있지만, 특별한 이자 수익률을 기대하기는 어려우므로, 이 돈은 B 대학의 수업료로 충분하지가 않다. 다른 자녀에게 혜택이 돌아가게 할 수 있지만, 이것도 까다로울 수 있다. 그러므로 529 수업료 선납 플랜은 가입 전 자녀가 나중에 그 학교에 가지 않을 가능성과 제한 사항 등 다른 조건들을 꼼꼼히 따져 보고 신중히 결정하여야 한다. 수업료 선납 플랜은 위의 이런 문제들 때문에 529 저축플랜만큼 흔히 사용되지 않는다.

◑ 529 저축플랜 (College Savings Plan)

어느 대학이든 상관없이 사용할 수 있는 529 저축플랜은 아이들 학자금을 위한 교육 플랜으로 가장 흔히 사용된다. 이 저축플랜은 납부금이 높고 납부자의 수입에 제한이 없으며, 수혜자 (beneficiary)를 바꾸기가 쉬운 등 편리한 점이 많기 때문이다. 다음은 529 저축플랜에 대한 요점 정리이다. 단, 앞에서 설명했듯 529 플랜들은 주 정부에서 관장하므로 당신이 거주하는 주에 따라 다를 수 있으니 확인하기 바란다.

- 1 년 최대 납부금은 계좌당 $15,000 (주마다 연 최대 납입금 제한 없이 계좌당 평생 한도만 정하기도 함)

- 계좌 오픈 시 첫 5 년 치에 해당하는 납부금 $75,000 을 미리 넣을 수 있음.

- 높은 평생 납부금 (주마다 다른 계좌당 평생 납부금은 보통 $230,000-$520,000)

- 납부금에 대한 주 정부 소득세 공제 가능 (주마다 다를 수 있음). 당신이 거주하는 주의 플랜에 대한 세금 관련 정보는 Vanguard.com 의 *529 State Tax Deduction Calculator* 참고.

- 계좌 내의 자산은 오너 (owner)의 자산으로 분류되기 때문에 학생 (beneficiary)이 받을 수 있는 학비 보조에 대한 영향이 적음.

- 해당 학생 (beneficiary)이 장학금을 받으면 그 금액만큼 페널티 없이 출금 가능 (투자이익에 대한 소득세는 내야 함).

- 납부자 (계좌 owner) 재량에 따라 수혜자 (beneficiary)를 바꾸거나, 심지어 납부자 자신의 학비로도 사용 가능. 수혜자의 나이 제한 없음.

- 납부자의 수입에 제한이 없고 한 사람이 여러 수혜자 (beneficiary)를 위한 계좌를 틀 수 있음. 즉, 한 아이를 위해 엄마, 아빠, 조부모, 삼촌 등이 각자 계좌를 틀 수 있음.

- 계좌에 있는 자산은 투자 이익과 상관없이 모든 세금이 유예되며, 학비 관련 비용(수업료, 기숙사비, 책 값, 학업을 위한 랩탑 등)으로 사용하면 세금 없음.

- 사립 유치원부터 고등학교의 등록비로 1 년에 $10,000 까지 사용 가능

- 학업 관련 비용 외의 기타 이유로 인한 출금에는 10% 페널티와 세금.

- 529 저축계좌 간 이체는 12 개월에 1 번씩 만 가능 (만약 12 개월 이내에 1 번 이상의 계좌이체를 하면 출금으로 처리됨).

- 계좌 내 투자된 자산은 1 년에 두 번까지 바꿀 수 있음.

앞에서도 설명했지만, 529 플랜은 주 정부 규율을 따르므로 플랜마다 약간의 차이가 있을 수 있으니 시작하기 전에 잘 알아보아야 한다. 특히 아무 때나 계좌를 옮길 수 있는 (금융회사 간 direct transfer) 대부분 은퇴계좌와 달리 이 교육 플랜은 12 개월에 한 번만 이체가 허용되므로 주의하여야 한다. 예를 들어, 올해 3 월에 A 투자사에서 B 투자사로 옮겼다가 내년 1 월에 또 다른 투자사로 옮기면 '출금'으로 분류되어, 내년 치 세금 보고할 때 그 금액에 대한 페널티와 세금을 내야 한다. 그러니 계좌를 옮길 때는 반드시 12 개월이 지났는지를 확인하고 옮겨야 한다.

계좌를 개설하기 전에 플랜의 투자 옵션과 비용 등을 잘 알아보는 것도 중요하다. 이 교육 플랜 내의 투자 옵션은 대부분 뮤추얼펀드로, 펀드의 비용에 따라 자산 증식에 차이가 크게 날 수 있다. 또한, 학비로 사용하기 전 충분한 시간을 두고 현찰화 (머니마켓펀드) 해 두는 것도 중요하다. 막상 출금이 필요할 때 주식시장이 많이 빠져 있으면 손해가 크기 때문이다. 계좌내에서 투자하는 펀드는 1 년에 2 번까지 바꿀 수 있다.

❍ 커버델(COVERDELL) ESA

또 다른 학비를 위한 저축플랜인 Coverdell ESA (Education Savings Account)은 제한없이 초등학교부터 대학까지 모든 교육에 사용할 수 있다. 하지만 납부금액이 적고 납부자의 소득 한도도 있으며, 또한 수혜자에 대한 나이 제한 등 조건이 까다롭다. 아래는 Coverdell ESA 의 요약이다.

- 유치원인 킨더가든부터 대학까지 학비로 사용 가능

- 최대 납부금: 수혜자 당 $2,000 (2019). 만약 한 명의 아이를 위하여 부모와 조부모가 각각 계좌를 만들었어도 두 계좌의 총납부금이 $2,000 이내여야 함.

- 납부금은 세금공제 안 됨.

- 납부자의 소득 제한: 부부 공동 보고 시 MAGI 가 $190,000 미만이면 $2,000 납부 가능. 그 이상부터는 납부액이 줄어들고 $220,000 이상이면 납부 못함. 세금 보고 형태가 부부 공동이 아닌 사람의 MAGI 한도는 $95,000~$110,000.

- 계좌 내의 투자는 계좌 소유주가 주식이나 펀드 등 제한 없이 마음대로 할 수 있음.

- 계좌 내의 자산은 이익금에 상관없이 세금이 유예되며 출금 시에도 학비 관련 비용으로 사용하면 세금 없음.

- 수혜자가 18 세 이상이면 계좌를 시작할 수 없고 계속 납부금을 넣을 수도 없음(장애인은 제외).

- 수혜자가 30 세까지 (장애인이면 나이 제한 없음) 계좌 내의 자산을 다 사용하거나 다른 수혜자에게 이체하여야 함. 529 계좌로 이체 가능.

- 교육비 외에 사용하는 출금액이나 30 세 이후까지 계좌에 있는 돈에 대해서는 투자 이익에 대한 세금과 10% 페널티.

- 세금 보고일까지 납부 가능 (예: 올해 치 저축액을 내년 4 월 중순 세금 보고 전까지 납부 가능).

◑ 저축채권 (SAVINGS BONDS)

저축(교육) 채권은 자녀나 손주의 교육비를 모으고 싶지만, 투자와 계좌관리에는 관심이 없는 사람에게 적당하다. 이것은 정부에서 발행하는 채권으로 안전하고, 교육비에 사용하면 투자 이익금에 대한 세금이 없다. 채권을 구매하는 금액(투자액)에 대한 세금공제는 없다. 교육비에 쓰면 투자 이익에 대한 세금이 없는 교육채권은 I 와 EE (Series I and Series EE) 두 가지가 있으며, TreasuryDirect.gov 에서 직접 살 수 있다. 개인이 1 년에 살 수 있는 채권당 최대 금액은 $10,000 로, 총 $20,000 이다. 원금과 이자가 보장되는 이 '안전한' 채권은 안전한 만큼 수익률이 아주 낮은데, EE 채권의 2019 년 1 월 현재 이자율이 연 0.1%이다. $10,000 짜리 채권의 1 년 연이자 수익률이 $10 인 셈이다. 하지만 20 년이 지나면 가치가 2 배가 되므로, 0.1%의 이자수익과 20 년 후에 두 배가 되는 가치를 계산하면 1 년 평균 3.6% 가까운 수익이 된다. 단, 구매 후 1 년 이내에는 팔 수 없고, 5 년 이내에 팔면 페널티로 지난 3 개월 치 이자를 잃게 된다.

I 채권은 이자와 더불어 물가 상승률에 따른 가치를 보전해 준다. EE 채권의 경우, 오늘 사고 20 년을 가지고 있을 때 최대 가능 수익률은 3.6% 정도이다. 만약 그 20 년간 물가 상승률이 연 4%가 되면 당신은 20 년 동안이나 돈을 '투자'하고 나서 오히려 자산의 가치를 잃게 된다. I 채권은 이런 문제를 보완하여 물가 상승률로 인한 가치 하락을 막아주지만, 기본 수익률은 EE 채권과 마찬가지로 연 0.5%이다. 만약 물가 상승률이 낮으면 EE 채권보다 평균 수익률이 낮을 수 있는데, 2019 년 1 월 현재 I 채권의 연 복리 수익률은 2.83%이다.

세금공제는 채권을 현찰화하여 교육비로 사용하는 연도를 기준으로 하며 소득 제한이 있다. 재무부의 TreasuryDirect.gov 자료에 의하면 2017 년 기준 (이것이 2019 년 1 월 현재 가장 최근 자료임), 결혼한 부부가 같이 세금 보고를 할 때 AGI 가 $147,250 이하, 기타 형태의 세금 보고자들은 $93,150 이하이어야 채권의 투자 이익금에 대한 소득세를 면제받을 수 있다 (*Education Planning*). 업데이트 되는 인컴 기준과 여기서 설명하는 두 가지 교육 채권에 대한 자세한 정보는 재무부의 웹사이트 (TreasuryDirect.gov)를 참고하시라.

◖ 어떤 것을 선택할까?

아이들 학비를 모으는 방법으로 무엇을 선택할지는 당신이 원하는 바와 여러 가지 상황에 따라 다르다. 만약 당신이 투자에 전혀 관심이 없고 원금을 잃고 싶지 않다면 정부의 채권을 살 수 있지만, 이자율이 낮은 요즘은 물가 상승률을 제외한 순 투자수익률은 약 0.1%로, 돈이 자라기를 기대하기는 힘들다.

만약 당신의 자녀가 어느 대학에 갈지에 대한 확신이 있다면 학비 선납플랜 (529 prepaid tuition plan)을 통해 학자금을 미리 내는 것이 유리할 것이다. 채권에서 지급하는 투자 소득은 평균 물가 상승률보다 빠르게 오르는 학비에 충분하지 않을 것이기 때문이다. 하지만 학비 선납 플랜은 아이가 갈 수 있는 대학이 주립대 등 해당 플랜에 참여하는 소수의 학교로 한정돼 있고, 다른 학교에 가면 문제가 복잡해진다.

주식이나 ETF, 채권 등 대부분 529 저축 플랜은 허락을 하지 않는 증권 투자에 관심이 있는 사람이라면 커버델 ESA 를 사용할 수 있다. 다만 연 최대 저축액은 $2,000 이고 가입자의 소득 제한도 있다. 또한, 아이가 18 세가 되면 더는 납부할 수 없고 30 세까지 교육비로 금액을 다 사용하거나 다른 수혜자에게 계좌를 이전해야 한다.

커버델 ESA 의 이런저런 제한 사항들이 싫으면 529 저축플랜 (529 savings plan)을 고려할 수 있다. 이것은 가입자 (account owner)의 수입에 제한이 없고 납부액이 높으며, 수혜자의 나이에도 제한이 없다. 또한 수혜자를 아무 제한 없이 바꿀 수 있고, 심지어는 자녀가 아닌 당신 자신을 위한 교육비로도 사용할 수 있다. 당신의 거주하는 주에 따라 납부액에 대한 주 정부 소득세가 공제될 수도 있다. 하지만, 당신이 투자를 관리해야 하고, 플랜 내의 선택 가능한 뮤추얼펀드 비용이 높으면 투자 이익률이 줄어든다. 투자이므로 원금을 잃을 수도 있다.

소득 등 조건이 된다면 혼합하여 두 가지 이상을 할 수 있다. 나는 아이들이 어렸을 때는 커버델 ESA 를 하다가 나중에 529 저축플랜으로 옮겼다. 만약 당신의 주에서 소득세 공제를 허락한다면, 이미 학교에 갈 나이에 가까운 아이를 위해서도 일단 529 저축계좌를 열고 입금한 다음 바로 출금하여 사용해도 그 금액만큼의 주 정부 소득세를 절약할 수 있으니 참고하시라. 예를 들어, 내가 사는 미조리주 (주 정부 소득세: 6%)에 사는 결혼한 부부가 세금 보고를 같이할 때는 계좌당 $8,000, 총 $16,000 까지 529 저축계좌에 납부한 돈을 공제받을 수 있다. 그러므로, 대학생 둘을 둔 부모가 두개의 계좌에 총 $16,000 을 납부하고 바로 학비로 출금하여도 $960 상당의 주 정부 소득세를 절약할 수 있다는 얘기다. 다만, 이것은 다음 해 세금 보고 시 '소득'으로 보고되어 연방 정부의 소득세가 부과되므로, 최종 절세액은 그보다 낮다. 당신이 거주하는 주의 529 저축액에 대한 세금 혜택 여부는 회계사와 상담하거나, Vanguard.com 의 529 *State Tax Deduction Calculator* 를 참고하기 바란다.

학생 융자

학비가 비싼 미국에서 가장 저렴하게 교육을 받는 방법은 물론 장학금과 그랜트를 받는 것이다. 하지만 장학금과 그랜트는 한정되어있고, 차선책인 저축도 대부분 미국인이 비상자금도 없이 근근이 사는 현실에서 쉬운 일이 아니다. 그런 이유로 많은 학생은 학비를 조달하기 위하여 융자를 받을 수밖에 없고, 학생 융자는 모기지나 자동차 융자보다 받는 것이 수월하다. 소득이 없는 학생이지만 그들의 젊음과 미래를 담보로 주는 융자라는 이유도 있지만, 대부분 학생 융자금은 교육부에서 나오므로 그만큼 '보호 장치'가 좋기 때문이기도 하다. 그래서 학생 융자는 집이나 자동차 융자같이 파산 신청을 통해 금액을 줄이거나 탕감받을 수 없고, 일반 채권자 (신용카드사, 모기지 회사 등) 들은 할 수 없는 개인의 소셜시큐리티 연금까지도 압류할 수 있다. 약간의 예외는 있다. 최소한으로 빌리는 것이 물론 좋다.

◑ 정부 융자와 사립 융자

학생 융자는 크게 정부에서 받는 융자와 금융기관에서 받는 사립 융자로 나눌 수 있다. 정부 융자는 사립 융자보다 대개 금리가 낮고 상환조건이 좋다. 흔히 정부의 학생 융자는 낮은 이자 외에도 크레딧과 상관없이 받을 수 있고 ('부모 융자'라 불리는 PLUS 융자는 크레딧 점검함), 공부하는 동안 이자 상환 유예기간과 조건이 좋으며, 심지어 나중에 개인의 상황에 따라 융자액을 감면받을 수도 있다. 하지만 대개 소득 (학생이 부모의 부양 자녀인 경우 부모의 소득)에 제한이 있으므로 소득이 적을수록 유리하다. 아무튼 학생 융자는 정부로부터 융자를 받을 수 있는 만큼 받고 더 필요하면 금융기관의 옵션을 알아보는 것이 좋다. 물론, 그랜트와 장학금의 기회를 가장 먼저 소진한 다음의 이야기임은 두말할 필요가 없다.

정부의 학생 융자는 비록 정부로부터 돈을 빌리지만, 학생은 대개 소속 학교를 통하여 융자를 신청하고 받는다. 학교에 다니고 있는 동안은 학교의 융자담당자와 모든 융자 관련 업무를 처리하고, 학교를 졸업하거나 다른 학교로 전학하는 경우에는 별도의 서비스 기관과 연락을 취한다. 그러므로 이사하거나 결혼하여 주소, 이름을 바꾸는 등 변경사항이 생기면 이런 사항을 알리고 연락 두절이 되는 걸 막아야 한다. 연락이 끊겨 융자 상환에 관련된 자료를 못 받는다고 당신의 융자와 이자금이 없어지는 게 아니고 늦으면 당신의 크레딧만 망가질 수 있기 때문이다. 학교의 자율에 따라 아래의 융자 프로그램 참여 여부를 결정할 수 있으니 당신이 다니는 (다니게 될) 학교에 알아보는 것이 가장 좋다. 정부의 융자와 금융기관을 통한 학생 융자에 대한 비교는 StudentAid.ed.gov 에서 할 수 있다 (*What are the differences between federal and private student loans?*). 여기서는 흔히 사용되는 연방 정부의 학생 융자 프로그램 몇 가지를 소개한다.

◑ 퍼킨스 융자 (PERKINS LOANS)

퍼킨스 융자 (Perkins Loans)는 학부나 대학원생을 위한 연방 정부의 융자 중 가장 조건이 좋은데, '지극히 필요한 (exceptional financial need)' 사람만이 받을 수 있다. 그 '지극히 필요한 조건'은 학비, 가정소득, 가족 구성원 숫자, 자산, 가정의 대학생 숫자 등 기타 많은 사항에 따라 결정되므로 딱 얼마 미만이라는 명확한 기준이 없다. 다만 소득이 적을수록 유리하다. 융자 조건으로 신용을 보지 않고, 연 이자율은 5%로 다른 연방 정부의 융자보다 가장 낮고 별도의 비용이 없으며, 졸업 후 9 개월까지 정부에서 이자를 갚아 준다. 그러나 유감스럽게도 2018 년부터 교육부에서 이 융자를 중단하였다. 융자를 이미 받은 사람은 조건이 유지되니 졸업 후 계약대로 갚으면 된다.

◑ DIRECT SUBSIDIZED LOANS

디렉트 스태포드 융자 (Direct Stafford Loans)라고도 알려진 이 디렉트 섭서다이즈드 융자 프로그램은 퍼킨스 다음으로 조건이 좋은 정부의 학생 융자이다. 퍼킨스 융자와 마찬가지로 가족소득이 적을수록 유리하지만, 조건이 퍼킨스보다는 덜 까다롭다. 이자율은 2019 년 4 월 현재 연 5.05%이고 대출자격은 각 학교에서 결정할 수 있고 크레딧 조사는 하지 않는다. 이것은 학부생들만을 위한 프로그램이고 졸업 후 6 개월 후까지 이자/원금 상환을 하지 않아도 된다. 퍼킨스 융자와 마찬가지로 그 기간의 이자는 원금에 더해지지 않는다. 다만 융자액에 대한 1%의 비용이 있다. 예를 들어, 당신이 올해에 $10,000 을 이 프로그램을 통해 빌렸다면 $100 의 비용을 내야 하는데, 이것은 융자를 받는 금액에서 공제된다. 연간 학비와 몇 학년인지, 그리고 '필요 정도' 등에 따라 연 $5,500~$12,500 까지 대출할 수 있다 (2018~2019).

◑ DIRECT UNSUBSIDIZED LOANS

위의 디렉트 섭서다이즈드 융자와 이 디렉트 언섭서다이즈드 융자의 가장 큰 다른 점은 이것은 대학원생도 빌릴 수 있고 학업을 마치기 전에라도 이자를 내야 한다는 것이다. 이자 납부를 졸업 후까지 미룰 수는 있지만, 대신 그동안의 이자는 원금으로 추가된다. 연 이자율은 학부생은 5.05%로 위의 디렉트 섭서다이즈드 융자와 같지만, 대학원생과 그 이상의 학생들은 6.60%이다. 비용은 1%가 약간 넘는다 (2018~2019). 대출 가능액은 학부생의 경우 위의 디렉트 섭서다이즈드 융자와 마찬가지로 여러 가지 조건에 따라 $5,500~$12,500 을 빌릴 수 있다. 다만 디렉트 섭서다이즈드 융자와 디렉트 언섭서다이즈드 융자를 합친 금액이다. 부모의 부양가족 (dependents-자신의 세금 보고를 별도로 하지 않음)인 학부생이 대출받을 수 있는 최대 금액은 이 두 가지 디렉트 융자를 합하여 연 $31,000 이다. 다만 독립 학생 (independent students)이거나 부모가 플러스 론 (PLUS loans-다음 페이지에 설명)을 받을 수 없는 학부생은 최대 $57,500 까지 대출을 받을 수 있다. '독립 학생'에 대한 기준은 24 세 이상이거나 기혼자, 부양 자녀가 있는 자, 고아, 대학원 이상 재학생, 재향군인 등이다. 대학원생과 그 이상을 위한 최대 대출 가능액은 학부의 디렉트 융자를 포함, 총 $138,500 까지이다. 두 가지의 디렉트 론 (섭서다이즈드 +언섭서다이즈드)에 대한 비교는 StudentAid.ed.gov (*Subsidized and Unsubsidized Loans*)를 참조하되, 당신이 (자녀가) 받을 수 있는 대출에 관한 정보는 다니는 학교의 파이낸셜 에이드 담당자와 상담하는 것이 가장 좋다.

◑ 디렉트 플러스 론 (DIRECT PLUS LOANS)

이 융자 프로그램은 대학생과 전문 학생 (professional students), 그리고 학부생의 부모를 위한 것으로, 위의 융자 프로그램들과 크게 다른 점은 크레딧이 좋아야 한다는 거다. 위에 소개한 다른 학생 융자 프로그램들은 크레딧 점검을 하지 않으므로 크레딧이 좋지 않아도 상관없지만, 이 융자 프로그램은 크레딧이 좋지 않은 대출자는 보증인 (cosigner)이 있어야 한다. 2019년 4월 현재 이자율은 연 7.6%이며, 최대 대출액은 총 필요한 학비에서 학생이 받은 (받을) 학비 보조 (financial aid)를 제외한 금액이다. 대출 수수료는 (loan fees) 약 4.3%로, 다른 학자금 대출 프로그램들보다 훨씬 높다. 융자상환 기간은 대개 10년인 위의 다른 프로그램들보다 훨씬 긴 10~25년 정도이다. 대출을 받을 때부터 이자가 붙기 시작하고 졸업 후 6개월까지 이자 페이먼트를 유예받을 수 있지만, 이는 모두 원금에 포함된다. 그러므로 당신이 학부생의 부모로서 이 대출을 받았다면 이자/원금을 즉시 내기 시작할 것을 권한다. 비록 자녀의 학비를 위한 대출이지만, 당신의 이름으로 되어 있는 당신의 빚이기 때문이다. 자녀가 학교를 졸업할 때까지 기다려봐야 상환해야 할 금액만 올라가고, 만약 졸업 후 자녀가 융자금을 갚지 않으면 이 빚을 자녀 이름으로 옮길 수도 없다.

◑ 기타 학생 융자 프로그램들

의사, 간호사 등 특정 의료분야 공부를 하는 학생들을 위해 정부의 관련부서에서 지원하는 융자프로그램도 있다. 경제적 필요 (need-base)를 기준으로 보조가 되는 이 프로그램은 미국에서 현재 배출하는 의료 전문인보다 더 필요한 숫자의 인력을 충원하기 위하여 만들어졌다. 다른 정부의 보조 프로그램과 마찬가지로 이 또한 각 학교에서 취급 여부와 학생의 대출자격을 결정한다. 의료분야 외 다른 분야의 학업 지원을 위한 정부 프로그램들에 대한 정보는 학교의 담당자와 상담하는 것이 가장 좋다.

❶ 펩사 (FAFSA)

정부의 그랜트와 장학금은 물론, 융자 프로그램을 통해 대출을 받고자 하는 사람이 반드시 작성해야 하는 서류가 펩사 (FAFSA -Free Application for Federal Student Aid)이다. 직업이 없는 미혼 학생의 경우 부모의, 독립 학생은 본인의 소득과 자산을 기재하며, 이 자료를 바탕으로 정부와 학교의 재정 보조가 결정된다. 졸업까지 (또는 재정 보조가 필요하지 않을 때까지) 이 자료는 해마다 업데이트하여야 한다. 여기에는 현재 소득과 개인의 자산 (현금, 동산과 부동산 등의 투자자산), 그리고 세금 보고 자료가 자세히 들어간다. 독립학생이 아니라서 부모가 펩사를 작성하더라도 학생의 소득과 자산 정보가 들어간다. 작성이 끝나면 학생이 다니는 (다닐) 학교의 총비용에서 가족 부담금인 EFC (expected family contribution)가 얼마인지 나오고 그 금액을 제외한 금액이 받을 수 있는 학비 보조액으로 나온다. 이것은 예상치로, 학교의 담당자를 통해 그랜트와 장학금, 그리고 융자 등에 관한 자세한 정보를 얻을 수 있고 이 과정을 통해 보조받을 수 있는 금액이 바뀔 수 있다. 대부분 대학이 펩사만 보지만, 많은 사립 학교는 CSS Profile 이나 별도의 서류를 요구하기도 한다.

많은 한국 사람들이 펩사를 학교에 '공짜로 다닐 수 있는 가난한 사람들'만 해야 하는 것으로 여기는 경우를 보는데, 이는 아주 큰 오해이다. 모든 학비를 다 현찰로 낼 수 있는 사람이 아니라면, 금융기관의 사립 학생 융자보다 이자율과 상환 조건이 비교적 더 좋은 정부 융자를 받기 위해서라도 펩사가 필요하다. 이것을 작성하고 매년 업데이트하는 것은 골치 아픈 일이지만, 은퇴와 자녀의 학비를 경제적 압박 없이 준비할 수 있는 사람이 아니라면 서둘러 해야 한다. 미국 정부의 보조를 받을 수 없는 유학생이라도, 사립학교에 다닌다면 학교가 그것을 바탕으로 자체적인 장학금 등을 보조할 수 있으므로 펩사를 작성하는 것이 좋다. 대학 준비를 하는 고등학생의 경우 10 월부터 펩사를 시작할 수 있고, 늦어도 대학에 입학하는 해 6 월 말까지는 접수시켜야 한다. 온라인으로 작성 도중 문제가 있거나, 해당

사항이 없어서 다음 페이지로 갈 수 없으면 프린트하여 우편으로 보낼 수도 있다. 연락처나 주소는 FAFSA 웹사이트에 있다. 정부의 그랜트와 장학금, 그리고 대출은 대개 미국 시민권자나 영주권자들만 신청할 수 있지만, 각 주에서, 또는 학교에서 별도로 허용하는 여러 프로그램이 있을 수 있으니 당신의 재정 보조 여부는 학교의 담당자에게 직접 문의하는 것이 가장 정확하다. 펩사에 보고되는 세금 자료는 입학하기 2년 전의 자료이다. 즉, 2020년 가을에 입학하는 학생을 위한 펩사는 2018년 치 세금 보고 자료를 바탕으로 작성된다.

교육 플랜

교육을 받는 가장 좋은 방법은 물론, 갚지 않아도 되는 그랜트나 장학금을 받는 것이다. 하지만 그랜트는 가족 소득이 적은 사람들을 기준으로 주고, 장학금은 한정돼 있기 때문에 일부에게만 기회가 주어진다. 다음으로 좋은 옵션은 학비를 충분히 모으는 거지만, 학비가 비싼 나라에서 물가보다 더 빨리 오르는 학비를 충분히 모으는 것은 물가만큼 오르지 않는 급여를 받는 사람들에게는 불가능하다. 학생이 일할 수 있고 실제로 많은 학생이 하지만, 보통 파트타임으로 일해서 비싼 학비를 충당하는 건 거의 불가능하다. 마지막 선택은 융자이다. 융자를 받아야 한다면 위에서 소개한 융자 프로그램들을 중심으로 받되, 정말 필요한 최소한의 액수만 받고 대출 조건을 꼼꼼히 따져보고 이해하여야 한다. 만약 그것으로 부족하다면 금융사를 통하여 융자를 받을 수 있는데, 이때 반드시 여러 금융사에서 이자와 상환 등의 조건을 꼼꼼히 따져본 다음 결정해야 한다. 의대나 법대에 다니는 전문 학생 (professional students)이라면 그들만을 위한 사립 대출 프로그램도 있으니 알아보시라. 더 자세한 금융기관을 통한 학비 대출에 관한 정보는 FinAid.org (*Private Student Loans*)이나 NerdWallet.com (*Private Student Loans: 6 Best Lenders for April 2019*)을 참고하시라. 다음은 교육 플랜시 고려할 몇 가지 사항이다.

❍ 학비가 얼마인지 알기

교육 플랜의 첫 번째 단계는 학비가 얼마인지를 아는 것이다. 대학 준비를 하는 사람이라면 ACT, AP, CSS Profile 등을 위하여 방문하게 되는 College Board (CollegeBoard.org)에 의하면, 2018~2019년 4년제 주립대학의 주 내 학생들을 위한 학비는 $10,230, 타 주의 학생들을 위한 주립대 학비는 $26,290, 그리고 사립대의 평균은 $35,830이라고 한다 (*Average Published Undergraduate Charges by Sector and by Carnegie Classification, 2018-19*). 기숙사비는 $9,000-$13,000 정도 별도로 들며, 유명 사립대의 경우 학비와 기숙사비 포함, 1년 총학비가 $60,000~$70,000 정도이다. 용돈과 타 주에서 집에 오가는 비용도 별도이다. 당신의 자녀가 아직 어리다면 학비는 평균 물가 상승률보다 빨리 오른다는 걸 이해하는 것이 중요하다. 지금 $20,000이라고 그걸 기준으로 준비하였다가 10년쯤 후에 자녀가 학교에 갈 나이가 되면 두 배 가까이 올라 있을 수 있기 때문이다. 그러므로 자녀가 대학에 갈 시간이 오래 남았을수록 학비가 비싸지리라 생각하고 더 많은 학비를 모아야 한다.

❍ 학자금 준비는 출산부터

이렇게 비싼 학비는 일찍부터 준비하는 것이 중요하며, 아이의 출산과 함께 계좌를 트는 것이 가장 좋다. 계좌를 트고 나서는 지인들에게 선물 대신 적은 액수라도 계좌에 넣어 달라고 부탁하시라. 요즘은 계좌를 오픈한 금융기관의 웹사이트를 통해 지인들에게 이메일로 쉽게 요청할 수 있다. 동시에 당신도 주변 사람들의 아이를 위해 그렇게 할 것을 제의한다. 많은 아이가 생일이나 크리스마스 등에 필요하지도 않은 선물을 적지 않게 받지만, 그들을 위한 교육 계좌는 없는 경우가 너무 많다. 슬픈 일이다. 교육을 위한 저축은 하지 않으면서 아이들이 잠깐 쓰고 버릴 물건들을 사주는 우리는 아이들에게 무엇을 가르치고 있는가? 우리는 아이든 어른이든 누구를 위해 선물을 할 때 '과연 내가 주는 선물을 받는 사람이 마음에 들어

할까?' 하고 고민한 경험이 있다. 동시에 우리는 한번쯤은 다른 사람한테 받은 선물을 들고 '차라리 돈으로 줬으면...' 하고 생각해 본 적이 있다. 이 비생산적인 선물 습관을 우리는 바꿔야 한다. 우리가 별생각 없이 아이들 생일이나 크리스마스에 주는 $20, $30 짜리 선물 대신 아이의 교육계좌에 넣어 주는 것이 어떨까? 만약 주변의 친척, 친구 등 10 명이 아이가 태어났을 때부터 생일과 크리스마스 때 각 $25 씩 (1 년에 $50) 넣어 준다면 아이가 대학에 갈 때면 자그마치 $16,000 이상의 돈이 모인다 ($50 × 10 명 = $500 을 18 년간 투자, 연 6% 복리 이자 적용). 여기에 부모가 월 $50 만 저축하면 $36,000 이 넘는 돈이 모인다. 아이가 주립대에 가더라도 4 년 치 학비는 되지 않지만, 적지 않은 도움이 될 것임은 두말할 나위 없다. 그야말로 '티끌 모아 태산'이다.

● 자녀와 대화하기

많은 한국인 부모들은 미국에 살면서도 아이들의 학비는 당연히 부모의 몫이라 생각하는 경향이 심하다. 물론, 돈이 있어서 아이들의 학비를 다 대줄 수 있다면 좋겠지만, 학비가 유난히 비싸고 돈 모으기는 쉽지 않은 미국에서 이것은 아주 힘든 일이다. 아니, 대다수 사람에게는 불가능한 일이다. 그래서 많은 학생은 대학을 마치기 위하여 대출을 받을 수밖에 없다. Forbes.com 에 의하면 대학 졸업반 학생의 68%에게 학생 융자가 있고 평균 융자액은 $37,000 이 넘는다고 한다. 이것은 젊은이들 만의 문제가 아니라, 40 대 인구의 7 백만 명 이상, 50 대 인구의 5 백만 명 이상, 그리고 60 세 이상의 노인 중 3 백만 명에게 학생 융자가 있다고 자료는 보고한다. (*Student Loan Debt Statistics In 2018: A $1.5 Trillion Crisis*).

빚이 없어도 돈 모으며 살기 힘든데 사회 첫발부터 적지 않은 빚을 안고 시작하면 경제적으로 안정되는 것이 그만큼 늦어질 수밖에 없다. 부모로서 안타깝다고 집을 담보로 융자를 받거나 부모의 이름으로 융자를 받아서 학비를 대주는 사람들이 많은데, 그러면 그들은 노후준비를 하지 못 하여 나중에 아이들에게 짐이 된다. 지금 아이에게 짐을 지우는 게 미안하다고 그 짐을 대신 짊어지면 나중에 당신이 아이의 등에 업혀야 하는 상황이 온다.

그러므로 당신이 지금 노후준비를 제대로 하지 못 하고 있다면 아무리 미안하더라도 자녀가 자기의 학비를 책임지도록 하여야 한다. 그러기 위해서는 자녀가 가정의 경제 사정을 이해하도록 대화를 해야 한다. 자녀에게 당신의 소득과 지출을 공개하고 왜 학비 보조가 힘든지를 설명해야 한다. 나는 이런 이야기는 일찍 할수록 좋다고 생각한다. 많은 한국인 부모들이 자신들은 경제적으로 힘들어도 아이에게는 유행하는 가방이나 신발, 그리고 전자기기 등을 사주며 '기죽지 않도록' 키우는데, 이것은 아주 위험한 일이다. 아무리 부모가 말하지 않아도 아이들이 틴에이저 나이가 되면 가정형편에 대해 눈치를 채게 된다. 이때 부모가 솔직하게 말하지 않으면 아이들은 더 혼란스러워지고, 결국 부모에게 속은 느낌이 들어 반항을 더 할 수도 있다. 아이들은 부모의 생각보다 더 현실을 꿰뚫어 볼 수 있으니 말이 통하는 나이가 되면 솔직하게 대화하자. 비싼 학비, 당신이 도와줄 수 있는 부분, 그리고 부족분을 채우기 위한 융자 등에 대해 대화를 솔직하게 나누어야 한다. 자녀가 부모의 말을 귀담아듣지 않으려고 하거나 믿지 않는다면 재무설계사와 같이 상담하게 하여도 좋다.

학비를 빌리는 건 당신과 자녀의 미래에 아주 큰 영향을 미치는 일이다. 당신이 혼자서 어찌 해보겠으니 걱정하지 말고 공부나 하라고 하는 건 아주 중요한 교훈이 될 기회를 아이로부터 빼앗는 것과 같다. 더군다나 아이의 이름으로 융자가 있는데 이것의 위험성을 알리지 않는 건 부모로서의 직무유기이다. 어차피 당신이 책임질 수 없는 자녀의 인생이다. 아이가 일찍부터 자신의 삶에 주인 정신을 갖고 현명한 결정을 하도록 도와주는 것이 부모가 할 일이다. 이것은 솔직한 대화를 통해서만 가능하다.

● 전공의 중요성

삶에서 하고 싶은 것만 하며 살 수 있다면 얼마나 좋을까? 하지만 슬픈 현실은, 기본적인 생활을 할 수 있는 경제적 여유가 없으면 아무리 가슴이 뜨거워지는 일이라도 지속할 수 없고, 대학을 우수한 성적으로 졸업하여도 취직이 보장되는 것이 아니라는 거다. 들어가기 힘든 유명 대학을 졸업하고도 전공 관련 취직자리를 찾지 못 하여 커피점이나 소매점에서 아르바이트하는 사람들이 수없이 많다. 대학에서 무엇을 전공하였는지는 이렇듯 아주 중요하므로, 당신이 (당신 자녀가) 평생 돈 걱정하지 않아도 되는 부자가 아니라면 전공을 결정할 때 취직 가능성을 염두에 두어야 한다. 적성에 맞지 않고 관심도 없는데 단지 취직을 위해서 엔지니어링을 공부하라는 소리가 아니다. 취직만을 위하여 꿈을 포기하라는 소리도 아니다. 다만 졸업 후 취직 가능성을 제대로 이해하고 현실적인 대안을 세우라는 거다. 커피점에서 아르바이트하더라도 좋아하는 것을 해야겠으면, 그래도 기본 생활이 유지가 되고 당신이 하고 싶은 걸 계속할 수 있겠는지, 나이가 들어도 그런 생활에 만족하겠는지를 미리 고려해 보라는 거다. 당신이 하고 싶은 전공을 마친 사람들을 만나보는 것도 좋다. 만약 당신이 공부하고 싶은 전공이 개업이나 취직이 힘든 분야라면 취직 가능성이 높은 걸 찾아 두 개의 전공을 하던지, 아니면 부전공으로 하는 걸 고려해 보는 건 어떨까? 현명한 사람들은 자기가 하고 싶은 것만 하겠다고 돌진하다가 나중에 '현실'이라는 벽에 부딪혀 좌절하기보다, 조금 돌아가더라도 하고 싶은 것을 계속할 수 있는 방법을 찾는다.

내가 아는 어떤 분은 어려서부터 연극에 지대한 관심이 있었는데, 그 길이 얼마나 험난한지를 잘 앎으로 대신 교육학을 공부하고 교사가 되었다. 교사로 일하면서는 방과후와 주말에 지역에서 연극팀을 만들어 평생 봉사활동을 하였다. 최근에 은퇴하고 지역의 노인들과 함께 연극팀을 만들어 공연을 다니겠다고 꿈에 부풀어 있던 그 분은 70 세의 노인이라고 믿기 힘든 젊음이 가득 차 있었고 행복해 보였다. 그야말로 성공한 인생이 아닌가? 나는 당신이, 당신의 자녀가 평생하고 싶은걸 하며 행복하게 살기를 진심으로 바란다. 그런데 전공을 살려 취직을 하기는커녕, 학비 융자금 때문에 숨을 쉬지도 못할 상황에 있는 사람은 행복할 수 없다. 현실을 감안하여 전공을 결정해야 하는 이유이다.

◐ 커뮤니티 칼리지

미국 커뮤니티 칼리지의 평균 학비는 1 년에 $5,000 정도이다 (CommunityCollegeReview.com- *Average Community College 2018-2019*). 한국의 전문대학과 대학 부설 평생교육원을 합친 개념인 커뮤니티 칼리지에서는 학위에 큰 관심이 없는 사람들이 직업교육을 받을 수 있고, 아니면 기본 교양과목을 이수한 후 4 년제 대학으로 편입할 수도 있다. 고등학교 때 성적이 좋지 않아서 원하는 4 년제 대학에 들어가지 못한 사람이 성적 받는 것이 비교적 쉬운 커뮤니티 칼리지에서 좋은 성적을 받으면 편입이 수월할 수 있다. 성적이 좋은 사람이라도 2 년 동안 커뮤니티 칼리지에서 교양과목을 이수하고 4 년제로 편입하면 많은 돈을 절약할 수 있다. 나도 아이들을 어느 정도 키우고 공부를 다시 하기로 결정했을 때 처음 한 일이 커뮤니티칼리지에 가서 내가 원하는 주립대의 전공 (finance)에서 받아주는 최대한의 크레딧이 무엇인지 알아보는 거였다. 가난한 유학생이었던 내가 결혼 전 커뮤니티 칼리지에 다녀서 교양과목 학점이 꽤 있었기 때문에 전공을 바꿔서 편입하여도 서너 과목을 들은 후 최대한의 크레딧(64)을 얻고 주립대로의 편입이 가능했다. 커뮤니티 칼리지의 성적이 좋았으므로 주립대학에서 장학금도 많이 받았다.

미국에서는 고등학생들이 졸업 후 커뮤니티 칼리지로 진학하는 것을 별로 '쿨'하게 여기지 않는 경향이 있는데, 한국 이민자들은 이런 경향이 더 심해 보인다. 자녀들의 학자금으로 한 푼도 모아 놓지 않은 사람들조차 커뮤니티 칼리지는 고려하지 않는데, 현명하지 않다. 만약 학비를 어떻게 내야 할지 걱정이 있는 사람이라면 적어도 비용이 적은 옵션들을 알아는 보라고 나는 간곡히 권하고 싶다. 커뮤니티 칼리지에 다니는 것이 '쿨'한 일은 아닐지 몰라도 경제적인 면에서는 아주 합리적이고 현명한 일이다. 아니, 커뮤니티 칼리지와 주립대를 다녔고 재무설계사로 일하는 내 눈에는 최소한의 돈을 들여 교육을 받는 사람이야말로 안팎으로 진짜 '쿨'하다.

◑ 학비 보조 극대화하기

흔히 '학비 보조'라고 부르는 financial aid, 또는 financial aid package는 학교마다 다르다. 많은 사람이 이것을 그랜트나 장학금같이 갚지 않아도 되는 돈으로 생각하는데, 여기에는 보통 그랜트와 장학금은 물론, 자격이 되는 학생 융자와 학생이 일하며 벌 수 있는 work-study 프로그램도 포함되어 있다. 이것은 또 최종적인 것도 아니다. 그러므로 학교가 결정됐으면 즉시 담당자와 학비를 어떻게 조달할 수 있는지에 대해 상의해야 한다. 앞에서도 언급하였지만, 그랜트와 필요(need-base)를 기준으로 주는 장학금들은 신청 순서대로 지급되는 경우가 많다. 따라서 팹사 (FAFSA)와 CSS Profile 등 학교에서 원하는 재정 서류들을 빨리 작성하는 것이 중요함은 말할 것 없다.

그리고 학교에서 파이낸셜 에이드 패키지를 받았다고 하더라도, 가족이 지급해야 하는 부분을 감당할 수 없으면 다시 담당자에게 연락하여 더 보조받을 수 있는지 알아봐야 한다. 또 학기 중간이라도 부모가 직장을 잃거나 아파서 일하지 못 하는 등 가족의 재정에 문제가 생긴다면 그것도 빨리 알리고 학교로부터 추가의 도움을 받을 수 있는지 알아본다. 다시 강조하지만, 같은 금액의 자산이라도 은퇴계좌에 있으면 학교에서 받을 수 있는 재정 보조에 대개 영향을 끼치지 않는다. 자산을 어디에 어떻게 모으냐에 따라 비슷한 소득이 있는 두 부모의 자녀가 받을 수 있는 학비 보조에 크게 차이가 날 수 있다. 이렇듯 은퇴 준비와 자녀의 학자금 준비는 성격이 다른 것 같아도 긴밀하게 연결돼 있다. 그런데 은퇴계좌에 넣을 수 있는 금액은 한정돼 있으므로 두 가지 플랜은 일찍 시작할수록 효과가 극대화된다. 또 같은 금액을 버는 자영업자라도 비즈니스가 어떻게 등록이 돼 있는지에 따라 자녀가 받을 수 있는 재정 보조에 차이가 클 수 있다. 회계사와 재무설계사가 공조하여 일을 해야 하는 부분이다.

끝으로, 자녀를 위한 학비를 모으면 학교에서 학비를 적게 보조받는다고 아예 모으지 않는 사람들도 있는데, 그보다 안타까운 일이 없다. 학교마다 보조액 계산 기준이 다를 수 있지만, FAFSA 의 경우, 당신이 모으는 529 계좌 내 자산 중 $20,000 까지는 학비 보조에 거의 영향을 주지 않고, 그 이상의 액수는 약 5-6% 정도만 영향을 끼친다고 SavingforCollege.com 은 보고한다 (*Does a 529 plan affect financial aid?*). 그러니 걱정하지 말고 '마음껏' 학비를 모으시라. 만약 부모가 아닌 사람들, 즉 조부모가 손주를 위하여 모으는 529 자산이라면 금액에 상관없이 펩사를 통한 학비 보조에 영향을 끼치지 않는다.

◑ 유학

당신도 잘 알다시피 미국은 평균 대학 학비가 세계에서 가장 비싼 나라이다. 그 말은 많은 다른 나라들은 학비가 그리 비싸지 않다는 뜻이기도 하다. 특히 유럽의 많은 대학은 무료이거나 아주 저렴하다. 그들은 세계의 인재들을 끌어모으고 자국의 젊은이들이 인종 다양화를 경험하게 하도록 외국인 학생들에게도 대개 자국의 학생과 같은 혜택을 제공한다. 많은 클래스를 영어로만 강의하기도 한다. 당신(자녀)의 관심 분야가 외국에서 공부하는 것이 유리하거나 미국에서 하는 것과 큰 차이가 없다면 유학을 고려해 보는 건 어떤가? 어쩌면 융자를 받지 않고도 원하는 학위를 받을 수 있는 길이 있을지도 모른다.

◑ 기타 생각해 볼 것들

학교든 사회든 등수를 매기고 줄을 세우는데 익숙한 우리 한국인들은 미국에서도 소위 '명문대학'들만 선호하는 경향이

뚜렷하다. 지명도가 높은 학교들의 여러 가지 장점을 나도 모르는 바는
아니나, 맹목적으로 명문대만 선호하는 건 문제가 있다. 많은 명문대는
사립이고 학비와 기숙사비까지 합하면 대개 연 $60,000 이상으로 아주
비싸다. 소위 명문대들은 재정이 튼튼하여 학생들에게 지급하는 학비
보조가 관대한 편이지만, 다 그런 건 당연히 아니다. 그러므로
장학금을 받는 사람이 아니라면 대부분 학생은 부모가 학비를 내야
하는데, 그 많은 돈을 현찰로 낼 수 있는 사람들은 대개 '부자'들이다.
이런 부자 부모를 둔 친구들이 돈을 물 쓰듯 한다면 그 속에서 부자가
아닌 아이들은 이질감이 느껴질 수밖에 없다. 그래서 많은 사립대에
다니는 '보통 사람들'의 자녀가 겪는 첫 충격 중 하나는 이 빈부의
차이라고 한다. 자랄 때는 자기가 가난한 줄 몰랐는데 (사실 어느
기준으로 보아도 가난한 사람들이 아님) 대학교에서 주변의 엄청난
부자인 (부모를 둔) 친구들과 비교하면 자기가 갑자기 가난하게
느껴진다는 거다. 이런 경우 이질감이 느껴지는 다른 학생들과 친한
친구 되기가 쉽지 않고 학교 적응이 힘들 수도 있다.

또 한 가지 '명문대'에 간 아이들이 받는 충격은 세계 각국에서
모여든 인재들을 보며 자기가 생각보다 똑똑하지 않다고 느껴질 때의
충격이라고 한다. 세계적인 지명도가 높은 명문대에 갈 수 있는
학생이면 (부모가 거액을 기부하고 자녀를 입학시키는 기부입학이
아니라면) 대개 초·중·고를 거치며 학교에서 늘 '똑똑한 아이'로 불렸을
것이다. 그만큼 자신감도 컸는데 자기와 같은, 또는 자기보다 똑똑한
학생들 속에서 어느 날 갑자기 그저 '중간치'가 되어버린 자신을
발견하고는 자신감이 크게 떨어진다고 한다. 내가 좋아하는 작가 말콤
글래드웰 (Malcolm Gladwell)의 표현을 빌리자면 '작은 연못의 큰
고기'로 자란 아이가 갑자기 '큰 연못의 작은 고기'가 되고 자신감을
잃게 되는 거다. 여러 분야에서 성공한 사람들을 연구하여 글을 쓰는
이 저자는 자신의 저서인 데이빗과 골리앗 (David and Goliath)에서
'작은 연못의 큰 고기'로 두각을 나타내며 사는 것이 '큰 연못의 작은
고기'가 되어 힘들게 수영하며 사는 것보다 낫다고 결론을 내린다.
물론, 사람마다 환경의 변화에 대한 적응도가 달라서 어떤 학생들은
'큰 연못'에서 활개를 치며 수영을 할 수 있고, 어떤 학생들은 위압감이

189

들어 그나마 하던 수영도 못할 수가 있다. 그러므로 아이의 진학을 결정할 때 무조건 좋은 학교만 고집할 것이 아니라 환경과 아이의 적응력도 고려해 보아야 한다.

끝으로, 모든 사람이 대학을 다녀야 하는 건 아니라는 걸 이해하자. 굳이 공부에 취미도, 특별한 관심 분야도 없는 사람이 '남들도 다 가니까' 대학에 가는 경우가 많다. 현대의 많은 직업이 대학이나 전문교육이 필요하지만, 높은 교육을 받고도 직업을 찾지 못 하거나, 아니면 전공을 살려 일해도 학비 대출금을 갚느라 평생을 힘들게 사는 사람들이 많은 것도 사실이다. 세상에는 대학교육이 필요 없는 전문직들이 의외로 많다. 소방대원, 항공 트래픽 컨트롤러, IT 기술자들, 전기공 등은 평균 $100,000 이상의 연봉을 버는 전문 직업들이다 (MoneyCrashers.com- *11 High Paying Six-Figure Jobs Without a College Degree*).

커뮤니티 칼리지에서 병원의 의료기사나 다른 기술자로 취직이 가능한 공부를 할 수도 있다. 급속도로 기계화 되는 공장에서는 단순 기능직이 아닌 기계를 다루거나 고칠 수 있는 고급 기술자가 부족해서 기술학교에 다니는 학생을 미리 스카웃하거나 아예 아무것도 모르는 고등학교 졸업생을 고용하여 기술을 직접 가르치기도 한다. 만약 공부에 특별히 관심이 없는 자녀가 있다면 등 떠밀어 대학에 보내지 말고 다른 전문직을 알아보도록 권유하는 것이 좋다. 미국에서의 대학은 나중에 본인이 필요를 느낄 때 가도 늦지 않다. 아이의 특기와 적성을 살려 직업을 찾고, 그리고 무엇을 하든 그 자리에서 행복하게 사는 방법을 찾도록 같이 고민하고 용기를 주는 것이 부모의 일이라고 나는 생각한다. 좋은 대학, 좋은 직업만 맹목적으로 쫓도록 등 떠미는 건 아이가 불행해지고 부모와의 관계가 손상되는 지름길이다. ▨

Chapter 7

투자

모든 투자는 위험성이 있고 돈을 잃을 수 있지만, 그렇다고 투자하지 않으면 인플레이션 때문에 돈의 가치는 계속 떨어진다. 그러므로 힘들게 번 돈의 가치를 지키고 자산을 증식시키기 위해서는 투자의 종류와 위험도, 그리고 비용을 정확히 이해하고 투자하는 것이 아주 중요하다.

1. 왜 투자가 필요한가?

2. 증권

3. 투자 비용

4. 증권투자, 어떻게 시작하나?

왜 투자가 필요한가?

❍ 투자하지 않을 때 발생하는 문제

¤ 시간이 갈수록 돈의 가치가 떨어짐

많은 사람이 증권 투자는 무조건 위험하므로 피해야 한다고 생각하는데, 돈을 잃는 것에 대한 두려움은 충분히 이해한다. 버는 것도 힘든데 한 푼이라도 잃고 싶은 사람이 세상에 어디 있겠는가? 특히 증권시장이 폭락할 때 가만히 앉아서 어느 날 갑자기 자기 투자자산이 반 토막 나는 걸 본 사람들은 시간이 지나도 그 악몽이 사라지지 않을 것이다.

그런데 더 큰 문제는, 투자가 위험하다고 하지 않는다 하여 돈이 '보호'되는 게 아니라는 거다. 물가 상승률이라고 하는 인플레이션 때문인데, 당신이 현찰을 움켜쥐고 있으면 시간이 지날수록 그 현찰의 가치가 떨어진다. 돈을 잃을까 두려워서 투자하지 않고 꼭 쥐고 있는데도 시간과 함께 그 가치가 계속 떨어지는 모순을 경험하게 되는 거다. 지금의 집값, 음식값, 급여, 학비, 병원비, 렌트 등의 가격을 30 년, 40 년 전과 비교해 보시라. 물가는 시간이 지날수록 꾸준히 올라서, 같은 집, 같은 아파트 렌트라도 더 많은 돈을 줘야 한다. 그러므로 당신의 돈이 최소한의 물가 상승률만큼 자라지 않으면 가치를 잃는다. 예를 들어, 미국의 기준 금리를 정하는 Federal Reserve 자료에 의하면 1970 년도 평균 가정당 소득은 $10,000 이 채 되지 않았다 (The Federal Reserve Bank of St. Louis-Median Family Income in the United States). 즉, 1970 년에는 평균 미국인 가족이 1 년에 $10,000 정도로 생활할 수 있었다. 만약 당신의 부모가 1 년 치 연봉이 되는 돈을 힘들게 모아서 '안전하게' 은행의 금고에 넣어 두었다고 치자. 그 후 물가는 지속해서 올랐고, 45 년이 지나 미국의 평균 가정 소득이 $57,000 정도인 2015 년이 되었다고 치자. 1970 년에 '안전하게' 은행의 금고에 넣어 둔 $10,000 은 과연 45 년이 지난 2015 년에는 얼마의 가치가 있을까? 물론 $10,000 의 가치밖에 없다. 이 돈은 2015 년에 한 가족이 1 년에 필요한 $57,000 의 약 18% 정도밖에 되지 않으므로 지난 45 년간 '안전하게' 은행 금고에 넣어둠으로써 82%의 가치를 잃은 거다. 참고로, 그 돈을 대신 S&P 500 인덱스 펀드에 묻어 두었다면 $220,000 정도의 가치가 (단순 계산) 되었을 것이다 (S&P 500 인덱스는 1970 년도의 90 포인트에서 2015 년에는 2,000 포인트로 22 배 이상 올랐다). 펀드의 투자 비용 때문에 금액이 약간 줄어들긴 했겠지만, 투자가 위험하다고 하지 않았을 때의 더 큰 위험이 무엇인지를 잘 보여준다. '돈을 잃을지도 모른다'는 두려움 때문에 투자하지 않았을 때 발생할 훨씬 더 큰 위험성은 아예 이해하려고 조차 하지 않는 사람들을 보면 나는 안타깝기 그지없다.

¤ 시간 = 돈

투자가 필요한 또 다른 이유는 시간이 자산증식에 미치는 지대한 영향 때문이다. 다음의 설명을 잘 듣고 퀴즈를 하나 풀어 보시라:

나이와 소득이 같은 당신과 당신의 친구가 있다. 당신은 지금부터 10 년 동안 해마다 $5,000 을 저축했지만, 11 년 차부터는 무슨 일이 생겨서 더이상 저축하지 못 하고 그동안 투자된 돈이 계속 이익을 내도록 묻어둔다고 하자. 반면 당신의 친구는 첫 10 년 동안 저축을 하지 못 하다가 11 년 차부터 같은 금액인 연 $5,000 을 저축하기 시작하였다. 둘 다 평균 투자 이익률이 연 8%이고 그 돈이 재투자(복리) 된다고 가정할 때, 10 년 늦게 저축을 시작한 당신의 친구가 첫 10 년 동안만 저축하고 멈춘 당신의 자산을 쫓아가려면 앞으로 몇 년 동안 저축/투자해야 할까? 10 년, 20 년, 또는 30 년? 몇 년이 걸릴까?

정답은 11 년 차부터 시작하는 당신의 친구는 30 년, 50 년, 아니 100 년 이상을 해마다 $5,000 씩 저축/투자를 하며 당신과 같은 투자 수익을 내도 당신의 자산을 쫓아갈 수 없다. 왜일까? 원인은 '복리이자 (compound interest)'와 시간(time)이다. 당신이 첫해에 $5,000 을 투자하고 1 년이 지나 8%의 수익률 ($400)이 생기면 자산이 $5,400 이 된다. 2 년이 지난 후에는 첫 해에 있던 $5,400 에 다시 8%의 추가 이익이

193

붙어서 $5,832 가 되고, 거기에 그해 치에 해당하는 원금 ($5,000)과 투자 이익 ($400)인 $5,400 이 합해져서 총 $11,232 가 된다. 3 년이 지나면 $11,232 에 다시 8%의 이익이 붙어서 $12,131 에 또다시 추가되는 원금과 그에 대한 이익금 $5,400 이 합하여 총 $17,531 이 되고.... 이렇게 계속 이자에 이자가 붙어서 10 년이 지나면 당신의 총자산은 $78,227 이 된다. 투자 원금은 $50,000 이지만 지난 10 년 동안 이자에 이자가 붙어서 늘어난 거다. 그다음 해에는 별도의 저축을 하지 않아도 이익금만 $6,258 이 된다 ($78,227 의 8%). 당신의 친구가 11 년 차부터 저축하고 얻을 투자 수익률의 합계인 $5,400 보다 더 많은 금액이다. 그래서 다음의 표에서 보듯, 당신의 친구는 100 년 차까지 해마다 $5,000 을 꼬박꼬박 모으며 같은 투자 수익률을 얻어도 당신을 따라잡기는커녕, 차이가 더 벌어질 뿐이다. 10 년 늦게 시작한 대가가 이렇게 크다.

	당신		친구	
	원금	자산	원금	자산
10 년 후	$50,000	$78,227	$0	$0
20 년 후	50,000	168,887	50,000	78,227
30 년 후	50,000	364,615	100,000	247,115
50 년 후	50,000	1,699,454	200,000	1,398,905
70 년 후	50,000	7,912,081	300,000	6,767,352
100 년 후	$50,000	$79,707,116	$450,000	$68,709,269

이것은 물론 이론상 그렇다는 거고, 요즘 같은 저성장 시대에 해마다 8%의 투자 수익을 내는 것은 쉬운 일이 아니다. 하지만 위의 예는 복리이자 (compound interest)와 시간(time)이 자산형성에 얼마나 큰 영향을 미치는지를 잘 보여주고 있다. 시간은 돈이다.

◑ 투자의 위험성 이해하기

증권 투자가 '위험하다'라고 하는 사람들이 많은데, 그게 과연 무슨 뜻일까? 가만 생각해 보면 사실 우리가 아무 생각 없이 하는 많은
194

행동은 그에 따른 위험이 있다. 일하러 가기 위해 하는 운전도 사실 위험한 일이다. 내가 아무리 안전하게 운전해도 빙판길의 접촉사고나 부주의한 운전자를 피하는 건 힘들다. 우리 대부분은 운전 중 사고를 당해 크게 다치거나 심지어 사망한 사람을 적어도 한 명은 직접, 또는 간접적으로 알고 있다. 우리가 살기 위해서는 반드시 먹어야 하는 음식도 사실 위험할 수 있다. 음식은 비만의 원인이요, 각종 질병을 동반할 수 있다. 식중독에 걸려 사망할 수도 있다. 아픈 몸을 치료하기 위해 먹는 약은 어떤가? 아이들에게도 별생각 없이 먹이는 감기약조차 '부작용' 경고를 읽어보면 겁이 날 정도이다. 하지만 부작용이 두렵다고 고열을 방치하거나 혈압이나 콜레스테롤약 등 꼭 필요한 약을 먹지 않으면 생명에 위험이 올 수 있다. 이렇듯 자세히 보면 사람이 사는데 필요한 것들 모두가 나름의 위험성이 있지만, 위험하다고 운전하지 않고 음식을 안 먹거나, 부작용이 두려워서 약을 먹지 않으면 지금보다 더 큰 문제가 생긴다. 그래서 우리는 어떻게 하는가? 위험을 줄이기 위해 노력을 한다. 최대한 조심하여 운전하고, 믿을 수 없는 음식은 먹지 않으며, 의사와 약의 부작용을 감시한다.

힘들게 번 돈의 가치를 지키고 자산을 증식시키기 위하여 투자도 필요하다고 가정할 때 우리가 할 수 있는 건 무엇일까? 위험을 줄이기 위해 노력하는 거다. 버는 돈을 모두 한 회사의 주식에 투자하는 것에 대해 어떻게 생각하는가? 지금은 아주 영업수익도 좋고 미래가 탄탄해 보일지라도 20년, 30년, 또는 그 이후에도 과연 지금 같을까? 미래는 아무도 모르지만, 일반적으로 한 회사에만 투자하는 건 지극히 위험한 일이다. 주식에 투자하였다가 망했다는 사람은 이렇게 한 가지나 소수 회사의 주식에 투자하였다가 돈을 잃은 사람들이 대부분이다. 나는 아주 유명한 회사에서 일하며 모은 돈을 자사 주식에 투자했다가 은퇴전 회사의 파산과 함께 은퇴자산을 모두 잃은 사람을 안다. 그는 세계적으로 지점이 있는 대기업이 자신의 생전에 망하리라고는 꿈에도 생각하지 못 하였다고 한다.

그럼 의류, 자동차, 의약품, 건설, 금융 등 각종 분야에서 선두를 달리고 있는 30여 개의 대기업에 골고루 투자하는 건 어떻겠는가? 이

30개 대기업 모두가 다 망하고 당신이 투자금을 잃을 확률은 얼마나 될까? 통계적으로 30개의 대기업 모두가 망할 확률은 한 개나 서너 개의 회사가 망할 확률보다 당연히 훨씬 낮다. 그렇다면 500개의 대기업에 골고루 분산투자하면 어떨까? 미래를 알 수는 없지만, 지금 잘 나가는 500개의 대기업이 20년, 30년 후에 다 파산하고 당신이 투자액을 모두 잃을 확률은 지극히 낮다.

물론 주식시장은 오르내림을 반복한다. 대공황 이후 최대 경제 위기로 여겨지는 2008-2009년의 주식시장 폭락을 기억하는가? 그 당시 미국 500개 대기업의 주가 변화를 반영하는 S&P 500 지수는 40% 정도 폭락하였다. 그때 투자자들이 취한 행동은 다음의 세 가지다: 1. 주식시장이 더 내려갈 것을 우려하여 손실을 감수하고 투자금을 회수 2. 절호의 기회라고 생각하여 오히려 투자를 늘림 3. 아무것도 하지 않고 주가가 다시 회복되기를 참을성 있게 기다림. 그 후 10여년이 지난 지금, 과연 누가 승자가 됐을까? 물론, 폭락을 절호의 기회로 여기고 투자한 사람들이다. 주식 시장은 약 4년 이내에 폭락 전 지수를 회복하였음은 물론, 폭락 전보다도 약 두 배 정도 올랐다. 폭락 직후에 투자한 자금은 거의 4배 가까이 올랐다. 참을성 있게 기다린 사람들도 보상을 받았음은 물론이다. 하지만, 이것을 기회로 보지 못 하고 손해를 줄이는 데만 집중한 나머지 투자금을 회수한 사람들은 영영 손해를 회복할 수 없었다. 그들은 증권 투자가 '너무 위험하다'라고 하며 다시는 하지 않을 것이다.

미래를 볼 수 없는 우리가 할 수 있는 건 과거를 보고 배우는 것뿐이다. 주식시장이 오르고 내림을 반복하는 걸 알면 하락장세에 크게 겁먹을 필요가 없다. 우리가 500개의 대기업에 골고루 투자할 때 그중 몇 개의 회사가 망한다고 잠을 못 이룰 이유도 없다. 어쩌다 한번씩 2008-2009년 같은 폭락세가 발생하는 걸 알면 오히려 그것을 좋은 투자의 기회로 여길 여유가 생긴다. 그리고 몇 년 이내에 은퇴할 계획이라면 투자금의 어느 정도를 미리 현찰화 해 놓아야 은퇴 직전 증시가 폭락해도 은퇴에 큰 지장이 없을 것이다. 그렇지 않은가? 우리가 아무리 조심해도 미래를 완벽하게 준비하는 건 불가능할지도 모른다. 하지만 힘들게 번 돈의 가치를 지키고 노후를 위해 자산을 증식해야 하는 '보통 사람들'에게 투자는 선택이 아닌 이상, 우리가 할 수 있는 일은 이렇게 주식시장의 특성을 이해하고 탄력 있게 준비를 하는 것뿐이다.

◑ 증권 투자와 부동산 투자

한국 이민자들은 증권 투자보다 부동산 투자를 선호하는 경향이 강해서, 많은 사람이 집이나 콘도 등에 투자하는 걸 자주 본다. 여기서 이 두 가지 투자의 차이를 짚고 넘어가자. 결론부터 말하면 어느 것이 더 낫다고 단정하기는 힘들다. 도시마다, 부동산 종류마다, 그리고 같은 도시의 비슷한 건물이라도 여러 가지 상황에 따라 차이가 클 수 있기 때문이다. 하지만 일반적인 통계로 볼 때, 부동산 시장은 증권시장보다 적은 폭으로 오른다. 예를 들어, 포브스 (Forbes.com)에 의하면 1980-2004 년 사이에 미국의 평균 주택 가격은 247%가 올랐다고 한다. 약 25 년 사이에 2.5 배가 올랐으니 많이 오른 것 같지만, 같은 시기에 증권시장의 **S&P 500** 인덱스는 10 배 이상 올랐다 (*Real Estate vs. Stocks*). 비교 시점을 어떻게 잡느냐에 따라 이 숫자는 달라질 수 있다.

부동산을 선호하는 투자자들은 부동산은 눈으로 보고 만질 수 있으며 렌트를 주고 필요하면 수리를 하는 등 투자의 전반적인 과정을 이해할 수 있기 때문이라고 흔히 말한다. 그래서 언제 어떻게 변할지 모르는 주식 투자보다 더 안전하게 느껴진다고 한다. 하지만 부동산 투자야말로 많은 목돈을 들여 한 가지에 투자하므로, 사실 한 회사의 주식에 모든 돈을 투자하는 것 같이 상당히 위험한 일이다. 부동산은 돈이 필요할 때 쉽게 팔 수도 없다. 많은 소액 부동산 투자자들이 이 문제 (쉽게 팔 수 없는) 때문에 경제가 안 좋을 때 돈을 잃는 경우가 많다는 걸 투자자들은 알아야 한다.

정도의 차이는 있지만, 경제가 안 좋으면 대개 주식시장이든 부동산이든 같이 안 좋다. 지난 2008 년 증권시장의 폭락과 함께 시작된

197

경제공황 이후 주식시장이 회복될 때까지 부동산 시장도 꽁꽁 얼어붙어 있었다. 분산투자가 잘 된 증권투자는 내려가도 그냥 몇 년 기다림으로써 회복을 할 수 있었지만, 투자 부동산은 임차인이 렌트를 내지 않거나 렌트가 나가지 않아도 주인은 융자와 세금, 보험료를 내고 수리를 해야 한다. 융자금을 제때 내지 않으면 압류가 들어온다. 부동산은 주식같이 일부만 매도할 수도 없고, 부동산 경기가 안 좋을 때는 은행에서 별도의 융자를 받기도 힘들다. 유지가 힘들어서 팔려고 하면 헐값이라 융자금과 부동산 중개비를 빼고 나면 남는 것도 없다. 초기 투자금을 고스란히 날리는 거다.

부동산 경기가 좋아도 임차인이 월세를 제때 내지 않으면 힘들기는 마찬가지이다. 실직이나 기타 개인 사정으로 돈을 낼 수 없는 임차인을 쫓아내는 것은 주인에게도 아주 힘든 일이고, 돈이 있어도 일부러 내지 않는 악덕 임차인은 내보내는 데 긴 소송을 해야 할 수도 있다. 이런저런 복잡한 일들이 귀찮아서 임대 관리인을 고용하면 렌트비의 10% 정도는 지급해야 하고, 그러면 투자 수익이 줄어든다. 만약 아무 문제가 없고 렌트에서 이익이 나더라도, 부동산 임대에서 나오는 수익은 일반 장기적인 (1년 1일 이상) 주식 투자에서 얻는 수익보다 높은 세율인 소득세를 내야 한다. 만약 파산 신청을 하게 된다면 투자 부동산은 은퇴계좌의 자산같이 보호되지도 않는다.

앞에서도 언급했듯 여러 가지 환경에 따라 다를 수 있으므로 부동산 투자와 주식 투자 중 어느 것이 더 낫다고 단정하는 것은 힘들다. 하지만 10년 이상의 부동산 투자자로서, 그리고 증권 투자를 상담하는 재무설계사로서, 개인적인 경험으로 봐도 부동산 투자가 더 낫다고 말하기가 힘들다. 나에게는 증권 투자가 부동산 투자보다 훨씬 쉽고 자산증식에도 더 큰 도움이 되기 때문이다. 특히 각종 세금혜택과 법적 보호가 뛰어난 은퇴계좌에서 증권 투자할 때 얻을 수 있는 혜택은 더 커진다. 그러므로 당신이 부동산 투자에 관심이 있다면, 결정하기 전에 적어도 두 가지 투자를 이해하는 재무설계사, 회계사와 상담 할 것을 권한다. 어떤 이유에서든 부동산 투자를 하고 싶으면 증권 투자와 병행하는 것을, 부동산 투자만 하고 있다면 분산투자 차원에서라도 증권 투자도 고려해 보시라.

증권

❶ 증권의 정의

영어에서 증권 (securities)은 가치가 있고 매매할 수 있는 모든 증서를 가리키는 말로, 주식, 채권, 뮤추얼펀드는 물론, 동산이나 부동산의 소유권, 비즈니스 파트너십, 농장의 동물들, 석유나 광물 채집권 등 범위가 아주 넓다. 하지만 여기서는 투자자들이 증권시장을 통해 쉽게 매매할 수 있는 채권, 주식, 뮤추얼펀드, 그리고 ETF 를 주로 설명하기로 한다. 지면상 각 증권의 기본만 설명하니 만약 더 배우고 싶으면 관련 책을 사서 보기를 권한다. 만약 인터넷에서 '공짜'로 알아보고 싶다면 투자자들로 하여금 특정 주식을 사도록 기획된 광고를 주의하여야 한다. Investor.gov 는 미국의 증권시장 감독기관인 SEC (US Securities and Exchange Commission)에서 개인 투자자들을 위하여 만든 교육 사이트이니 참고하시라.

증권은 크게 타인자본 증권 (debt securities)과 자기자본 증권 (equity securities)으로 나뉜다. 여러 개의 타인자본 증권에 투자된 펀드는 타인자본 펀드 (debt funds), 자기자본 증권에 투자된 펀드는 자기자본 펀드 (equity funds)라고 한다.

❶ 채권 (Bonds)과 CD

¤ 투자자가 회사/기관에 돈을 빌려주고 이자를 받음

타인자본 증권인 채권은 회사나 정부 기관 등에서 정해진 기간 돈을 빌려 쓰고 그 기간이 지나면 원금을 돌려주기로 약속하고 발행하는 증권으로, 정기적인 이자를 지급한다 (예외 있음). 쿠폰 (coupons)이라 불리는 이 정기적인 이자는 보통 6개월에 한 번씩 지급되며, 만기상환 (maturity)시까지 변하지 않는 고정액이다. 예를 들어, 당신이 10년짜리, 5% 이자(쿠폰)를 지급하는 채권에 $10,000을 투자했다면 해마다 $500 (6개월마다 $250)의 이자를 받다가 10년이 지나면 $10,000을 돌려받는다. 쿠폰 (이자)은 만기상환 기간 (maturity)이 길수록, 그리고 발행기관의 신용등급이 낮을수록 높아진다. 그만큼 리스크 (투자위험도)가 높기 때문이다. 같은 기간의 채권이라도 미국의 재무부에서 발행하는 채권은 이자가 아주 낮다. 미국 연방 정부가 파산할 확률은 그 어느 회사가 파산할 확률보다 낮으므로 아주 안전하게 여겨지기 때문이다.

타인자본 증권은 일종의 융자이므로, 발행기관의 재무상태가 좋지 않아도 이자를 우선 지급해야 할 법적 의무가 있다. 자기자본 증권인 주식의 배당금은 회사가 수익이 많아도 지급하지 않을 수 있는 것과 비교된다. 만약 타인자본 증권을 발행한 회사가 파산절차를 밟게 되면, 타인자본 증권 투자자들은 자기자본 증권 투자자들보다 우선순위로 투자금을 회수할 권리가 주어진다.

¤ 인플레이션 리스크

정기적으로 지급하는 고정이자와 만기 시 투자액을 돌려받을 수 있는 타인자본 증권은 많은 은퇴자와 보수적인 투자자들이 선호하는 투자상품이다. 그러나 채권 (타인자본 증권)의 고정수입과 원금상환은 투자자들에게 심리적 안정을 주지만, 이자 수입과 원금이 변하지 않으므로 시간이 지날수록 돈의 가치가 떨어지는 위험성이 있다. 수입(쿠폰)과 자산(투자 원금)이 물가 상승률만큼 인상되지 않으면 시간이 지날수록 나의 자산가치는 하락할 수밖에 없기 때문이다. 단, 경기불황으로 물가가 오르지 않고 전체적인 주식시장이 떨어질 때는 고정이자를 지급하고 원금을 보호해주는 채권이 유리하다.

¤ 만기상환 전에 매도할 경우

타인자본 증권도 여느 증권이나 마찬가지로 주식시장에서 언제나 매매할 수 있지만, 만기 전의 매매가격은 대개 액면가 (face value-초기 투자액)와 다르다. 당신이 채권을 구입할 당시보다 이자가 오른 시기에 매도하고자 하면 당신은 액면가보다 적게 받는다. 같은 투자를 하는데 누가 더 적은 이자를 지급하는 채권을 사고 싶어 하겠는가? 싸게 팔아야 매도가 된다. 반대로 당신이 채권을 구매한 시기보다 이자가 내려가는 추세라면 당신의 채권은 프리미엄을 받고 팔 수 있다. 시세보다 높은 이자를 지급하는 채권이 더 가치가 있기 때문이다. 하지만 채권이 만기에 가까워질수록 마켓의 이자와 상관없이 매매는 액면가에 가까운 금액으로 이루어진다. 곧 액면가를 받을 채권이라 이자가 가격에 큰 영향을 미치지 않기 때문이다.

채권의 종류는 신용등급이 비교적 좋은 회사에서 발행하는 회사채 (corporate bonds)와 신용등급이 좋지 않은 회사에서 발행하는 정크본드 (junk bonds- 불량채권), 미국 재무부에서 발행하는 T-bonds (US Treasury bonds), 지방 정부 기관에서 발행하는 지방채 (municipal bonds-흔히 '뮤니 반드'라고 함), 외국 기관에서 발행하는 외국채 (foreign bonds) 등 여러 가지가 있다.

¤ CD "투자"

위에서 설명했듯, 고정이자를 지급하다가 나중에 원금을 되돌려주는 채권은 대개 이자가 적다. 발행 기관(회사)이 망하지만 않는다면 자기자본 증권보다 투자금을 잃을 확률이 낮기 때문이다. CD (Certificate of Deposits)는 은행에서 발행하는 타인자본 증권으로, 발행 은행이 파산하더라도 정부 기관인 FDIC 에서 원금을 보전해주기 때문에 일반 채권보다 이자율이 더 낮다. 2019 년 4 월 현재 2 년짜리 CD 의 평균 이자율은 2~3% 이다.

앞에서 여러 번 설명했기에 이제는 당신도 잘 알겠지만, 원금을 보장해 주는 대신 낮은 이자를 지급하는 CD 는 인플레이션에 따른 가치의 하락 위험성 (inflation risk)이 있다. 노동부 (US Department of Labor)가 발표한 2019 년 3 월 현재 물가 상승률은 2% 정도라고 한다.

만약 당신이 같은 기간에 '안전한' CD 에 투자하고 2%의 이자를 받았다면 물가 상승률만큼 돈이 자라서 가치를 잃지는 않은 듯 하지만, 실제로는 이자 2%에 대한 소득세를 내야 하기 때문에 그만큼 가치를 잃은 셈이 된다. 그래서 CD 를 투자, 특히 장기 투자로 보기에는 상당한 무리가 있다. CD 가 유용하게 쓰일 수 있을 때는, 내년에 차를 사거나 3 년 후에 집을 사는데 넣을 디파짓과 같이 수년 이내에 써야 하는 돈을 보관할 때이다. 증권에 투자하였다가 시장이 폭락하면 회복할 수 있는 시간이 별로 없으므로, 그야말로 너무 위험하기 때문이다.

❍ 주식

¤ 회사의 소유권

자기자본 증권인 주식은 투자자가 돈을 주고 사는 회사의 일부 소유권이다. 주식 (stocks)은 크게 보통주 (common stocks)와 우선주 (preferred stocks), 이렇게 두 가지로 나뉘는데, 여기서는 보통주를 중심으로 설명한다. 만약 당신이 마이크로소프트 (Microsoft)의 주식에 투자하면 그 회사의 소유권을 가진 주주 (shareholder)가 된다. 회사의 주인 (주주)으로서 당신은 회사 대표의 급여와 인수, 합병 등 주요 사항들에 대해 투표할 수 있다. 우선주 (preferred stocks)는 주식과 채권의 중간형으로, 채권의 이자 소득과 같이 배당금을 정기적으로 지급하는 대신, 투표권은 없다.

¤ 회사가 잘 되면 증권 가치 상승

회사가 성장하면 당신 주식의 가치도 상승한다. 하지만, 회사의 영업수익이 떨어지거나 고소를 당하거나 하는 등의 악재가 생기면 해당 회사의 주식가격은 내려가고 주주들의 자산가치도 떨어진다. 만약 회사가 폐업하면 보통주를 가진 주주 (주인)들은 모든 투자금을 잃게 된다. 자산 정리 시 손해보전을 받을 수 있는 사람들 리스트에서 채권자들보다 밑에 있기 때문이다. 그런데도 많은 사람이 주식에 투자하는 이유는 잠재적인 성장 (투자 이익) 가능성이 채권보다 높기 때문이다. 채권투자는 원금을 돌려주는 대신, 10 년이든 30 년이든

시간이 지나도 가격이 오르지 않는다고 한 걸 기억하는가? 채권을
발행한 회사가 대박이 나서 가치가 엄청나게 올라도 채권 투자자들은
만기상환 시 액면가 (원금)만 받는다. '원금 상환'이라는 '안전'을
보장받는 대가이다. 채권과 보통주의 중간형인 우선주는 채권의
이자수익과 같이 배당금을 정기적으로 지급하지만, 보통주와 같이
회사가 성장하면 가격도 오른다. 그러나 우선주의 가격 오름폭은
보통주보다 대개 낮다.

¤ 주가는 어떻게 결정되는가?

많은 사람이 주가가 높으면 회사의 가치도 높다고 생각하는 경향이
있는데 항상 그런 건 아니다. 커다란 파이를 상상해 보자. 이 파이를
만약 100 조각으로 자른다면 그 조각들은 같은 파이를 10 조각으로
자른 것보다 훨씬 작다. 주가도 회사의 가치를 기준으로 상장하는
주식의 숫자를 어떻게 정하는지에 따라 결정된다. 단순한 예를 들어,
회사가 $1 밀리언 상당의 주식을 공모한다고 치자. 이때 1,000 주를
판매하면 주당 가격이 $1,000 이 되고, 1 밀리언 주를 판매하면 주당
공모 가격이 $1 이 된다. 즉, 파이같이 몇 조각으로 자르는지에 따라 그
크기(가격)가 결정되는 거다.

시간이 지나고 회사가 성장하면 주가도 자연스럽게 오른다. 그래도
회사는 인위적으로 주식 숫자를 늘려서 가격을 일정 수준으로 '관리'
할 수 있다. 이를 액면분할 (split)이라고 하는데, 투자자의 총자산
가치는 변하지 않는다. 예를 들어, 당신이 어떤 회사의 $100 짜리
주식을 10 주 갖고 있는데 회사가 1:2 액면분할 하면, 당신은 10 주 대신
20 주를 갖게 된다. 주식의 숫자는 두 배로 늘어났지만, 가격은 그 반인
$50 로 줄어듦으로, 당신의 총투자 금액인 $1,000 에는 변함이 없다.
회사가 주가를 인위적으로 높이기 위해 액면분할의 반대인 액면병합
(reverse split)을 할 수도 있다. 위의 경우에서 회사가 2:1 액면병합을
하면 $100 인 주가가 현재보다 두 배인 $200 로 오르지만, 당신의 소유
주식은 반으로 줄어 5 주가 된다. 여기서도 당신의 총자산인
$1,000 에는 변함이 없다. 회사들이 이렇게 인위적으로 가격을

올리거나 내리는 데는 가격을 내림으로써 일반 투자자들의 '접근성'을 높이거나, 싼 주가를 올림으로써 '고급 이미지'를 창출하거나 페니주 (penny stocks)가 되어 증권거래소에서 퇴출되지 않기 위함 (퇴출되면 장외거래) 등 여러 가지 이유가 있다. 페니주는 이름과 달리, $5 미만의 가격인 주식으로, 대개 등락폭이 심하고 따라서 위험도가 크다고 흔히 여겨진다. 세계에서 가장 큰 은행 중 하나인 Citi Group 의 주식도 2009 년도에 $1 로 내려갔었는데, 액면병합을 하여 가격을 올렸다. 물론, 회사의 총가치는 병합 전과 변하지 않았다.

위와 같은 여러 가지 이유로 주식의 가격만 보고 회사의 가치를 가늠하는 데는 상당한 무리가 있다. 주가를 결정하는 요소는 그 외에도 회사의 수익성, 잠재성장률, 경제 상황 등 여러 가지이다. 투자자들이 어느 회사의 미래 성장성을 높게 평가하면 현재 적자가 나는 회사라도 주가가 큰 폭으로 오를 수 있고, 현재 수익이 좋은 회사도 잠재성장률이 낮게 여겨지면 가격이 내려갈 수 있다. 잠재성장률과 수익이 모두 좋은 회사의 주가도 전체적인 경제가 안 좋거나 전쟁 가능성 등 사회의 불안 요소가 발생하면 내려간다.

¤ 주식을 분류하는 여러 가지 방법

주식은 여러 가지로 분류가 되지만, 여기서는 흔히 사용되는 몇 가지만 소개한다.

* 스몰캡 (small-cap stocks): 이것은 회사의 주가 총액 (market capitalization)을 기준으로 분류되는 방법으로, 총 $300 밀리언~$2 빌리언 회사들의 주식을 일컫는다. 즉, 소형주들이다. 여기서 주가 총액은 상장된 주식 숫자 곱하기 현재 가격을 낸 총액으로, 주가의 등락과 함께 매일 바뀔 수 있으므로 평균 근접치로 말한다. 스몰캡주들은 대개 소형회사로, '숨은 보물 (hidden jems)'을 찾기가 중형주나 대형주보다 쉽다고 알려져 있지만, 많이 알려지지 않았기 때문에 위험성 또한 크다. 주가 총액이 $300 밀리언 미만인 주식들은 마이크로캡 (micro-cap stocks)으로 분류된다.

* 미드캡 (mid-cap stocks): 주가 총액이 대략 $2 빌리언~$10 빌리언인 주식은 미드캡 (중형주)로 부른다.

* 라지캡 (large-cap stocks): 대형주인 라지캡은 상장총액이 $10 빌리언 이상인 주식들이다.

* 블루칩 (blue-chip stocks): 블루칩은 포커 게임에서 가장 비싼 칩인 파란색 칩에서 비롯된 말로, 보통 대형주이면서 안정적인 성장률을 보이는 우량주들이다. 대개 관련 업종의 리더들이며, **S&P 500** 인덱스 **(Index)**와 비슷하게 주가가 움직인다.

* 인컴스탁 (income stocks): 인컴스탁은 평균보다 높은 배당금을 지급하므로, 은퇴자들이나 정기적인 소득(인컴)을 원하는 투자자들이 선호한다. 배당금은 채권투자에서 이자로 받는 쿠폰과 비슷하지만, 주식의 배당금은 채권의 이자와 달리 의무지급이 아니며, 회사에서 배당률을 임의로 결정할 수 있다. 또한 몇십 년 동안이라도 만기 시까지 고정액이 지급되는 채권과 달리, 배당금은 시간이 지나며 오를 수 있고 회사가 성장하면 증권의 가격도 오른다. 인컴스탁은 대개 경기에 크게 영향을 받지 않는 생필품 생산/판매 회사가 많으며, GE, 코카콜라, AT&T, 유틸리티 회사 등이 좋은 예이다. 인컴스탁들은 일반적으로 다른 주식들보다 등락폭이 심하지 않은데, 경기가 안 좋아도 우리는 먹고 마시고, 비누와 샴푸를 쓰며, 전기와 전화를 사용하므로 생필품의 매출은 영향을 덜 받기 때문이다.

* 밸류스탁 (value stocks): 밸류스탁 (저평가주 또는 가치주)은 자산가치 대비 주가 (price-to-book 또는 P/B), 수익 대비 주가 (price-to-earnings 또는 P/E) 등의 여러 지표로 볼 때 평소보다, 또는 다른 경쟁사들보다 가격이 저평가되어 있다고 여겨지는 주식들이다. 일반적으로 저평가되어 있지 않은 주식들이 일시적인 악재가 있으면 가격이 내려가고 밸류스탁으로 구분이 된다. 밸류스탁은 저평가된 신생기업도 있지만, 대부분 성장기를 지나 안정기에 있는 회사들로, 배당금 지급률도 높은 편이다.

* 성장주 (growth stocks): 신사업 분야의 회사들이 대부분인 성장주 (회사)는 이익금을 주주들에게 배당금으로 지급하지 않고 사업확장과 신기술 개발에 사용한다. 그러므로 현재의 투자 이익보다 미래가치에 더 중점을 두는 투자자들이 성장주를 선호한다. 이 그룹은 작은 회사들이 대부분이지만, 구글 (Google)이나 스타벅스 (Starbucks)같이 잘 알려진 블루칩 주식도 성장주로 구분이 된다.

◑ 뮤추얼펀드 (MUTUAL FUNDS)

¤ 분산 투자 (Diversification)

가장 흔히 알려진 증권 투자의 문제는 개별 주식에 투자할 때의 위험성이다. 투자액이 많지 않아서 소수의 주식만 살 수 있는 소액 투자자들에게는 이 위험성이 더 크다. 예를 들어, 당신이 세 개의 회사 주식에 나누어 투자했는데 그중 한 회사가 파산하면 당신은 총투자액의 1/3 을 잃게 된다. 그만큼 벌어도 노후준비가 힘든 현실에서 한 푼이라도 잃을 걸 생각하면 끔찍하다. 하지만, 당신이 여러 업종에서 선도적 자리를 굳힌 100 개의 회사 주식에 골고루 투자하면 나중에 그중 몇 개가 망하더라도 단 3 개의 회사에 모든 돈을 투자했을 때보다 충격이 훨씬 덜하다. 그런데 투자금이 많지 않은 '보통 사람들'에게는 100 개나 되는 회사의 주식에 골고루 투자하는 것은 거의 불가능하다. 만약 100 개 회사의 주식을 단 1 주씩 산다면 매매 수수료가 너무 많이 듦으로 투자 가치가 현저히 줄어든다. 만약 당신이 한 달에 $100 을 투자할 수 있는데, 그 돈으로 개별 주식을 사고 매매 비용으로 $7 을 낸다면 그 주식이 $114 가 되어야 매수, 매도 수수료를 제외한 본전이 된다. 이때 자그마치 14%나 되는 수수료 때문에 수익을 내는 것이 힘든 건 말할 것도 없거니와, 분산투자가 불가능하므로 아주 위험하기도 하다.

뮤추얼펀드는 소액 투자자들의 이런 분산투자의 문제를 해결해줄 수 있고, 또한 투자 비용 절감도 가능하게 해준다. 만약 $100 을 S&P 500 인덱스 뮤추얼펀드에 대신 투자하면 당신은 미국의 대기업

500 개에 분산투자하는 것과 마찬가지이며, 펀드 회사를 통해 직접 사면 대개 거래 수수료도 없다.

뮤추얼펀드는 주식, 채권, 옵션, 선물, 그리고 다른 펀드 등 여러 가지 증권에 투자할 수 있다. 어느 회사의 증권에 투자하는지는 뮤추얼펀드마다 크게 다르며, 대개 펀드의 이름으로 가늠할 수 있다. 예를 들어, 성장주 펀드 (growth equity fund)는 성장주를 중심으로 투자한 뮤추얼펀드, S&P 500 Index fund 는 S&P 500 Index 리스트에 있는 회사에 투자하는 펀드, 스몰캡 펀드는 스몰캡 주식들에 투자되어 있는 펀드, 그리고 채권펀드 (bond fund)는 채권에 투자하는 펀드이다. 자세한 투자 정보는 인터넷으로 펀드의 이름과 prospectus 를 검색하면 쉽게 찾아볼 수 있다.

뮤추얼펀드를 통한 주식 투자는 간접적인 소유권으로 여겨지므로, 펀드 투자자들에게 펀드 내에 투자된 회사의 주요 사항에 대해 직접투표권이 주어지지 않는다. 투자자들의 의견을 수렴하여 뮤추얼펀드 매니저가 대신 투표한다. 하지만 지급되는 배당금은 펀드투자자에게 돌아간다. 뮤추얼펀드는 크게 능동운용 펀드와 수동운용 펀드, 이렇게 두 가지로 나뉜다.

¤ 능동 운용 펀드 (Actively Managed Mutual Funds)

능동적인 펀드 관리=높은 수수료

액티브 펀드, 또는 능동운용 펀드 (actively managed funds)는 매니저가 펀드 내의 증권을 필요에 따라 수시로 매매하며 능동적으로 관리한다. 액티브 펀드 매니저의 최고 목표는 펀드의 수익을 기준으로 하는 벤치마크 인덱스 (benchmark index)보다 높은 수익률을 내는 것이다. 발 빠르게 움직이며 '평균치'보다 수익을 높이려면 매니저와 펀드를 관리하는 전문 연구팀이 필요하다. 그만큼 비용이 들고 수동운용 펀드보다 수수료가 비싸다. 단, 모든 능동운용 펀드가 모든 수동운용 펀드 (인덱스 펀드)보다 가격이 높은 건 아니므로, 펀드마다 비용을 직접 확인하여야 한다.

초기 커미션

액티브 펀드에 투자 시 고객이 지급해야 하는 큰 비용 중 하나는, 펀드를 판매하는 직원에게 지급되는 커미션이다. 흔히 포인트 (points)라고 불리는 이 커미션은 펀드에 투자하는 금액과 펀드의 종류에 따라 다르다. 액티브 펀드는 대개 재무설계사들을 통해 판매되며, 자산운용회사가 투자자로부터 커미션을 받아 지급한다. 이 커미션은 0~6% 정도로, 투자액이 높을수록 포인트가 낮아지고 대개 $1 밀리언 이상의 투자액에 대해서는 면제된다. 만약 당신이 $20,000 을 투자하면 약 $1,200 (6%)의 포인트가 초기 수수료로 나가고 당신의 계좌에는 $18,800 만 투자가 된다. 이 수수료 $1,200 의 일부는 뮤추얼펀드 회사가 수수료로 받고 대부분이 펀드를 판매한 재무설계사 (그가 소속된 회사)에게 커미션으로 지급된다. 투자금액이 높아질수록 포인트가 낮아지는데, 예를 들면 $25,000 이상은 5%, $50,000 이상은 4%, $100,000 이상은 3.5%... 이런 식이다. 투자액이 높을수록 수수료율은 낮아져도, 투자회사에서 받는 수수료는 더 많아진다. 예를 들어, $10,000 의 6%를 수수료로 (커미션으로) 받으면 $600 이고, $100,000 의 3.5%를 받으면 $3,500 이다. 투자액에 따라 수수료가 달라지는 것을 브레이크포인트 (breakpoints)라고 하는데, 같은 회사의 뮤추얼펀드에 투자하면 펀드의 종류가 달라도 브레이크포인트가 적용된다. 또한, 직계가족의 계좌들은 대개 '가족'으로 묶어 투자액을 합산하여 브레이크포인트 할인을 받을 수도 있다. 일부 비도덕적인 사람들이 단지 높은 포인트 (커미션)만을 위하여 고객의 투자액을 나누어 다른 회사의 뮤추얼펀드에 투자할 수 있으므로, 초기 투자액에서 커미션을 받는 어드바이저와 투자를 시작할 때는 조심하여야 한다. 이것이 포인트 (points), 로드 (loads), 세일즈 차지 (sales charge), 또는 그 어느 이름으로 불리든 상관없이 대부분이 펀드를 판매한 사람에게 지급되는 커미션이다.

높은 관리 비용

이렇게 초기 투자 비용을 받는 액티브 펀드는 해마다 투자자가 지급해야 하는 기타 비용도 수동운용 펀드 (또는 인덱스 펀드)보다 대개 더 비싸다. 펀드매니저와 연구팀이 지속해서 '관리'를 해야 하기 때문이다. 하지만 요즘은 높은 펀드 비용이 자산증식에 부정적으로 끼치는 영향을 이해하는 투자자들이 늘고 수동운용 펀드 (인덱스 펀드)의 인기도가 높아짐에 따라, 액티브 펀드의 비용은 시간이 지나며 많이 낮아지는 추세이다. 투자자들에게는 반가운 소식이다.

초기 커미션 외에 투자자들이 내는 액티브 펀드의 연 관리비용인 익스펜스레시오 (expense ratio)는 보통 1.5% 미만이지만, 그것보다 높은 비용의 펀드도 많다. 이것 중 일부는 애초에 펀드를 판매한 재무상담사/투자상담사 (그가 소속된 회사)에게 계속 지급된다. 앞에서 $1 밀리언 이상의 투자액에 대해서는 대개 포인트가 면제된다고 한 부분에서, 그럼 펀드를 판매한 사람의 커미션은 어떻게 되는지 궁금하지 않았는가? 비록 초기 투자 시에는 커미션을 내지 않아도, $1 밀리언을 투자하는 사람이 1%의 투자 비용을 내면 자그마치 연 $10,000 이다. 더 설명이 필요 없다.

고비용보다 더 큰 문제

액티브 펀드의 고비용 못지않게 큰 문제는 펀드 투자자들이 자신이 지급하는 이 비용을 대부분 모르는 것이라고 나는 생각한다. 서비스를 받으면 비용을 지불하는 것은 당연하지만, 자신이 얼마를 내고 있는지 모르면 서비스의 가치를 판단할 수 없기 때문이다. 거래될 때마다 하루에도 가격이 여러 번 변하는 주식과 달리, 뮤추얼펀드는 증권시장이 마감한 뒤 하루에 한 번씩만 거래가 되고 가격이 형성된다. 이때 공시되는 가격은 이미 비용이 빠져나갔고, 이것이 스테이트먼트에도 명시되지 않기 때문에 투자자들은 자기가 정확히 얼마의 펀드 수수료를 내고 있는지 아는 것이 거의 불가능하다. 다만 대략의 펀드 투자액에서 익스펜스레시오 (expense ratio)로 예측할 뿐이다. 예를 들어, $100,000 정도 투자한 펀드에 연 1%의 비용이 있다면, 대략 연 $1,000 의 비용을 낸다고 추측할 수 있다. 이 비용은 그날 치 총투자액을 바탕으로 계산되므로, 펀드의 가격이 오르면 고객이 내는 비용도 올라가고, 떨어지면 그만큼 줄어든다.

펀드의 클래스

뮤추얼펀드들은 몇 가지 다른 클래스가 있고 수수료도 그에 따라 달라지므로 이를 이해하는 것도 중요하다. 능동 운용 펀드에서 가장 흔히 사용되는 것은 클래스 A 펀드로, 위에서 설명한 초기 커미션을 받는 펀드로 사용된다. 프론트엔드 (front-end)라고도 한다. 이 비용의 대부분은 펀드를 판매하는 사람에게 지급하기 위한 커미션으로, 투자액에 따라 보통 0~6% 선이다. 투자액이 낮을수록 커미션률이 높은데, 보통 $25,000 미만의 투자액에 가장 높은 포인트가 붙는다. 예를 들어, 당신이 $24,000 을 투자 한다면, 약 $1,400 정도의 커미션이 나가고 나머지 금액인 $22,600 정도만 당신의 계좌에 실제로 투자된다. 투자액이 많아질수록 커미션 비율은 낮지만, 금액이 높아지므로 비용도 당연히 많아진다. 예를 들어, $300,000 에 대한 2.5~3.0%의 수수료는 $7,500~$9,000 이다. A 클래스 액티브 펀드들은 투자 초기에 높은 수수료를 내므로 대개 언제 매도하여도 별도의 수수료가 붙지 않는다. A 펀드는 장기투자에 많이 사용되며, 개인이 어드바이저를 통해 투자할 때 흔히 사용된다. 이외에도 B, C 등 여러 가지 다른 클래스가 있는데, 이것은 투자자가 내는 펀드 비용에 차이가 있으므로 잘 이해하고 투자하는 것이 중요하다. 직장을 통한 은퇴 플랜에서 제공되는 많은 투자 상품들도 능동 운용 펀드로, 이것은 직원 수와 플랜 내 총자산액 등에 따라 클래스가 다른 펀드들이 제공된다. 비용은 대개 소규모 플랜일수록 높다. 펀드의 클래스에 관한 더 자세한 정보 FINRA.org (*Understanding Mutual Fund Classes*)를 참조하시라.

¤ 수동운용 펀드 (인덱스 펀드)

흔히 인덱스 펀드라 불리는 수동운용 펀드 (passively managed mutual funds)는 매니저가 능동적으로 관리를 하지 않는다. 기준으로 삼는 인덱스 내의 회사 주식에 분산투자하고 나면 특별히 관리할 일이 없고 따라서 별도의 연구팀이나 주식분석가도 필요 없으므로 자연스레 비용이 액티브 펀드보다 적다 (물론, 인덱스 펀드 중에서도 비용은 천차만별이다). 펀드 매니저들이 지속해서 시장의 평균치보다 높은 수익률을 내는 것이 힘들다고 믿는 투자자들이 수동운용 펀드를 선호한다. 어차피 지속해서 시장의 평균치보다 높은 수익률을 낼 수 없으면 비용이라도 줄여 수익률을 극대화하기 위함이다. 나와 남편의 노후자금은 대부분 비용이 낮은 인덱스 펀드에 투자되어 있다. 수동운용 펀드에도 대개 다른 클래스가 있고, 기본 투자액이 높을수록 비용이 낮다.

❍ ETFS (EXCHANGE TRADED FUNDS)

이티에프 (ETFs)는 뮤추얼펀드와 주식의 중간형이다. 펀드라서 적은 투자액으로도 분산투자가 가능하지만, 주식과 같이 하루 중 어느 때나 자유롭게 거래할 수 있다. 뮤추얼펀드와 마찬가지로 정기적으로 펀드 관리비가 나간다. ETF 는 소수점 숫자의 투자가 가능한 뮤추얼펀드와 달리, 주식과 마찬가지로 최저 매매는 1 주이다. 주식과 같이 거래가 가능한 ETF 는 (브로커리지 회사에서 면제해주지 않는 한) 거래 수수료가 붙는다. 투자회사에서 자사의 ETF 매매 시 거래 수수료를 면제해 주기도 한다. 예를 들어, 뮤추얼펀드 회사이면서 동시에 브로커리지 회사인 Vanguard 는 고객이 자사의 증권 (뮤추얼펀드, ETF) 매매 시 거래비용을 받지 않고, 개별주식이나 타사의 펀드 거래는 첫 25 번까지 수수료를 면제해 준다. 소액 투자 시에는 적어 보이는 수수료라도 자산증식에 큰 영향을 끼칠 수 있으니 잘 알아보고 최대한 줄이는 것이 좋다.

❍ 뮤추얼펀드와 ETF 중 어느 것이 나을까?

여기에 대한 답은 개인마다 무엇을 원하는지에 따라 다를 수 있다. 만약 당신이 분산투자가 가능한 뮤추얼펀드를 원하지만 주식같이 장중에 거래하고 싶다면 ETF 를 선택해야 한다. 리밋오더 (limit order- 투자자가 원하는 매매가를 정해놓고 체결이 되길 기다리는 주문의 한

형태)와 신용 공매도인 쇼팅 (shorting-특정 증권을 브로커 회사로부터
빌려서 매도하고 나중에 가격이 내려갔을 때 사서 갚음으로 차익을
노리는 신용 투자의 한 형태) 등의 투자 방법은 뮤추얼펀드 매매에는
불가능하지만 ETF 로는 가능하다. 개인이 투자할 수 있는 많은
뮤추얼펀드는 수 천불의 미니멈 투자액이 필요한데, ETF 는 단 1 주만
살 돈이 있으면 투자할 수 있다. 만약 당신이 특정 뮤추얼펀드에
투자하고 싶지만 필요한 미니멈 투자액이 없으면, 비슷하게 투자되어
있는 ETF 에 일단 투자하였다가 나중에 금액이 모이면 ETF 를
매도하고 뮤추얼펀드로 바꿀 수 있다. 단, 이때 거래 수수료를
조심하여야 한다. 매수와 매도 시 (면제되지 않는 한) 대개 별도의 거래
수수료가 있으므로 그만한 가치가 있는 투자 방법인지 신중하게
따져보고 결정하여야 한다.

최근 몇 년 동안 뮤추얼펀드가 없는 특정 분야에 ETF 의 투자가
가능해지며 ETF 의 인기도가 더 높아지고 있는 추세이다. 나의 남편도
얼마 전에 신기술분야에 대한 투자를 원하는데, 우리가 투자하는
뮤추얼펀드 회사에는 그 분야에 대한 뮤추얼펀드가 없어서 대신
ETF 를 샀다. 나는 비슷하게 투자된 뮤추얼펀드와 ETF 라면
뮤추얼펀드를 선호한다. 그러나 투자 수익에 대한 세금을 당 해에 내야
하는 일반 브로커리지 어카운트에서 투자한다면, ETF 내에서
배당금/수익금이 관리/취급되는 방법 때문에 같은 수익률이 나더라도
ETF 가 뮤추얼펀드보다 절세에 유리할 수 있다. 계좌 내에 있는 자산은
어차피 세금이 유예/면제되는 은퇴계좌라면 차이가 없다.

◑ MOTIFS

새로운 증권의 형태인 모티프는 투자자가 펀드 내의 투자종목을
선택할 수 있는 ETF 이다. 뮤추얼펀드와 ETF 는 펀드 회사가 만든
증권으로, 투자자들은 각 펀드 내에 어떤 회사에 얼만큼 투자할지에
대한 결정권이 없다. 하지만, 모티프 투자자는 펀드 내에 어떤 회사에
얼마만큼의 투자를 할지에 대한 결정을 함으로써 자기만의 맞춤형

펀드를 만드는 것이 가능하다. 뮤추얼펀드는 개별 종목의 주식 투자에 따르는 분산투자의 문제를 해결하였고, 주식같이 거래되는 ETF 는 뮤추얼펀드의 불편함 (하루에 한 번만 매매가 되고 가격을 선택할 수 없을 뿐만 아니라 기타 형태의 투자가 불가능)의 불편함을 해결하였다. 모티프는 ETF 의 펀드 내 투자 종목을 선택할 수 없었던 투자자들이 자신만의 ETF 를 만들 수 있도록 하였다. 단, 총투자 종목은 30 개로 한정된다. 기존의 모티프에서 각 투자 종목의 분포율을 바꿀 수 있고, 일부의 종목을 다른 것으로 교체할 수 있다. 아예 원하는 회사 30 개를 선정하여 본인만의 모티프를 만들 수 있고, 소유한 모티프 내의 일부 주식만을 매매할 수도 있다. 즉, 모티프 투자자들은 자신의 펀드를 만들어 직접 관리하므로, 모티프에는 펀드 비용이 없다. 모티프 내의 증권 교체 등에 드는 매매 수수료는 $10 정도이다.

◑ 기타 증권들

¤ 옵션 (Options)

옵션은 어떤 증권을 특정 가격에 사거나 팔 수 있는 '권리'와 '의무'를 상징하는 일종의 계약서이다. 옵션을 사는 사람은 옵션 계약을 행사하거나 포기할 수 있는 '권리'가 있다. 만약 옵션을 산 사람이 옵션대로 권리를 행사하면 이 옵션을 판 사람은 계약대로 매매를 이행하여야 하는 '의무'가 있다. 예를 들어, 당신이 ABC 회사의 주식을 100 주 샀다고 하자. 물론, 전망이 좋은 회사라고 믿었기에 투자하였지만, 혹시 틀릴 수도 있으므로 당신의 투자액을 '보호'하고자 할 때 옵션을 활용할 수 있다. ABC 주식을 소유한 당신은 이 회사의 주가가 올라가면 이득이고 내려가면 손해이다. 그러므로 주식을 특정 가에 팔 수 있는 권리 (옵션)를 사면, 주식이 내려갈 때 계약가대로 팔 수 있으므로 손해를 보지 않는다. 만약 옵션 계약 기간이 만료될 즈음에 ABC 주식의 가격이 계속 오른다면 당신은 팔 수 있는 '권리(옵션)'를 포기할 수 있다. 이때 당신은 이 권리 (옵션)를 사는 데 지급한 비용을 잃게 되고, 옵션을 판 사람은 그만큼 이득을 본다. 반대로 ABC 주가가 내려가서 당신이 옵션을 행사하면 판 사람은 계약대로 비싼 가격에 주식을 사야 한다. 옵션을 판 사람은 어떤 마음으로 판 것일까? 그는 애초에 ABC 주가가 내려가지 않을 것이라 믿고 (따라서 당신이 옵션을 행사하지 않을 거라 생각하고) 옵션가격만큼의 이득을 얻기 위해 판 거다.

□ 선물(Future)

선물도 옵션과 같은 계약이지만, 옵션과 다른 점은 선물 계약은 사는 사람과 파는 사람 모두 계약서대로 이행해야 하는 법적 의무가 있다는 거다. 만약 위의 예가 옵션이 아닌 선물계약이었다면, 당신은 주식의 가격에 상관없이 계약 기간 만료 시 ABC 주식을 계약서에 정해진 가격에 팔아야 한다. 선물계약은 국제무역을 하는 회사가 환율의 변동으로 인한 피해를 줄이거나, 제품을 만드는데 필요한 재료의 가격을 일정하게 유지하고 싶은 회사들이 흔히 활용한다. 예를 들어, 오렌지 주스를 만드는 회사가 오렌지를 재배하는 농부와 내년 치 오렌지를 일정 가격에 제공할 수 있도록 선물계약을 할 수 있다. 내년에 오렌지가 풍작이라 평균 가격이 내려가면 시가보다 높은 가격에 팔 수 있는 농부에게 이익이고, 반대로 흉작이라 가격이 오르면 시가보다 더 낮은 가격에 살 수 있는 주스 회사에 이익이다.

□ 헤지펀드 (Hedge Funds)

헤지펀드는 뮤추얼펀드와 비슷한 펀드지만, 규제가 약하다. 뮤추얼펀드는 투자 대상 (펀드가 투자할 수 있는 증권)이 한정돼 있고 투자 내용을 투명하게 공개해야 하는 의무가 있으며, 투자자가 원하면 언제든 매도할 수 있어야 하는 등 여러 규율이 헤지펀드보다 훨씬 많고 복잡하다. 뮤추얼펀드 매니저가 펀드 자산을 담보로 융자를 받을 수도 없다. 그러나 헤지펀드는 뮤추얼펀드에 있는 여러 규제가 없고 비용도 뮤추얼펀드보다 높으므로, 투자자들 입장에서는 잠재적 위험성도 더 높다. 그래서 헤지펀드에 투자하려면 투자금을 잃어도 경제적 충격이 적은 (자본금이 충분한) 사람/기관 (accredited investor)이어야 한다. 개인이 accredited investor 로서 헤지펀드에 투자하려면 부부의 경우,

소득이 $300,000 이상이거나 순 자산이 (net worth) $1 밀리언 이상이어야 한다. 헤지펀드 매니저들의 목표는 비교적 단기간에 최대한의 투자 이익을 내는 것이다. 비용은 보통 투자액의 연 2% 정도로 높고, 그 외에 수익금의 20% 정도 되는 별도의 수수료가 있다.

¤ 프라이빗 에퀴티 펀드 (Private Equity Funds)

프라이빗 에퀴티 펀드는 대개 재정적으로 힘든 회사를 인수하여 자산정리와 인원 감축 등, 필요한 구조조정을 통해 안정화하고 가치를 높인 다음 팔아 수익을 남기는 펀드이다. 전체적인 구조개편을 단기간에 효과적으로 하려면 절대적인 권한이 필요하므로, 보통 한 회사를 통째로 사들여 필요한 구조조정을 하고 매도하여 차익을 남긴 다음 다른 프로젝트로 옮긴다.

¤ 벤처캐피탈 펀드 (Venture Capital Funds)

벤처캐피탈 펀드는 위의 프라이빗 에퀴티 펀드와 비슷하게 회사에 투자하지만, 대개 초창기의 회사에 투자하고 경영에는 크게 관여하지 않는다. 프라이빗 에퀴티 펀드는 업종을 가리지 않고 투자하지만, 벤처캐피탈 펀드는 대개 신기술 분야의 회사에 투자한다. 또한 벤처캐피탈 펀드는 구조조정이 목표가 아니기 때문에 전적인 경영권을 취득하지 않고, 동시에 여러 회사에 투자한다.

◑ 인덱스 (INDEXES / INDICES)

인덱스는 증권 가격, 물가, 소비자의 체감도 등 경제에 영향을 미치는 여러 가지 동향을 나타내는 지수이다. 예를 들어, 물가 상승률을 대표하는 CPI (Consumer Price Index)는 일정 기간 대부분 국민이 사용하는 생필품 가격, 의료비, 주거비, 교육비, 장례비 등이 평균 얼마나 올랐는지를 보여준다. 미국 증권시장의 가격 변동을 알려주는 지수로는 S&P 500, DOW Jones, 그리고 NASDAQ Composite Index 가 대표적이다.

¤ S&P 500

S&P 500 (The Standard & Poor 500 Composite Stock Price Index)는 미국의 대기업 500 개의 주가 움직임을 보여주며, 인덱스의 커미티(committee)가 어떤 회사를 이 리스트에 포함할지를 정한다. 리스트 안에 있는 회사의 크기 (상장 총액 = 총상장 주식 수 × 주가)에 따라 S&P 500 지수에 미치는 영향이 달라서, 만약 큰 부분을 차지하는 소수 회사의 주가에 변화가 있으면 다른 주식들은 등락폭이 적어도 당일 치 지수가 많이 변할 수 있다. 즉, 큰 회사들이 지수에 더 많은 영향을 미친다.

¤ 다우 존스 Dow Jones

미국에서 가장 오래된 인덱스 중 하나로, 미국의 대기업 30 개 주가의 변동을 반영한다. 처음에 시작됐던 1896 년에는 12 개의 회사가 인덱스 안에 있었지만 시간이 지나며 30 개로 늘어났다. 또한, 시간이 지나고 회사의 흥망성쇠에 따라 인덱스 내의 회사가 바뀌는데, 비교적 최근에 포함된 회사로는 애플과 나이키가 있다. 월스트리트저널 (The Wall Street Journal)의 에디터들이 인덱스 내의 회사 리스트를 정한다.

¤ 나스닥 (NASDAQ Composite Index)

1971 년에 시작된 나스닥 인덱스는 나스닥 시장 (NASDAQ Stock Exchange)에서 거래되는 모든 (3,300 이상) 주가 변동을 반영한다. 위에 소개된 S&P 500 와 다우 (Dow)는 모두 미국에 본점을 둔 미국 회사들의 주식 가격을 따르지만, 나스닥 인덱스는 외국 회사라도 나스닥 시장에서 주식이 거래되고 있는 회사는 모두 포함된다.

➊ 인덱스 펀드 (INDEX FUNDS)

위에서 설명한 인덱스는 평균 가격의 변동 폭만 보여주는 지수로, 주식같이 사고팔 수 있는 증권이 아니다. 하지만 특정 인덱스를 구성하는 인덱스의 백분율에 따라 투자된 인덱스 뮤추얼펀드 (인덱스 펀드)나 인덱스 ETF 에는 투자할 수 있다. 인덱스 펀드나 인덱스 ETF 는 액티브 펀드같이 수시로 관리할 필요가 없기 때문에 비용이 액티브 펀드보다 낮지만 회사와 펀드마다 다를 수 있으니 투자 전에 확인해야 한다. 또한 같은 인덱스를 따르는 펀드라도 운용 방식에 따라 투자 수익에 차이가 날 수 있음을 아는 것도 중요하다 (Morningstar.com-*Same Index, Different Returns*).

투자 비용

◑ 투자 비용이 자산에 끼치는 영향

투자수익률이 낮을 때는 비록 아주 적어 보이는 비용이라도 자산 형성에 막대한 영향을 끼치므로 은퇴 플랜 챕터에 이어 여기에서도 비용 문제를 한번 더 짚고 넘어가고자 한다. 주식으로 분산투자가 불가능한 소액 투자자들에게는 뮤추얼펀드가 분산 투자를 가능하게 하므로 아주 유익할 수 있다. 하지만 뮤추얼펀드는 액티브 펀드이든 인덱스 펀드이든 비용이 든다. 펀드와 종류에 따라 비싼 세일즈 커미션이 있을 수 있고 그 외에도 펀드 관리비용, 거래 수수료, 별도의 매도 수수료, 계좌 관리비 등 적잖은 비용이 있을 수 있다. 같은 비용이라도 다른 이름으로 불릴 수 있고, 정확하게 얼마의 수수료가 나가는지 계산하기도 쉽지 않다 (이것이 우연일까?). 만약 당신이 투자한 펀드가 한 해에 2% 수익이 났고 펀드 비용이 총 1%라면 당신의 순수 투자수익은 1%이다. 이 1%의 펀드 비용은 당신의 펀드가 손해를 보아도 지급되는데, 만약 한 해에 펀드가 5% 떨어졌다면 수수료 포함, 당신은 총 6% 정도의 적자를 보게 된다. 수익률이 높을 때는 1%의 비용이 별로 크게 느껴지지 않을 수 있다. 그러나 해마다 추가로 1%의 비용을 20년간 내면, 당신의 총자산은 20% 정도 줄어든다. 30년이면 약 30% 차이가 난다. 은퇴 자산이 $1 밀리언이면 $200,000~$300,000 나 되는 엄청난 차이이다!

당신이 소유한 펀드의 관리 비용은 인터넷에서 펀드 이름과 expense ratio 를 검색함으로써 쉽게 알아볼 수 있다. 이것은 당신의 계좌가 있는 투자회사의 계좌관리비나 거래 수수료, 어드바이저의 서비스 비용 등과 별도이다. 만약 재무설계사가 당신의 계좌를 관리하고 있다면 직접, 간접적으로 당신이 지급하는 각종 비용이 얼마인지 물어보고 적어달라고 하시라. 만약 모르거나 주저한다면 그 사람이 지식이 없거나 당신이 알기를 원하지 않는다는 뜻일 것이다. 어떤 이유든 다른 곳을 알아볼 이유가 충분하다고 나는 생각한다.

● 회사 은퇴 플랜의 비용 이해

회사를 통한 은퇴 플랜 비용도 마찬가지다. 만약 당신이 회사의 401(k) 계좌에 분산투자가 잘 된 펀드에 투자하였는데 전체적인 증권 시장의 수익률이 좋은 해에 당신의 자산은 별로 증식되지 않았다면 높은 비용 때문일 확률이 높다. Marketwatch.com 에 의하면 대기업 401(k)플랜이 지급하는 평균 투자 비용은 0.5%, 중간 사이즈는 0.85%, 그리고 소규모 회사들은 1.4%라고 한다 (9 things you need to know about 401(k) fees). 이것은 평균 연 $30-$45 의 계좌 관리비와는 대개 별도이다.

나는 개인적으로 아무리 작은 회사라도 1% 이상의 비용을 내고 있다면 문제라고 생각한다. 생각해 보시라. 만약 당신이 연 $35 의 계좌 관리비와 1.4% 투자 비용이 있는 401(k) 플랜에 월 $100 을 저축한다면 1 년간 저축하는 $1,200 에서 $52 나 되는 비용을 내게 된다. 초기 투자부터 4.3%나 되는 비용을 내면 당신이 투자한 펀드가 높은 수익률을 내지 않는 한 물가인상률만큼 자산이 증식되는 것도 힘들 수 있다. 만약 회사의 매치가 아주 적거나 아예 없다면 이런 경우, 차라리 비용이 낮은 IRA 에 투자하는 것이 이익이다. 그러므로 당신의 은퇴 플랜 비용을 자세히 살펴보고 비용이 높다고 여겨지면, 회사의 플랜 담당자에게 얘기하여 낮추어야 한다. 만약 당신이 비용을 이해하는 것이 힘들거나 담당자에게 말하여도 변화가 없다면 fee-only

재무설계사와 상담하는 것이 좋다. 비용이 투자에서 가장 중요한 조건이라고 할 수는 없지만, 비록 적어 보이는 비용이라도 장기적인 투자에는 엄청난 영향을 미치기 때문에 최대한 줄이는 것은 아주 중요하다.

증권투자, 어떻게 시작하나?

◑ 투자종목과 비용

투자계좌는 사실 어느 회사를 통해 오픈하는지는 별로 중요하지 않다. 중요한 건 계좌에 무엇을 투자하고 전체적인 투자 관련 비용이 얼마나 되는지이다. 예를 들어, 당신이 애플사 (Apple Inc.)의 주식에 투자한다면 이 계좌가 Fidelity 에 있든, Wells Fargo 에 있든 상관없이 애플주식 가격이 올라가면 수익이 나고 떨어지면 손해를 본다. Fidelity 와 Wells Fargo 회사의 수익성과 상관없다. 다만, 매매 비용과 계좌 관리비, 기타 투자 관련 비용은 당신의 투자 수익을 낮추기 때문에 적을수록 좋다.

◑ 풀 서비스 재무설계사

투자 지식이 별로 없는 많은 사람은 full-service 재무설계사나 투자상담사를 통해 일하는 것이 사실 편하다. 나의 경제 상황을 잘 아는 사람에게 궁금한 걸 전화로, 또는 직접 찾아가 물어볼 수 있으니 아주 편리하다. 하지만 문제는 이런 서비스를 받으려면 평소에 적지 않은 비용을 지급하여야 한다는 거다. 비싼 액티브 펀드를 통해 커미션을 초기비용으로 내거나 해마다 자산의 일정 퍼센트를 서비스 비용으로 지급해야 한다. 투자자산의 퍼센티지로 지급되는 이런 종류의 서비스는 고객의 투자금액이 많을수록 받는 사람에게 유리하므로, 많은 어드바이저가 얼마간의 투자액이 없으면 고객으로 받지도 않는다. 고액투자자들만 고객으로 받는 어드바이저라고 하여 그들이 특별히 많은 교육을 받았거나 투자능력이 뛰어나다는 뜻은 아니다.

219

투자에 대한 많은 지식이 없는 일반 사람들에게 '투자전문가'로 보이는 재무설계사들은 사실, 투자나 재무설계에 대한 특별한 교육보다 금융상품을 판매하는 세일즈 기술을 중심으로 교육 받은 세일즈맨인 경우가 많다. 투자자들이 재무설계사를 이해하는 것은 아주 중요하므로 다음 챕터에 별도로 설명하였으니 참고하기 바란다. 아무튼, 만약 당신이 편의를 위해서 근처에 사무실을 둔 재무설계사를 고용할 경우, 그 사람의 전문성을 엿볼 수 있는 교육과 자격증, 그리고 비용을 잘 알아보는 것은 기본이다.

❍ 시간당 서비스 (FEE-ONLY 어드바이저)

투자에 자신이 없어서 직접 얼굴을 보며 상담하고 싶지만, 비용은 최소화하고 싶다면 시간당 서비스를 제공하는 fee-only 어드바이저를 주변에서 찾아볼 수 있다. 이들은 변호사나 회계사같이 시간당, 또는 건당 정해진 비용을 받으므로 투자자들은 서비스를 받을 때만 비용을 내면 된다. 큰 투자회사들은 책임감 (liability)의 문제 때문에 직원들이 이런 형태의 서비스를 제공하는 것을 대개 허락하지 않으므로, 많은 시간당 서비스를 제공하는 fee-only 어드바이저들은 자영업이거나 소규모 회사에 소속돼 있다. 이들은 시간당 $200~$400 정도의 상담 비용을 받으므로 고객 입장에서는 별도로 나가는 이 비용이 비싸게 느껴질 수 있지만, 지속적인 비용이 없기 때문에 장기적으로 큰 이익이 될 수 있다. 하지만 살다 보면 여러 가지 상황이 바뀔 수 있으므로 재무상담을 정기적으로 받는 것이 좋다. Fee-only 어드바이저로 일하는 나는, 초기에 고객의 재무상태에 따라 최대한으로 투자 자동화를 시켜놓고 고객들에게는 나이와 상황에 따라서 1년에 한 번, 또는 결혼, 이혼, 출산, 이직, 급여 인상 등 상황이 변하면 상담을 다시 하라고 한다. 1년에 한 번씩 상담하더라도 보통 1-2시간 정도의 비용이 듦으로 풀서비스 재무설계사를 통해 투자하는 것보다 고객 입장에서는 큰 이익이다. 물론, 비용과 고객의 상황에 따라 절약되는 정도가 다르다.

❍ ROBO-ADVISORS

만약 당신이 투자에 대한 약간의 상식이 있고 인터넷을 사용하는 데 불편함이 없다면 로보어드바이저 (Robo-Advisors)를 사용할 수 있다. 인터넷으로 계좌를 틀 때 웹사이트에서 자동으로 당신의 투자위험 감수율 (risk tolerance)을 평가하여 그에 맞는 투자상품을 권유한다. 대개 인덱스 펀드를 권유하고 별도로 투자액에 기초한 서비스 비용을 받지만, 풀서비스 어드바이저에 드는 비용보다는 대개 적다. Fee-only 어드바이저와 robo 어드바이저의 비용은 어드바이저가 받는 시간당 비용과 투자액에 따라 다르지만, 두 가지 다 비용이 투명한 것이 특징이다. 관심 있는 시간당 서비스를 제공하는 fee-only 어드바이저와 robo 어드바이저 회사의 웹사이트에서 쉽게 비교가 가능하다. Betterment, Wealthfront, Charles Schwab 등이 robo 어드바이저로 잘 알려진 회사들이다. 다만, robo 어드바이저의 서비스는 대개 투자에 집중되어 있으므로, 개인마다 다른 상황을 종합하여 전체적인 재무설계를 하는 데는 한계가 있을 수 있다.

❍ 뮤추얼펀드/브로커리지 회사

만약 당신이 '오마하의 현인'으로 불리는 투자의 귀재, 워런 버핏의 충고대로 비용이 저렴한 인덱스 펀드에 투자하고 싶다면 어드바이저 없이 펀드 회사/브로커리지 회사를 통해 직접 계좌를 틀 수 있다 (Forbes.com- *Warren Buffet's Single-Best Piece of Advice*). 예를 들어, 비용이 낮은 인덱스펀드 회사로 유명한 Vanguard 의 S&P 500 인덱스 펀드에 투자하고 싶다면 Vanguard.com 에서 계좌를 트고 해당 펀드에 투자하면 된다. 다만, 같은 펀드라도 클래스에 따라 비용이 다르므로 당신의 투자액에서 최소한의 비용이 드는 것을 찾아야 한다. 즉, 당신의 투자액이 $5,000 이라면 같은 펀드에 투자하더라도 $10,000 로 시작하는 것보다 비용이 높을 수 있다. 회사에서 우편으로 보내주는 서류를 받지 않고 투자자가 인터넷으로 로그인하여 관리하면 대개 연 계좌 관리비용이 면제되니 참고하시라.

이렇게 펀드 회사를 통해 직접 투자하는 것이 비용면에서는 별도의 서비스 비용이 없으니 가장 저렴하지만 혼자 하는 것이 벅찰 수도 있다. 문제나 질문이 있으면 고객 센터에 전화하여 물어볼 수 있지만 불특정 다수를 위한 서비스가 목적인 그들로부터 투자자마다 다를 수 있는 개인적 맞춤 조언을 얻기가 힘들다. 비용을 줄이는 데만 노력하다가 중요한 재무설계를 간과하는 실수를 범한다면 오히려 돌이킬 수 없는 더 큰 손해를 볼 수 있으므로, 몇 년에 한 번이라도 재무설계사와 총괄적인 재무상담을 하는 것이 권장된다.

◑ 미래의 '구글'을 볼 수 있다면?

증권 시장의 '평균 가격'의 변동을 보여주는 인덱스에 기초한 펀드는 뮤추얼펀드이든 ETF 이든 태생적으로 '평균 수익률'보다 높을 수 없다. 아니, 펀드에 드는 비용 때문에 투자자들의 수익률은 대체로 시장의 평균치보다 약간 낮다. 인덱스 펀드 중에서 어떤 것에 투자할지에 대한 결정은 필요하지만, 기본적으로 짧은 시간 내에 몇 배의 수익이 나거나 하는 건 거의 불가능하다. 다시 말해, 투자의 '재미'가 없다. 그래서 어떤 사람들은 '재미없는' 인덱스 펀드는 투자하지 않겠다고 한다. 전문직에서 일하는 사람들한테 이런 소리를 대개 듣는데, 그들은 자신이 구글 (Google)이나 애플 (Apple)의 초창기와 같은 위치에 있는 회사의 주식을 찾을 수 있다고 믿는다. 구글이나 애플과 같은 미래에 '대박'이 나는 주식들을 살 수 있는데 왜 재미도 없는 인덱스 펀드에 투자하겠냐고 한다.

내가 최근에 이런 대화를 나눈 사람은 정보통신업계 (IT 업계)에서 일하고 있었는데, 자신은 기존 업종의 판도를 바꿀 신기술 (disruptive technology)에만 투자하고 싶다고 하였다. 자동차의 발명은 말 농장과 마차 산업을 짧은 시간에 잠식하였듯, 지금의 석탄이나 오일 산업은 말 농장과 마차 산업의 전철을 곧 밟게 될 것이라고 추측하는 게 힘들지 않다. 하지만, 그것이 언제가 될지, 그리고 이것을 대체할 에너지 분야에서 어떤 회사가 미래를 이끌게 될지는 예측하기가 쉽지 않다.

어느 업계이든 현재 선두를 달리고 있는 회사를 찾는 건 쉽지만, 미래에도 그 회사들이 계속 선두에 있을지는 아무도 모른다. 이런 상황에서 대부분 우리는 '대박' 날 시간을 너무 일찍 추측하여 10년을 기다려야 하거나 일부만 맞아도 되는 시간적, 경제적 여유가 없다. 아무리 똑똑한 투자 전문가라도 해마다 시장의 평균 이익률보다 높은 수익을 해마다 내는 것은 거의 불가능하므로 자신이 믿는 몇 개의 회사에만 투자하는 것은 통계학적으로 볼 때 대단히 위험한 (risky) 일이다. 당신의 '느낌'을 무시하고 투자하지 말라는 것이 아니라, 만에 하나 당신의 예상이 빗나갈 경우를 대비하여 자산 모두를 투자하지는 말라는 소리다. 위에서 언급했던 사람은 나와 여러 가지 통계를 같이 보고 계산기를 두드리며 많은 대화를 한 후 자산의 5% 정도 수준에서 원하는 회사의 주식과 그 업종의 ETF에 분산 투자하였다.▨

(Image: freerangestock.com)

Chapter 8

재무설계사

미국에서 재무설계사는 공인회계사(CPA)나 변호사같이 교육이나 자격증 시험 등이 표준화되어 있지 않고 여러 가지 비슷한 이름으로 불린다. 그래서 그쪽 분야에 지식이 없는 일반인들은 재무 관련 교육을 받고 고객의 이익만을 위해 일할 수 있는 사람을 찾는 것이 쉬운 일이 아니다.

1. 현실

2. 표준화되지 않은 재무설계/투자 상담 업종

3. 어드바이저의 등록

4. Suitability 와 Fiduciary

5. 어드바이저들이 돈 버는 방법

6. 누구를 고용하나?

현실

회사는 돈을 벌기 위하여 존재한다. 돈이 되지 않는다고 판단되면 상품 판매를 중단하고, 이익이 나지 않겠으면 아무리 사람들에게 필요한 서비스라도 지점을 오픈하지 않는다. 그래서 가난한 지역에는 투자회사의 지점이 거의 없고, 어드바이저들은 특정액 이상의 투자액이 없거나 어느 정도의 돈을 벌지 않는 사람들에게는 굳이 재무설계 서비스를 제공하려고 노력도 하지 않는다. 그런 이유로 이런 '전문가'들의 서비스가 절대적으로 필요한 '보통 사람들'은 재정적 안정을 이룰 기회는 더 멀어져만 간다. 한국인 이민자들도 재무설계사가 무엇을 하는 사람인지도 모르는 경우가 대부분이다. 나는 센루이스 지역의 한인 신문인 <한겨레 저널>에 수년째 개인 재무 관련 칼럼을 쓰고 있는데 (이 자리를 빌어 허락해주신 이 계송 발행인께 다시 한번 감사드린다) 가끔 아는 사람을 만나면, '보험 하나 사줘야 하는데...' 이런다. 재무설계사와 보험에이전트의 차이를 모르는 거다. 그런데 그럴 수밖에 없는 것이, 금융상품의 판매에만 주로 교육을 받은 '재무설계사'들이 커미션을 받기 위해 보험을 공격적으로 파는 경우가 흔하니 '보통 사람들'에게는 그 차이를 구별하기가 힘들다.

다행스럽게도, 과거에는 부자들에게만 제공됐던 각종 투자와 세금 등의 재정 안정에 필요한 정보를 지금은 많은 '보통 사람들'도 습득할 수 있게 되었다. 인터넷 덕분이다. 더불어, 부자를 선호하도록 디자인된 투자 상담/재무설계 업종에 저항하는 일부 어드바이저들이 시간당 서비스를 제공하며, 자산이나 소득이 높지 않은 사람들도 수준 높은 서비스를 받을 수 있게 되었다. 그러나 아직도 '보통 사람들'은 누가 고객의 '필요'와 상관없이 금융상품을 판매하는 것이 목적인 사람인지, 누가 고객의 이익을 최우선으로 하여 진짜 필요한 재무 조언을 해주는 사람인지 구분하는 것이 쉽지 않다.

표준화되지 않은 재무설계/투자 상담 업종

당신은 혹시 한국어로 대략 '재무설계사' 또는 '재무상담사'로 해석이 되는 financial adviser(-ER), financial advisor(-OR), financial planner, financial consultant, 또는 한국어로 '투자상담사'인 investment adviser, wealth manager, wealth advisor, investment consultant...등의 차이가 무엇인지 아는가? 모른다면 이상한 일이 아니다. 나도 모른다. 그런데 더 헷갈리는 것은, 재무/투자 상담 서비스를 제공하는 많은 사람이 같은 일을 하면서도 위에 열거된 타이틀 중 다른 걸 사용할 수 있고, 같은 타이틀을 사용하는 사람이 하는 일은 또 다를 수 있다는 것이다. 공인회계사(CPA)나 변호사, 심지어 부동산 중개사나 플러머(plumber)와 같은 미국의 다른 전문직과 달리 이 재무설계/투자 상담 업종은 교육과 자격증, 그리고 타이틀이 표준화되어있지 않기 때문이다.

재무설계 분야에서는 일정 교육과 시험을 통과해야만 받을 수 있는 자격증인 CERTIFIED FINANCIAL PLANNER™ (CFP®)가 있는 사람들을 흔히 financial planner 라고 하지만, 물론 표준화된 건 아니다. 따라서 고객의 이익은 아랑곳하지 않고 자신의 돈벌이만을 위해 금융상품을 공격적으로 판매하는 비도덕적인 사람도 자신을 financial planner 라고 부를 수 있다. 보험상품을 판매하거나 집 융자를 전문으로 하는 사람이 명함에는 '재무상담사 (financial consultant)'라 자칭하며 마치 자기가 재무설계나 투자에 전문가인 것처럼 행세하는 사람도 있다. 이런 현실 때문에 증권관리위원회 SEC (Securities and Exchange Commission)는 투자자들에게 이런 타이틀은 그저 '마케팅의 수단 (marketing tools)'이므로, 이것을 기준으로 어드바이저를 고용하지 말라고 조언한다 (SEC.gov- *Making Sense of Financial Professional Titles*). 이 웹사이트는 재무설계사의 타이틀에 대해 아주 중요한 정보를 담고 있으니 꼭 방문하여 보시라. 나는 편의상 이들을 통틀어 '어드바이저' 또는 '재무설계사'라 부른다.

어드바이저의 등록

타이틀이 표준화되지 않았다고 누구나 투자 상담을 할 수 있는 것은 아니다. 타이틀에 상관없이 미국에서 증권 투자에 대한 조언을 직업으로 하려면 반드시 기본 시험을 통과하고 정부 기관에 등록이 되어야 한다. 보험 에이전트라도 증권투자가 가능한 베리어블 (variable) 보험을 판매하려면 증권 기본 시험을 통과해야 한다. FINRA (The Financial Industry Regulatory Authority)에서 관장하는 증권 관련 시험은 표준화되어 있고, Series 6, Series 7, Series 66... 등 여러 가지이다. 등록은 몇 개의 주에서 영업하는지와 관리하는 자산의 금액 (asset under management 또는 AUM)에 따라 회사와 어드바이저들은 SEC (전국 등록)나 영업을 하는 주(들)에만 할 수 있다. 대부분 큰 투자회사들은 전국에 지점이 있으므로 SEC 에 등록되어 있다. 어드바이저들은 브로커딜러 (broker-dealer)나 투자상담사 (investment adviser)로 등록이 된다. 그 차이를 간단히 알아보자.

❍ 브로커딜러 (Broker-Dealer)

브로커는 일반적으로 커미션을 받고 매매가 성사되도록 도와만 주는 중개자이고, 딜러는 다른 사람들끼리의 거래가 성사되도록 도와주지만, 자신이 물건을 직접 사고 이윤을 남겨 되팔기도 한다. 부동산 브로커와 자동차 딜러를 생각하면 이 차이를 이해하기 쉽다. 금융회사로서의 브로커딜러는 부동산 브로커같이 수수료를 받고 고객의 금융상품 매매를 중개하기도 하고 자동차딜러같이 금융상품을 자기들이 구매하여 차액을 남기고 고객들에게 되팔기도 한다. 회사에서 일하는 직원들은 broker-dealer representatives 로 등록이 되는데, 흔히 '브로커'라고 부른다. 브로커들은 고객의 자산관리를 할 때 suitability (적당함) 기준을 따른다 (다음 페이지에서 설명). 투자상담사로 일하는 사람의 라이센스 정보, 과거에 고객과의 분쟁이 있었는지, 또는 투자 관련법을 어긴 적이 있는지 등에 관한 자료는 BrokerCheck.FINRA.org 에서 개인의 이름으로 쉽게 찾아볼 수 있다.

그러나 현실적으로, 막강한 변호사 팀이 있는 금융/투자사들은 고객과 분쟁이 있을 때 내부적으로 해결하여 웬만하면 공개적인 자료가 되지 않는다.

● 투자상담사 (Registered Investment Adviser)

투자상담사로 등록된 회사는 registered investment adviser (RIA)이고 RIA 에서 투자상담사로 일하는 직원은 investment adviser representative (IAR)라고 한다. 자영업자인 나의 경우, 회사 (Yu Financial Advice LLC)는 RIA 로, 나는 직원인 IAR 로 현재 등록이 되어 있다. 전에는 브로커딜러에서 일했기 때문에 그 기간 동안 브로커로 등록이 되었었다. IAR 로 등록된 어드바이저들은 자신의 이익보다 고객의 이익을 더 우선으로 두어야 하는 fiduciary 의무가 있으며, 고객 입장에서는 이들과 상담하는 것이 보편적으로 더 유리하다. 이들의 라이센스와 경력, 제공하는 서비스, 과거 고객과의 분쟁이 있었는지 등의 자세한 정보는 AdviserInfo.SEC.gov 에서 찾아볼 수 있다. 브로커이든 어드바이저 (IAR)이든 모두 주 정부의 증권관리기관을 통해 개인의 정보를 알아볼 수도 있다. 당신이 고용하고 싶은 사람이 어떻게 등록이 되어 있는지를 모르면 그 사람에게 직접 물어보거나 위의 두 가지 사이트에서 검색할 수 있다. 브로커와 IAR 의 차이를 좀 더 알고 싶으면 Forbes.com 의 기사를 참조하시라 (*Differences Between Stockbrokers, Investment Advisors And Financial Planners*).

다시 강조하지만, 몇 개의 표준화된 시험에 합격하고 투자상담사로 등록이 되어있다는 것만을 기준으로 어드바이저를 고용하는 건 곤란하다. 당신에게 도움이 되는 지식이 있고 높은 도덕성이 있는 어드바이저라고 단정할 수 없기 때문이다. 시험에 합격하고 투자상담사로 등록하는 데는 대학 졸업장이나 재무학 등의 특별한 교육이 필요하지 않고, 높은 도덕성이 요구되는 것도 아니다. 증권 투자에 대한 지식이 없는 사람도 몇달의 공부 기간을 거쳐 패스할 수 있다.

Suitability 와 Fiduciary

◑ SUITABILITY

한국말로 '적당함' 쯤으로 해석이 되는 suitibility 와 법에 따라 자신의 이익보다 고객의 이익을 우선으로 해야 하는 fiduciary 의 차이를 일반 투자자들이 아는 것은 아주 중요하다. 위에서 언급하였듯 브로커들은 suitibility 기준을 따르는데, 이는 브로커로 등록이 되어 있는 어드바이저가 고객에게 투자 권유를 할 때 일반적으로 '적당'한 조언이면 된다는 뜻이다. 대개 브로커딜러에서 일하는 사람들은 금융상품을 판매하고 커미션을 받는다. 이때 투자상담사가 권유할 수 있는 상품은 그가 일하는 회사에서 어떤 금융상품을 판매하기로 했는지에 따라 한정될 수밖에 없다. 따라서 한정된 숫자의 금융상품이나 투자방식에서 어떤 것을 고객에게 권할 때, 그 투자를 권유 받는 고객에게는 가장 유리하지는 않더라도 '어떤 투자자들 (some investors)'에게는 '적당 (suitable or reasonable)'한 상품/투자 권유면 괜찮다. 그렇지만 권유 상품이 특별히 '부적당 (not excessive and unsuitable)'하지도 않아야 한다 (FINRA.org- *2111. Suitability*).

해석이 모호할 수 있는 이런 suitability 의무조항을 악용하여 그동안 본인의 이익만을 위하여 고객에게 별로 도움이 되지 않는 금융상품/서비스를 판매해 온 어드바이저들이 물론 있었고, 이는 투자자들의 큰 불만을 사 왔다. 그 결과, 브로커들도 fiduciary 의무를 일부 따르도록 한 입법안이 수 년간 논의되어 왔지만 실행되지는 않고 있다 (이유는 당신의 상상에 맡기겠다). 만약 앞으로 통과가 되더라도 이것이 원안같이 은퇴계좌에만 한정된다면 일부 브로커 중 이것을 기초로 자신이 마치 모든 투자 조언에 fiduciary 의무를 따르는 듯 호도할 수 있으니 투자자들은 이를 구분할 수 있어야 한다.

◑ FIDUCIARY

Fiduciary 는 고객의 이익을 항상 최우선으로 해야 하는 법적 의무이다. IAR (investment adviser representatives)로 등록되어 일하는 어드바이저들은 fiduciary 의무가 있고, 이들은 자신의 주머니에는 불리하여도 고객에게 이익이 되는 조언을 하여야 한다. 한발 더 나아가, 자신이 비슷한 금융상품과 서비스를 제공하더라도 고객에게 더 이익이 되는 상품/서비스를 제공하는 다른 회사를 안다면 거기에 보내는 것도 주저하지 말아야 한다 (Forbes.com- *The Difference Between Fiduciary and Suitability Standards*). 물론, fiduciary 의무가 있는 사람이라고 하여 모두가 항상 고객의 이익만을 위하여 일할 거라고 단정할 수는 없다. 이 또한 사람마다 다를 수 있기 때문이다. 이런 자세한 법규를 모르는 고객들에게 투자를 권할 때, 자신의 수수료가 적어짐에도 불구하고 고객의 최고 이익만을 위하여 일하는 것은 쉬운 일이 아니다. 그래서 작가이자 Fisher Investments 의 창업자인 Ken Fisher 는 고객들이 어드바이저에게 fiduciary 로서 고객의 이익을 항상 최우선으로 일하겠다는 서류에 사인을 받아 두라고 권한다. 만약 이 서류에 사인하는 것을 거부하는 어드바이저라면 두말없이 돌아서라고 그는 말한다 (KSDK.com- *Don't Roll Over for This 401k and IRA Ripoff*).

어드바이저들이 돈 버는 방법

Fiduciary 의무를 따르는 어드바이저와 일하는 것은 suitability 의무를 따르는 사람과 일하는 것보다 일반적으로 고객에게 유리하다. 하지만 현실은, fiduciary 이든 suitability 이든 어드바이저들은 대개 회사에 소속되어 있고, 회사에 이익을 내주어야만 자신도 직업을 유지할 수 있다. 그래서 대부분 재무설계사는 결국 일정액 이상의 '약정'을 채워야 하는 세일즈맨이다. 고객의 이익을 위해 아무리 좋은 재무플랜을 짜주고 고객들이 그를 좋아하여도 자기가 받는 급여 이상으로 회사에 돈을 벌어주지 않으면 해고된다. 이런 현실 때문에 겉으로 화려해 보이는 어드바이저 업종은 스트레스가 아주 많고, 따라서 이직률도 높다. 최대한으로 돈을 많이 벌어서 주주의 이익을 극대화하는 것이 제 1 목표인 회사들의 입장에서는 어쩌면 이런 영업 방식이 당연하다.

그 이면에 있는 투자자들은 자기의 어드바이저가 진정으로 나의 이익을 위하여 조언하는지, 아니면 자신의 약정을 채우기 위해 나에게 필요하지도 않은 투자를 권하는지 의심을 하게 된다. 당연하다. 그래서 나는 투자자들이 fiduciary 어드바이저와 일하되, 자신이 내는 비용을 정확히 알고 비용 대비, 받는 서비스의 가치를 직접 판단하는 것이 더 중요하다고 생각한다. 어드바이저들이 돈을 버는 방법은 크게 세 가지로 나뉜다.

○ 커미션 베이스 (Commission-Based)

커미션 베이스 어드바이저들은 대개 브로커로, 액티브 펀드 (actively managed mutual funds)와 보험상품을 판매하고 커미션을 받는다. 커미션 비율은 금융상품과 회사에 따라 다른데, 액티브 펀드의 포인트같이 투자액이 많을수록 대개 낮다. 보험상품이든 액티브 펀드이든 초기 커미션 외에도 해마다 고객이 내는 비용 중 일부는 대개 상품을 애초에 판매한 어드바이저와 그가 소속된 회사에 계속 지급된다. 어드바이저에게는 현찰이나 여행 등 여러 가지 형태로 보상될 수도 있다. 고객들이 이런 복잡한 비용 구조를 이해하지 못 하고 자신들이 정확하게 얼마를 커미션으로 내는지 잘 모르고 있는 것이 이 커미션 베이스의 가장 큰 문제라고 나는 생각한다. 커미션 베이스 어드바이저들은 suitability 의무를 따른다.

○ FEE-ONLY

Fee-only 어드바이저는 대개 fiduciary 의무가 있는 investment adviser representatives (IAR)로, 커미션베이스 구조를 비판하는 투자자들

사이에 인기를 얻고 있다. Fee-only 어드바이저는 금융상품을 판매하지 않으므로 커미션을 받지 않고, 대신 투자자로부터 서비스 비용을 받는다. 즉, 비용 구조에 제삼자의 개입이 없다. 이들은 보험에 대해 상담하지만, 보험을 판매하지는 않는다. 상품 판매를 하면 비슷한 보험상품 두 개가 있을 때 커미션이 높은 것을 추천할 수 있는 이해관계의 충돌 (conflict of interest) 문제가 잠재하기 때문이다. 나도 이와 같은 이유로 대기업에서 어드바이저로 일할 때 얻은 보험 판매사 자격증을 fee-only 재무설계사로 자영업을 시작하며 포기하였다. Fee-only 는 대개 투자액을 기본으로 한 일정률의 서비스 비용이 지급된다. 이 또한 투자액이 높을수록 서비스율이 낮아지는데, 보통 연 0.5~1.5% 정도이다. 이런 직접 비용 때문에 fee-only 어드바이저들은 대개 비용이 낮은 인덱스 펀드를 추천한다. 이와 같은 투명한 서비스 비용 지급 방법은 비용 대비, 서비스의 가치 비교가 쉬우므로 커미션 베이스보다 선호된다.

그러나 투자액의 일정 퍼센티지를 서비스 비용으로 지급할 때 투자자의 입장에서는 위의 커미션 베이스 어드바이저나 fee-only 어드바이저나 큰 차이를 느끼지 못할 수 있다. 투자 기간이 길수록 액티브 펀드에서 5~6%의 초기 커미션을 내고 해마다 1%의 비용을 지급하는 것이 직접 서비스 비용으로 해마다 1.5%를 내는 것보다 오히려 저렴할 수 있기 때문이다. 두 가지 어드바이저들 사이에는 suitability 와 fiduciary 의무의 큰 차이가 있지만, 재무설계에 대한 경험과 교육 정도가 비슷하다고 할 때, 대부분의 어드바이저는 고객의 이익을 위하여 최선을 다하므로 이런 차이들이 사실 크게 중요하지 않을 수 있다.

내 생각에 더 큰 문제는, 커미션 베이스와 fee-only 모두 부자를 선호할 수밖에 없는 구조적 한계가 있다는 거다. 커미션이든 fee-only 이든 상관없이 투자액의 일정 퍼센트를 비용으로 받는다면 당연히 금액이 높을수록 어드바이저들이 받는 비용이 많아지기 때문이다. $1 밀리언의 1%이면 $10,000 인데 $100,000 의 1%는 $1,000 이다. 당신은 어떤 고객을 선호하겠는가? 이런 이유로 투자할

233

돈이 별로 없는 '보통 사람들'은 커미션베이스이든 fee-only 이든 상관없이 제대로 된 재무설계 서비스를 받기가 쉽지 않다.

이에 대한 대안으로 부상한 것이 시간제 또는 고정액 서비스이다. 보통 고객의 자산과 상관없이 시간당 $200~$400 정도의 비용으로 재무상담을 할 수 있다. 지속적인 서비스가 필요한 사람 (나의 경우, 대부분 은퇴 플랜을 운용하는 자영업자)은 월 얼마, 또는 연 얼마씩 고정액을 받고 서비스를 제공하기도 한다. 비용을 자율적으로 정할 수 있는 작은 회사의 어드바이저들이 대개 이런 서비스를 제공할 수 있다. 나는 고객의 자산 정도와 상관없는 시간제 또는 정액제 서비스 구조를 선호하는데, 돈이 있는 사람이나 없는 사람이나 평등하게 어드바이스를 제공할 수 있기 때문이다. 대형 투자회사나 브로커딜러들은 대개 어드바이저들이 이렇게 유동적인 서비스와 비용 구조를 제공하도록 허락하지 않으므로 주로 소규모 회사나 자영업 fee-only 재무설계사들이 이런 서비스를 제공한다. 내가 브로커딜러에서 커미션베이스 어드바이저로 일하다가 빈, 부의 차이 없이 재무상담 서비스를 제공하고 자유로이 책과 칼럼을 쓰기 위하여 자영업을 시작한 이유이다.

◑ FEE 베이스 (Fee-Based)

Fee-only 어드바이저의 인기가 높아지면서 그에 대응하기 위하여 커미션을 받는 브로커딜러들이 고안한 fee-only 와 커미션의 혼합형이다. Fee 베이스 어드바이저들은 투자금의 일정 퍼센트를 fee 로 받으며 동시에 금융상품을 판매하고 커미션을 받는다. 비록 고객으로부터 fee 를 직접 받아도 다른 금융상품 판매를 통한 커미션이 있기 때문에 이해충돌 (conflict of interest)의 가능성이 존재한다 (USNews.com- *A Guide to Financial Advisor Fee Structure*).

누구를 고용하나?

이론적으로 볼 때, 자신의 돈벌이보다 고객의 이익을 최우선으로 해야 하는 법적 조항인 fiduciary 의무가 있는 fee-only 어드바이저들이 '적당한 (suitability)' 의무 조항만 있는 커미션베이스 어드바이저보다 고객에게 당연히 유리하다. 그러나 대부분 fee-only 어드바이저들은 $250,000 이나 $500,000 와 같은 최소 투자액 (minimum investment assets)을 요구한다. 투자액이 적은 고객들과 일하면 자기의 시간 대비, 돈이 안 되기 때문이다. '돈 있는 사람들'하고만 일을 한다는 '고급 이미지'를 창출하기 위한 회사의 상술일 수도 있겠다. 더 적은 금액을 갖고 있는 사람을 고객으로 받는 어드바이저들도 있지만 그들의 자산 대비, 서비스료 비율은 더 높다.

어쨌든, 이렇게 투자액을 바탕으로 비용을 받는 어드바이저는 fiduciary 이어도 태생적으로 조언에 한계가 있을 수 있다. 예를 들어, 일반 투자계좌에 $500,000 을 투자하고 연 평균 6%의 수익률을 얻는 고객이 카드 대금 등 총 $200,000 정도의 빚에 10% 이자를 내고 있다면 투자금으로 빚을 갚는 것이 더 유리하다. 하지만, 상담사에게는 $200,000 이 나가면 (연 1% 서비스료 가정) 그의 연 수익이 $5,000 에서 $3,000 로 줄어들게 된다. 이때 정해진 약정을 채우지 못해 걱정하는 어드바이저라면 fiduciary 의무가 있는 사람이라도 고객에게 이익이 되는 조언을 하기가 쉽지 않다.

이런 현실에서 투자에 대한 지식이 별로 없는 '보통 사람들'이 할 수 있는 선택은 무엇일까? 나는 시간제 서비스를 제공하는 fee-only 어드바이저가 많은 사람에게 유리하다고 생각한다. 제삼자로부터 커미션을 받지 않고 시간제로, 또는 고정액을 고객으로부터 직접 받는 어드바이저들은 CPA 나 변호사들같이 고객의 이익만을 위하여 일할 수 있다 (물론, 업종을 불문하고 자신의 이익만 챙기는 비도덕적인 '전문가'들은 늘 있지만, 그건 별도의 주제이다). 투자할 돈이 별로 없는 사람들이 제대로 된 재무상담을 받을 수 있는 유일한 방법이기도 하다. 만약 투자자산이 많은 사람이라면 시간제, 또는 고정제 fee-only 어드바이저를 고용함으로써 상당한 비용을 절약할 수 있다. 예를 들어, $500,000 투자금의 1%를 서비스비용으로 내는 투자자가 대신 월 $200 의 고정액을 받는 어드바이저와 일하면 비용의 50% 이상 절약할 수 있다.

만약 현재 어드바이저가 있다면 자신이 내는 직접, 간접적 투자/계좌 비용이 정확히 얼마인지 알고 서비스가 그만한 가치가 있는지를 따져보아야 한다. 커미션베이스이든, fee-only 어드바이저이든 마찬가지다. 은퇴 플랜을 제공하는 스몰비즈니스 오너라면 투자액에서 일정률을 비용으로 내는 것 (비용 공제 안됨)보다 같은 금액이라도 어드바이저에게 직접 내면 세금공제가 가능하므로 이것도 고려하는 것이 좋다. 같은 비용이라도 어떻게 지급되는지에 따라 당신의 공제 여부가 다를 수 있기 때문이다.

❶ 교육과 자격증

앞에서 설명했듯 특별한 교육이나 지식이 없어도 어드바이저가 쉽게 될 수 있는 현실에서 '능력 있는' 재무설계사는 어떻게 찾을 수 있을까? 재무설계사 업종은 수많은 타이틀 이상으로 복잡한 것이 '자격증'들이다. 어드바이저들의 명함을 보면 이름 뒤에 자격증을 암시하는 이런저런 약자들이 많이 붙어 있는데, 이것들은 직업의 타이틀보다 더 평균화되어 있지 않다. 돈만 내면 쉽게 받을 수 있는 것들도 많다. 이런 현실에서 '보통 사람들'이 누가 제대로 재무설계에 대한 교육을 받았는지를 구분하기란 아주 힘들다. 당신도 직접 해보면 알겠지만 '어떤 재무설계사 (어드바이저)를 고용할지'에 대한 검색을 해보면 가장 많이 언급되는 것 중 하나가 CERTIFIED FINANCIAL PLANNER™(CFP®)를 찾으라는 거다. CFP®가 되기 위해서는 개인 재무에 영향을 끼치는 투자는 물론, 은퇴 준비, 교육 준비, 보험, 개인 소득세, 상속 등의 수업을 이수하고 시험을 통과해야 한다. 또한, 최소한 4 년제 대학 졸업자이고 3 년의 업무 경력도 있어야 한다

(CFP.net- *CFP® Certification Requirements*). 모든 CFP®는 엄격한 fiduciary 의무를 기본으로 따라야 하지만, 어드바이저가 소속된 회사에 따라 한계가 있을 수 있다. 예를 들어, suitability 의무만 있는 보험사나 브로커딜러에서 일하는 CFP® 어드바이저라면 고객을 위한 그의 조언은 회사에서 판매하는 금융상품에 한정될 수밖에 없기 때문이다. 그래서 (앞에서 언급한) Mr. Fisher 의 조언대로 어드바이저에게 fiduciary 로 일하겠다는 서약(서류)을 받아 두는 것이 좋다. CFP®외에 추천되는 자격증은, 전반적인 교육이 투자에 집중된 CFA (chartered financial analyst)와 CPA 이면서 자산관리와 재무설계 교육을 추가로 받고 시험을 통과해야 하는 PFS (personal financial specialist)이다 (Investopedia.com- *The Top 3 Financial Advisor Credentials*).

◑ 어드바이저 검색

위에서 설명했듯, 모아 놓은 돈이 별로 없는 '보통 사람들'에게는 시간제 서비스를 제공하는 fee-only (fiduciary) 어드바이저들이 유일하면서도 동시에 좋은 선택이 될 수 있다. 하지만 대부분 자영업이거나 규모가 작은 회사 소속인 그들은 많은 돈을 들여 광고할 수 없고, 보통 사람들은 지명도가 없는 그들의 존재를 알기가 쉽지 않다. 그렇다면 위에 권유되는 자격증 중 하나가 있으며 시간제 등 유동성 있는 서비스를 제공하는 어드바이저를 어떻게 찾을 수 있을까? 대답은 물론 인터넷이다. NAPFA.org (NAPFA.com)이 전국적으로 알려진 멤버십 사이트 중 하나이다. 여기에 등록된 어드바이저들은 대부분 CFP®가 이미 있거나 얻기 위한 과정에 있고, 모두 fiduciary 의무를 지키겠다고 서약한 사람들이다. 하지만 미국의 모든 독립 fiduciary 어드바이저들이 위의 사이트에 등록되어 있는 건 아니다. 나도 적지 않은 연 멤버십 비용 때문에 가입하지 않았다.

누구를 고용하든 적어도 세 명은 인터뷰하고 비용이나 기타 질문을 하는 데 주저하지 마시라. 당신이 비용을 내는 사람이므로 당당할 필요와 권리가 있다. 다만, 일단 어드바이저로 고용을 하면 그의 말을 들어야 한다. 아무리 훌륭한 어드바이저가 당신에게 좋은 플랜을 짜 주어도 당신이 실행하지 않으면 쓸모가 없다.

◑ 다른 전문가와의 팀워크

개인의 재정은 보험, 세금, 투자, 연금, 융자 등 여러 가지 분야가 복잡하게 얽히고설켜서 저축액과 자산증식 등 경제적 안정에 직접적인 영향을 끼치지만, 한 사람이 이 모든 분야를 망라한 지식을 갖추는 것은 아주 힘든 일이다. 예를 들어, 보험 하나만 하더라도 집보험, 차보험, 생명보험, 건강보험, 장애보험, 연금보험 등 여러 가지로 나뉘고 그것만 취급하는 전문가도 별도로 있다. 마찬가지로 투자, 소셜시큐리티, 회사를 통한 은퇴 플랜, 개인의 은퇴계좌, 회사 연금, 교육 플랜, 융자 (집, 차, 교육) 등도 각자 전문 분야로 전문가가 있다. 따라서 능력 있는 어드바이저라면 개인의 재정에 직접적인 영향을 끼치는 이 모든 분야를 이해하여야 하지만, 현실적으로 한 사람이 이 폭넓은 여러 분야의 전문가들만큼의 지식을 모두 습득하는 것은 불가능하다. 예를 들어, CFP® 자격증이 있는 나는 개인 세금에 대한 여러 가지 수업을 듣고 이해가 깊은 편이지만, 세금 전문가는 아니다. 마찬가지로, 세금 전문가인 회계사들도 대개 은퇴 플랜이나 교육 플랜, 투자 등 재무설계 분야에 대한 깊은 지식은 없다. 공인회계사이면서 재무설계 관련 공부를 별도로 하고 자격증을 취득한 PFS (personal financial specialist)가 아니라면 말이다. 그래서 고객의 최고 이익을 위해서는 재무설계사와 회계사가 같이 일해야 하며, 필요하면 다른 전문가들과도 공조해야 한다. 재무설계사는 의료계로 치면 환자의 평생에 거쳐 전반적인 건강을 관리하지만, 필요하면 전문의에게 보내는 일반의 (family/general doctor)와 비슷하다. 따라서 혹시나 전문 교육이나 자격증 없이 자기가 포괄적인 재정 관련 전문가인 척하는 사람을 만나면 조심하시라. 일반의가 별도의 교육과 자격증 없이 심장, 안과, 치과, 신경정신과 등의 모든 문제를 치료할 수 있다고 하는 것과 크게 다르지 않다. ▨

Chapter 9

개인 파산

개인파산 (personal bankruptcy)은 부채 지급 능력이 없는 개인이 새로운 시작 (fresh start)을 할 수 있도록 도와주기 위한 법적 구제 장치이다. 지금은 재정적으로 안정이 되어 있는 사람도 직장을 잃거나 아파서 일을 못 하면 하루아침에 경제적 곤란에 빠질 수 있으므로, 누구나 이런 정보를 미리 알아두는 것이 좋다.

1. 챕터 13
2. 챕터 7
3. 파산 신청을 하는 5 가지 이유

미국의 법은 파산 신청을 '빚을 갚을 수 없는 사람 (비즈니스)들의 자산을 매각하거나 상환 조건을 조정함으로써 그들이 새로운 시작을 할 수 있도록 돕는 것'이라고 정의한다 (USCourts.gov- *Bankruptcy*). 파산보호법의 기본은 비슷하지만 각 주에서 신청자격과 채무자 자산의 예외 조항 (exemptions)을 정할 수 있다. 파산 신청을 관장하는 판사의 재량도 영향을 끼친다. 이 챕터에서는 개인이 신청할 수 있는 파산 신청 두 가지인 챕터 13 과 챕터 7 을 간단히 설명한다.

챕터 13

◑ 소득이 있는 사람들을 위한 채무 조정

챕터 13 (Chapter 13)은 챕터 7 보다 '약한' 파산이다. 파산 신청 과정에서 자산을 처분하고 매도대금을 채권자에게 지급하는 챕터 7 과 달리 자산을 지킬 수 있기 때문이다. 챕터 13 은 법원(판사)이 채권자와 채무자의 중간에서 채무자가 지급할 수 있는 범위 내에서 상환 조건을 재조정한다. 그리고 일정 기간 (보통 3~5 년) 동안 새로운 상환 조건을 충족시키면 나머지 빚은 탕감된다. 조정된 월 상환액을 갚으려면 소득이 있어야 가능하므로 챕터 13 은 자영업자나 직장인 등 소득이 있는 사람만 할 수 있다. 그래서 영어로 wage earner's plan 이라고도 한다.

◑ 자격과 기간

정기적인 소득이 있는 개인이 할 수 있는 챕터 13 은 다른 조건도 충족되어야 신청할 수 있는데, 우선 지난 4 년간 세금 보고가 되어 있어야 한다. 즉, 소득이 없거나 세금 보고를 제대로 하지 않은 사람은 챕터 13 파산보호 신청을 할 수 없다. 지난 6 개월 이내에 파산 신청을 했다가 기각되었거나 크레딧 상담 전문기관에서 상담을 받은 적이 있는 사람도 신청할 수 없다. 또한 파산 신청을 할 수 있는 사람의 부채액에 한도가 정해지는데, 2019 년 4 월 현재 의료비, 신용카드 등과 같은 무담보 대출(빚)은 $419,275 미만, 집과 자동차 같은 담보 대출은 $1,257,850 미만이어야 한다 (이 금액은 몇 년마다 조정됨). 일단 파산 신청이 진행되면 조정되는 상환 기간은 수입에 따라 결정되는데, 신청자가 거주하는 주의 중간소득 (median income) 미만을 벌면 대개 3 년, 그 이상은 5 년까지이다. (당신이 거주하는 주의 중간소득은 주의 이름과 median income 으로 검색하면 쉽게 알 수 있다.) 이 기간이 끝나고 모든 과정이 마무리될 때까지 상환금은 법원이 지정한 트러스티(trustee)를 통해 채권자에게 지급된다.

❶ 주의 사항

신청자가 살고 있는 집 (primary residence)의 모기지는 챕터 13 에서 대개 제외된다. 상환금이 조정되어도 총융자금을 파산 처리 기간인 3~5 년 이내에 상환하기가 힘들기 때문이다. 만약 모기지가 하나뿐인 집 융자가 파산 신청 리스트에 포함되더라도, 원래의 융자상환 기간 (보통 15 년 또는 30 년)이 대개 그대로 유지된다. 다만 제 2, 3 의 모기지가 있고 집 시세가 모기지 총액보다 낮을 경우에는 추가 모기지가 무담보 대출 (unsecured loan)로 구분되어 탕감될 수 있다. 은행에서 압류(foreclosure) 절차를 밟고 있다면 챕터 13 신청과 함께 압류 절차는 임시 중단된다.

개인의 '새로운 시작(fresh start)'를 도와주는 이 법을 제대로 활용하려면 신청자가 규율을 잘 따르는 것이 아주 중요하다. 파산 신청서를 접수한 사람이 법원의 출두 날짜에 나타나지 않거나, 파산법원이 정한 페이먼트를 어기거나 할 경우 파산절차가 취소될 수 있다. 이 경우 다시 파산 신청을 하려면 6 개월을 기다려야 한다. 법원이 조정한 페이먼트 기간(3~5 년) 동안 채무자가 다른 빚을 얻으려면 파산절차를 관리하는 트러스티 (trustee)의 허가도 받아야 한다. 채무자가 페이먼트 약속 이행을 하지 않을(못할) 경우 법원이 (또는 채무자가) 챕터 7 으로 전환할 수 있다.

◑ 예외 조항

챕터 13 에서 대개 부채탕감이 허락되지 않는 것은 모기지, 위자료와 양육비, 학생 융자, 밀린 세금, 음주나 마약 후 개인에게 신체적 상해를 입힌 사람에 대해 법원이 정한 피해보상액 등이다. 만약 채무자가 상환할 의도 없이 채권자에게 피해를 줬다는 걸 채권자가 법원에 증명할 수 있으면 이 금액과 채무자가 잊어버리고 파산 신청서에 기재하지 않은 빚도 제외된다. 챕터 13 에 관한 더 자세한 내용은 USCourts.gov (*Chapter 13-Bankruptcy Basics*) 또는 Nolo.com (*Debts That Survive Chapter 13 Bankruptcy*)을 참조하시라 개인을 위한 챕터 13 과 비슷한 비즈니스 파산보호 신청은 Chapter 11 이다.

챕터 7

◑ 소유권 포기

챕터 7 은 신청자가 자산의 소유권을 포기하는 조건으로 부채가 탕감된다. 파산 과정을 담당하는 법원에서 자산을 매각하고 그 돈을 채권자에게 지급하는데, 이 과정에서 충족되지 못한 부채는 탕감된다.

◑ 자격

자산을 양도하고 빚을 탕감받을 수 있는 챕터 7 은 악용되는 것을 막기 위하여 자격 조건을 챕터 13 보다 더 까다롭게 하는데, 신청자의 소득이 거주하는 주의 중간치를 기준으로 하고, 만약 그것보다 높으면 테스트(means test)를 거쳐야 한다 (Justice.gov- *Census Bureau Median Family Income By Family Size*). 지난 60 개월 동안 세금과 기본 생활비(집, 공과금, 음식, 의료비, 교통비 등)를 제외한 소득이 일정 금액 이상이거나 그 기간 무담보 부채 (신용카드 등)의 25% 이상을 갚았으면 챕터 7 을 할 수 없다. 만약 신청자가 지난 60 개월보다 자신의 현재 생활비나 기타 필요한 비용이 훨씬 더 많이 필요하므로 이 계산이 조정되어야 한다는 '특별한 상황 (special circumstances)'을 증명하고 법원으로 인정받지 않는 한, 대개 챕터 13으로 전환되며, 아예 기각될 수도 있다. 서류 접수 비용은 약 $350 정도인데, 몇달에 걸쳐 나누어서 내거나 신청자가 거주하는 주의 중간 소득 대비 150% 미만의 소득이 있으면 면제되기도 한다.

◑ 주의 사항

파산 신청은 두 가지 모두 부부가 같이, 각자, 또는 한 사람만 할 수 있지만, 소득과 빚, 생활비 등은 모두 같이 보고되어야 한다. 일단 파산 신청이 들어가면 채권자(또는 컬렉션 에이전시)가 진행되던 급여 압류나 연락 등 대부분 채무독촉 행위를 멈춘다. 다만 상황에 따라 예외가 있을 수 있고, 채무독촉을 멈추는 기간이 한시적일 수 있다. 파산 신청을 성공적으로 마치려면 신청자가 요구되는 자료를 빠짐없이 작성하여 시간 맞춰 접수 시키고 기타 규율을 잘 지키는 것이 열쇠이다. 신청자가 성실히 임하지 않으면 판사가 언제든 신청서를 기각시킬 수 있으니 모든 절차가 마무리될 때까지 주의해야 한다.

◑ 예외 조항

챕터 13과 마찬가지로 챕터 7도 많은 주가 다른 예외 조항 (exemptions)을 두고 있다. 어떤 곳은 신청자에게 연방 정부와 주 정부의 조항 중 하나를 선택하도록 하기도 하는 등 당신이 거주하는 주마다 차이가 있을 수 있지만, 대부분 신청자가 사는 집과 자동차, 얼마의 현금자산 등을 지킬 수 있다. 2019년 4월 현재 연방법이 정한 신청자의 거주지(집)에 대한 예외 금액은 $25,150 (부부가 같이 파산 신청할 경우 두 배), 자동차에 허락되는 금액은 $4,000, 가구, 귀금속, 악기, 전자 제품 등 개인 용품은 총 $13,400이다. 당신이 거주하는 주가 허용하는 금액은 다를 수 있으니 직접 확인하기 바란다. 아무튼, 챕터 7 파산 신청은 소득이 높지 않은 사람들이 할 수 있으므로 그들이 소유한 자산도 가치가 높지 않은 경우가 대부분이다. 그래서 챕터 7 파산과정은 많은 경우, 신청자의 자산이 매각되지 않고 "자산 없음 (no asset)"으로 마무리된다. 법에서 허용하는 금액 (exemptions)과 매각 관련 비용을 제외하고 나면 매각하여도 채권자에게 돌아갈 돈이 별로 없기 때문이다. 새로운 시작 (fresh start)을 하기 위해서는 누구나 살 곳이 필요하므로, 집에 융자가 없어도 파산절차에서 제외하는 주도 있다. 다른 나라에는 흔하지 않은, 가진 것이 별로 없는 사람들의 새 출발 (fresh start)을 도와주는 법이다.

앞에서 언급되었듯, 은퇴자산은 파산 신청에서 일반 채권자로부터 보호가 된다. 펜션과 401(k), 403(b), SEP IRA, SIMPLE IRA 와 같은 회사 플랜에는 금액의 한도가 없고, 개인 은퇴계좌인 IRA (traditional, Roth)는 주마다 한계가 있을 수 있지만 대개 $1.4 밀리언 이상 보호된다.

파산 과정에서 이렇듯 보호되는 자산이 있지만, 보호되는 빚 (nondischargeable debts)도 있다. 밀린 세금, 위자료, 자녀 양육비, 학생 융자 등, 챕터 7 을 통해서도 탕감되지 않는 빚은 챕터 13 과 비슷하다. 자세한 사항은 Nolo.com 참조 (*Nondischargeable Debts in Chapter 7 Bankruptcy*).

◑ 일부 자산 유지하기 (REAFFIRMATION)

챕터 7 파산법에서 소유를 허락하는 자산 외에도 신청자가 원하면 reaffirmation 을 통해 일부 자산의 소유권을 계속 유지할 수 있다. 이때는 융자도 살아남으며, 신청자가 채권자와 융자를 재확인 (reaffirmation)하고 부채를 지급하겠다는 별도의 계약을 하여야 한다. 이때 채무자가 이자를 낮추거나 융자액을 줄이거나 하는 등의 재협상을 할 수 있다. 법원에서는 이의 타당성을 검토하고 허락하는데, 채무자가 이 새로운 조건대로 융자금을 완납하는 것이 경제적으로 힘들 것 같다고 판단되면 불허할 수 있다. 일단 허락이 되고 나서 만약 채무자가 계약대로 융자금 지급을 하지 않으면 채권자는 해당 자산을 압류하여 매각할 수 있고, 이때 매도대금이 총융자금을 충족시키지 않으면 채무자를 상대로 나머지 융자액에 대한 지급소송을 걸 수 있다. 그러므로 신청자는 현재가치와 남은 융자금을 비교하고 자산에 reaffirmation 을 할 가치가 있는지 신중하게 따져보아야 한다.

◑ 파산 신청 가능 횟수

개인이 평생에 걸쳐 파산 신청을 할 수 있는 최대 숫자는 정해져 있지 않지만, 파산 종류에 따라 다음에 다시 하기까지 기다려야 하는 시간은 정해져 있다. 보통 챕터 13 을 통하여 탕감받은 빚이 있는 사람이 차후 다시 챕터 13 으로 다른 빚을 탕감받고자 하면, 먼저 신청한 챕터 13 의 3~5 년 기간이 지나야 가능하다. 페이먼트 재조정만 받았다면 첫 파산 신청을 하고 2 년 후에 다시 챕터 13 을 통하여 빚을 재조정받을 수 있다. 챕터 13 을 통해 빚을 탕감받은 사람이 챕터 7 을 신청하고자 하면 적어도 6 년을 기다려야 한다. 예외는 있다. 챕터 7 을 마친 후 다시 챕터 7 을 신청하려면 적어도 8 년을, 챕터 7 후 챕터 13 을 신청하려면 적어도 4 년을 기다려야 한다. 다만 위의 기간에 예외가 있을 수 있고, 법원이 별도의 기간 내에 특정자에게 파산 신청을 못 하도록 할 수 있다. 신청자가 고의로 재산을 숨기거나 거짓말을 한 것이 탄로 나면 평생토록 두 번 다시 파산 신청을 못 하도록 할 수도 있다. 또한 법원에서 신청자가 파산 보호 신청을 남용 (abuse of the system) 한다고 판단하면 괘씸죄 (bad faith bankruptcy filing)로 신청을 기각할 수 있다. 위에 설명된 것 외에 챕터 13 과 챕터 7 파산 신청의 차이를 알고 싶다면 Nolo.com 참조 (*What Are the Difference Between Chapter 7 and Chapter 13 Bankruptcy?*).

파산 신청을 하는 5 가지 이유

미국인들이 파산 신청을 하는 가장 큰 이유는 감당할 수 없는 의료비 때문이다. 보험챕터에서 언급하였듯, 의료비가 비싸고 디덕터블 (deductible), 코인슈런스 (co-insurance), 맥시멈 아웃오브 파켓 (maximum out-ofpocket) 등 각종 본인 부담 조항들 때문에 많은 사람이 의료보험이 있어도 병원에 가는 걸 두려워하는 것이 현실이다. NPR.org 에 의하면 2005-2015 동안 미국인의 평균 의료보험비는 83%나 올랐다고 한다. 비슷한 기간 동안 디덕터블은 자그마치 255%나 올랐다. 그런데 사람들의 평균 소득은 거의 오르지 않았다. NPR (National Public Radio)은 26%의 미국인이 의료비가 가정경제에 심각한 문제라고 보고한다 (*Medical Bills Still Take A Big Toll, Even With Insurance*). 국민 네 명 중 한 명이 처한 이런 우울한 현실을 고려할 때 파산 신청의 가장 큰 이유 중 하나가 의료비 때문임은 놀랄 일이 아니다. 파산 신청의 나머지 4 가지 이유는 실직, 빚, 이혼/별거, 그리고 급전의 문제라고 한다 (Investopedia.com- *Top 5 Reasons Why People Go Bankrupt*).

어떤 자료를 보느냐에 따라 순서는 다르지만, 개인이 파산 신청을 하는 이유는 대략 비슷하며 많이 연결돼 있다. 그 바탕에는 평균 임금 인상분보다 빠른 폭으로 오르는 물가가 있고, 특히 큰 폭으로 오르는 의료비와 교육비는 부자가 아닌 모든 사람에게 경제적 부담이 될 수밖에 없다. 만약 당신이 특별한 낭비 없이 나름 절약하며 사는데도 시간이 지날수록 빚은 늘고 경제적 스트레스가 심하다면 파산 신청을 고려해 보시라. 파산은 당신의 크레딧을 망가뜨리고 이것은 또 누구나 열람할 수 있는 공공자료가 되어 '창피한 일'이지만 언제 끝날지 모르는 경제적 고통에서 벗어나 새로운 시작 (fresh start)을 가능하게 도와준다. 숨이 막힐 때까지 기다리지 말고 가능하면 서둘러 파산 전문 변호사와 상담하고 계획을 세우는 것이 좋다.

만약 당장 경제적 문제가 없는 당신이라고 하여도 언제 어떻게 될지 모르는 우리의 삶이므로 파산 가능성을 염두에 두고 재무설계를 할 것을 권한다. 특별히 잠재적으로 잃을 게 많은 자영업자가 은퇴 플랜을 적극적으로 활용해야 함은 아무리 강조해도 지나치지 않는다. 파산과 같은 경제적 고통은 준비할수록 멀어진다. ▨

Chapter 10

개인 세금

미국은 개인 세율이 높지만 공제 사항도 아주 많다. 경제적 안정을 이루는 데는 절세가 아주 중요한데, 이것은 나에게 적용되는 세금의 기본을 이해하는 것에서 시작한다.

1. 페이롤 텍스(근로소득세)

2. 연방 정부 + 주 정부 소득세

3. 투자 소득세 (Capital Gains Tax)

4. AMT (Alternative Minimum Tax)

5. 세일즈 텍스 (Sales Tax)

6. 재산세 (Property Tax)

7. 상속/증여세 (Estate/Gift Tax)

8. 세금 문제?

많은 사람이 경제적 안정을 이루기 위해서는 돈을 많이 벌고 투자 이익이 높아야 한다고 믿는다. 돈을 많이 벌고 높은 투자 이익을 내는 것도 당연히 중요하지만, 현실은 보통 사람들은 평생 직장생활하며 큰돈을 벌지 못 하고, 또 어떻게 하면 높은 투자 이익을 낼 수 있는지도 알지 못한다. 이런 상황에서 경제적 안정을 이루기 위해서는 '나가는 돈'을 줄이는 것이 아주 중요하다. 흔히 나가는 돈이라고 하면 쇼핑 등 소비를 생각하는데, 미국에서는 세금이야말로 아주 큰 지출의 하나이다. 세금을 줄이려면 우선 본인이 어떤 세금을 얼만큼 내는지를 알아야 한다. 이 챕터는 개인들이 내는 몇 가지 세금만 간단하게 설명하고 공제조항에 대해서는 자세히 논의하지 않는다. 세금 법에 대한 궁금한 점이나 당신의 세금 관련 문제는 회계사에게 문의하기 바란다.

페이롤 텍스 (근로소득세)

미국에서는 개인 소득이 있으면 그것이 어떻게 얻어진 소득인지를 구분하고 몇 가지 다른 방법으로 세금을 물린다. 즉, 직장인이 회사에서 일하고 버는 근로소득, 부동산 임대 소득, 은퇴 전의 나이에 받는 장애 연금, 증권 투자의 수익, 소득 공제를 받고 모으다가 출금한 은퇴자금, 보험금, 위자료, 상속 등을 통해 얻는 소득을 구분하고 몇 가지 다른 방법으로 세금을 물린다. 일하고 버는 근로소득을 언드인컴 (earned income)이라 하며, 여기에는 다른 수입에는 없는 페이롤 텍스 (근로소득세)가 부과된다. 급여에서 맨 처음 빠져나가는 페이롤 텍스는 흔히 이 세금의 근거조항인 FICA (Federal Insurance Contributions Act)라고도 불리는데, 여기에는 소셜시큐리티 텍스와 메디케어 텍스가 포함된다. 앞의 "소셜시큐리티 연금" 부분에서 설명했지만 한번 더 짚고 넘어가자.

❶ 소셜시큐리티 텍스

소셜시큐리티 세금 (Social Security tax)은 6.2%로, 적용되는 최대 소득은 2019 년 현재 $132,900 으로 한정돼 있다. 즉, 근로소득이 $1 밀리언이든 $132,900 이든 내야 하는 소셜시큐리티 텍스는 최대 $8,240 ($132,900 의 6.2%)이다. $132,900 미만의 근로소득이 있는 사람은 총액의 6.2% 이다. 소셜시큐리티 세금은 직원이 내는 만큼 고용주도 내는데, 만약 당신이 자영업자라면 12.4%를 내되, 그중 50%는 공제받는다.

여기서 한가지 짚고 넘어가고 싶은 것은, 스몰 비지니스를 하는 자영업자들이 가끔 이 소셜시큐리티 세금 (페이롤 텍스)을 절약하겠다고 비지니스 수입 중 근로소득을 적게 잡고 나머지를 일반소득으로 구분하여 보고하는 경우가 있는데, 이것은 장기적으로는 자신의 경제적 안정에 큰 해가 될 수 있다. 왜냐면 노후에 받는 소셜시큐리티 연금은 일할 때 근로소득을 기준으로 내는 이 페이롤 텍스를 통해서 적립되므로 이것이 적으면 나중에 받는 연금이 적고, 또한 세금혜택이 좋은 은퇴계좌/플랜에 저축할 수 있는 것은 근로소득뿐이기 때문이다. 비지니스 소득이 많은데도 페이롤 텍스를 절약하기 위해 소셜시큐리티 최대 금액 미만으로 근로소득을 잡아 보고하는 것은 장기적으로 자신의 소셜시큐리티 연금을 줄이고 은퇴계좌/플랜에 저축할 수 있는 금액도 적으므로 결국 장기적인 재무 안정과 자산 증식 측면에서는 자기 발등을 찍는 결과를 낳을 수 있다. 근로소득을 제대로 보고하고 은퇴계좌/플랜에 최대로 저축/투자하는 것이 당장 내는 세금을 줄이는데도 더 효과적이다. 참고로, 2019 년 현재 67 세가 정년인 사람이 받을 수 있는 최대 소셜시큐리티 연금은 월 $3,000, 3 년간 기다렸다가 70 세에 받으면 월 $3,800 정도이다.

◑ 메디케어 텍스

노인과 장애인을 위한 보험인 메디케어 텍스는 1.45%이며, 여기에는 적용되는 최대 근로소득 액수가 정해져 있지 않다. 이 또한 직원과 고용주가 각각 1.45%, 총 2.9%를 낸다. 자영업자는 2.9%를 내지만 소셜시큐리티 세금과 마찬가지로 그중 50%는 공제받는다.

소득이 $132,900 이하인 근로자는 소셜시큐리티 6.2%와 메디케어 1.45%를 합하여 총 7.65%의 페이롤 텍스를 내지만, 연봉이 $200,000 (공동 보고하는 부부는 $250,000) 이상인 사람은 그 부분에 대한 0.9%의 추가 메디케어 텍스 (Medicare surcharge)도 내야 한다. 예를 들어, 당신이 올해에 $100,000 을 번다면 총 $7,650 의 페이롤 텍스를 내게 된다. 만약 세금 보고를 같이하는 부부의 근로소득이 $300,000 이라면 소셜시큐리티 세금 $8,240 (최고 과세 대상인 $132,900 의 6.2%) +메디케어 텍스 $4,350 ($300,000 의 1.45%) +$450 ($250,000 이상 되는 소득 $50,000 의 0.9% 추가세)를 합하여 총 $13,040 을 페이롤 텍스로 낸다. 이 경우, $300,000 을 버는 부부는 $100,000 을 버는 사람보다 3 배를 벌지만 세금은 약 1.7 배를 내는데, 소셜시큐리티 세금이 부과되는 최고 소득이 $132,900 으로 한정돼 있기 때문이다. 그래서 은퇴 후 받을 수 있는 소셜시큐리티 연금액도 최대치가 정해져 있다.

연방 정부+주 정부 소득세

급여를 받을 때 위와 같이 페이롤 텍스가 먼저 나간 후 그다음으로 계산되는 세금이 일반소득세 (ordinary income tax)이다. 이 일반소득세는 페이롤 텍스가 부과되지 않는 장애인 연금, 세금공제를 받은 계좌에서 출금하는 은퇴자금, 부동산 임대수익, 1 년 이하 소유한 투자자산 (증권, 부동산)에 대한 매매수익금 등에 적용된다. 같은 $100,000 의 소득이 있는 두 사람 중 하나는 급여로, 다른 사람은 부동산 임대 수익으로 벌었을 때, 급여로 번 사람은 일반소득세 외에 7.65%의 페이롤 텍스를 추가로 내는 셈이다. 대신 평생 부동산 임대로만 돈을 번 사람은 소셜시큐리티와 메디케어 텍스를 내지 않으므로 소셜시큐리티 연금과 메디케어 혜택을 받을 수 없다. 다만 배우자가 쌓은 크레딧이 있다면 그것을 바탕으로 받을 수는 있다. 일반 소득세는 연방 정부와 주 정부 두 가지로 나뉜다.

◑ 연방 정부 소득세

2019년 현재, 연방 정부의 소득세율은 다음의 표와 같이 7가지로 나뉜다 (자료: TaxFoundation.org- *Tax Brackets and Rates, 2019*).

세율	초과금액 (싱글)	초과금액(부부 공동보고)	초과금액 (홀가정)
10%	$0	$0	$0
12%	$9,700	$19,400	$13,850
22%	$39,475	$78,950	$52,850
24%	$84,200	$168,400	$84,200
32%	$160,725	$321,450	$160,700
35%	$204,100	$408,200	$204,100
37%	$510,300	$612,350	$510,300

많은 사람이 이 표를 보고 자신의 수입에 상응하는 하나의 세율만큼 세금을 낸다고 생각하는데 그렇지 않다. 예를 들어, 세금 보고를 같이하는 부부의 소득이 $200,000일 때, 연방 정부의 세금은 다음과 같이 계산된다. 첫 $19,050은 10%, 그 금액을 제외하고 나머지 $77,400까지는 12%, 그리고 잔액의 $165,000까지는 22%... 이렇게 몇 단계에 걸쳐 다른 세율이 적용된다. 그래서 $200,000의 소득만 놓고 언뜻 보면 세율이 24% 같아 보이지만 실제 계산은 10%부터 여러 단계에 나누어 적용되므로 부부가 최종적으로 내는 일반소득세는 약 17% 정도이다. 이 차등 적용 방식을 많은 사람이 헷갈려 하는데, 번 돈을 한 줄로 죽 늘어놓고 다르게 세율을 부과한다고 생각하면 이해가

쉽다. 여기서는 계산의 단순화를 위하여 공제사항을 적용하지 않았지만, 이 부부의 경우 기본공제액 (standard deduction: 싱글은 $12,000, 부부는 $24,000)만 적용하여도 평균 세율은 15% 정도가 된다. 모기지 이자, 재산세, 학생 융자금 이자 등 각종 공제사항의 합이 기본공제액보다 많으면 세금이 더 줄어든다. 물론, 이것은 연방 정부 소득세로, 페이롤 택스, 주 정부의 소득세와는 별도이다.

◑ 세금공제/절세에 대한 오해

여기서 한가지 짚고 넘어가야 할 것은 세금공제와 절세에 대한 오해이다. 많은 한국 사람들과 얘기를 하다 보면, '아이들이 커서 공제받을 것이 없으니 집을 늘려야겠다'라는 말을 가끔 듣는다. 이것은 '크레딧 카드 포인트를 받기 위해 소비를 늘려야겠다'라고 하는 것과 비슷하다. 물론, 모기지 이자의 공제로 받는 혜택이 크레딧카드의 포인트보다야 (받을 수 있다면) 더 좋지만, 이 '공제'가 어떻게 이루어지는지를 아는 것은 아주 중요하다.

모기지 상환금으로 나가는 금액은 전액 공제되는 게 아니라, 이자로 나가는 금액만 공제가 된다. 예를 들어, 당신이 1년에 낸 모기지 상환금 $30,000 중 이자가 $10,000 라면, 이자인 $10,000 에 대한 세금공제만 받을 수 있다. 또한 모기지 이자는 세금 액수를 줄여주는 크레딧이 아니므로, 생각보다 '절세'의 효과가 작거나 아예 없을 수도 있다. 개인이 세금 보고할 때는 기본공제 (standard)와 세부공제 (itemized deduction) 중 하나를 선택하는데, 재산세와 모기지 이자 등 세부공제로 보고되는 금액이 기본공제액보다 적으면 효과가 전혀 없다. 2018년 현재 세금 보고를 같이하는 부부의 기본공제액 (standard deduction)은 $24,000 이다. 만약 세부공제 사항으로 모기지 이자와 재산세만 있는 당신이 한 해에 낸 두 가지 총액이 $24,000 미만이라면, 기본공제로 보고하는 것이 더 이득이다. 이 경우, 모기지 이자와 재산세에 대한 세금혜택은 하나도 받지 못 하게 된다. 만약 $30,000 을 냈다면 세부공제를 통해 $24,000 이상의 금액, 즉 $6,000 의 실제 공제 혜택을 볼 수 있다. 이때 만약 당신의 평균 인컴 세율이 25%라면 당신이 큰 집을 삼으로써 '절약'하는 실제 세금 액수는 $6,000 의 25%, 즉 $1,500 뿐이다. 그러니 아직도 '절세'를 위하여 집을 사고 싶은 마음이 있다면 당신의 회계사와 먼저 상담하고 실제 절약 가능액을 계산해 보기 바란다. 당신이 실제 절약하는 금액을 알고서는 '세금공제를 받기 위해서 집을 늘려야겠다'라는 말은 하기 힘들 것이다.

비지니스의 경우는 모든 비용을 공제받지만, 실제로 얻는 절세 혜택은 개인과 마찬가지로 평균 세율에 달려 있다. 가끔 스몰비지니스를 하는 분들로부터 '세금을 줄이기 위해 (별로 필요하지도 않은) 기계를 사야겠다'는 소리를 듣는데 참 안타깝다. 그들 대부분이 영세 비지니스이므로 (수입이 많지 않아 세율도 어차피 낮으므로) 그들의 공제 효과는 특별히 적기 때문이다. 예를 들어, 같은 비지니스에 사용된 $10,000 이라도, 인컴이 많아 세율이 37%라면 실제 절세액은 $3,700 이고, 매출이 적은 영세업자의 경우 세율이 15%라면 실제 절세효과는 $1,500 뿐이다. 그래서 꼭 필요한 것이 아니라면, 차라리 $1,500 의 세금을 내고 $8,500 을 저축하는 것이 훨씬 유리하다. 물론, 은퇴계좌에 저축하면 소득세를 공제받을 수 있으니 가장 좋음은 두말할 필요 없다.

한 가지 더 지적하고 싶은 것은 자영업자들이 페이롤 택스를 줄이기 위해 소득을 근로소득 (W-2)이 아닌 대개 경영에 관여하지 않는 투자파트너에게 지급하는 비근로 소득 (K-1)으로 규정하여 보고할 때의 문제이다 (S-Corp 의 경우). 미국에서 자영업자는 같은 수입이라도 이렇게 소득의 종류를 나누어 보고할 수 있는데, W-2(근로소득)로 받으면 페이롤택스+ 일반 소득세를 내야 하고, K-1(비근로 소득)으로 받는 소득은 일반 소득세만 내면 된다. 공제 사항을 무시하면 페이롤 택스가 추가로 붙는 근로소득으로 받을 때 세금은 당연히 더 많아진다. 단 한 푼이라도 세금을 줄이는 것이 절세임은 맞지만, 이때 문제는 페이롤 택스는 은퇴 후 받을 수 있는 소셜시큐리티 연금에 직접적인 영향을 끼치므로, 장기적인 경제적 안정 측면에서는 치명적일 수 있다는 거다. 나는 미국에서 오랫동안 자영업을 하며 한때는 적지 않은 돈을 벌었지만 노후에 비지니스가 예전 같지 않아 헐값에 팔고 (또는 팔지도 못하고) 소셜시큐리티 연금은 겨우 $1,000-$1,500 남짓 되는 사람들을 많이 본다. 근로소득이 제대로 보고되지 않은 (페이롤 텍스를 적게 낸) 이유가 크다. 참고로, 미국에서 은퇴 정년에 최대로 받을 수 있는 소셜시큐리티 연금은 월 약 $3,000 로, 만약 67 세가 정년인 사람이 70 세까지 기다렸다 받으면 약 $3,800 정도나 받을 수 있다 (2019). 비근로 소득은 아무리 많아도 소셜시큐리티 연금이 적립되지 않고 은퇴 플랜/계좌에 납입할 수도 없다. 이쯤 되면 소득이 많은 자영업자가 세금을 줄이겠다고 근로소득을 줄여 보고하거나, 저축액을 공제받을 수 있는 은퇴 플랜을 하는 데 드는 관련 비용이 아깝다고 하지 않는 것이야말로 '절세'는 커녕 결국 '자기 발등을 찍는 것'이라고 하면 무리일까?

❶ 주 정부 소득세

주 정부의 소득세는 연방 정부의 소득세율과 같이 몇 단계의 다른 세율 구간을 두거나 한가지의 단순 세율 (flat rate)을 적용하는데, 보통 0-13%로, 주마다 크게 차이가 난다. 현재 Alaska, Florida, Nevada, South Dakota, Texas, Washington, Wyoming 등의 주에서는 별도의 소득세를 받지 않으며, 몇 개 주에서도 비슷한 시도를 하고 있다. 미국에서 캘리포니아의 소득세율이 13.3%로 가장 높다 (많은 사람이 은퇴 후 텍사스, 플로리다 등으로 이사하는 건 따뜻한 날씨 때문만은 아니다). 만약 당신이 별도의 소득세가 없는 주에서 거주하고 있다면, 위에서 설명한 대로 페이롤 텍스와 연방 정부 텍스만 내면 된다. 만약 근로소득이 아닌 임대소득이라면 페이롤텍스 없이 연방 정부의 소득세만 낸다. 당신이 거주하는 주의 소득세율을 알고 싶으면 TaxFoundation.org 을 참조하시라 (*2019 State Individual Income Tax Rates and Brackets*). 미국 대부분의 주에서는 주 정부 소득세 과세 대상을 총소득에서 은퇴계좌에 저축한 비과세 금액 등 몇 가지 공제 항목을 제외한 AGI (Adjusted Gross Income)으로 잡으며, 529 납입금과 같은 별도의 공제 사항을 두기도 한다.

◑ 세금 적용 예

급여가 대부분 소득인 '보통 사람들'이 버는 돈(근로소득)은 7.65%의 페이롤 텍스, 최고 37%의 연방 정부 소득세, 그리고 별도의 지방정부 소득세까지 합쳐서 표면상으로는 엄청난 세금이 부과되는 것 같다. 이 세 가지의 세금이 실제로 어떻게 계산되는지 예를 들어보자. 세금 보고를 같이하는 부부가 직장에서 총 $100,000 을 벌고 주 정부의 소득세율이 5%인 주에 거주한다고 가정하자. 연방 정부 세금은 위에 있는 연방 정부 소득세율표에 의해 단계적으로 계산되고, 주 정부의 소득세 기준액은 계산의 단순화를 위하여 연방 정부의 과세대상과 동일시 한다. 더불어, 부부 기본공제액 ($24,000)만 적용하고 다른 공제항목은 무시한다.

세금 항목	과세 대상	세금
소셜시큐리티+ 메디케어 (7.65%)	$100,000	$7,650
연방 정부 소득세 (기본 공제 후 단계적 계산)	76,000	8,739
주 정부 소득세 (5%)	76,000	3,800
총 세금		$20,189

위의 예에서 $100,000 을 번 부부의 7.65% 페이롤 텍스와 연방 정부 소득세, 그리고 주 정부 소득세를 모두 합한 총세액은 $20,189 로, 총급여의 약 20% 정도이다. 이 부부에게 의료비를 위한 HSA 나 은퇴를 위한 저축 등 다른 공제사항이 있다면 세금이 더 줄어드는 건 물론이다. 만약 주 정부의 소득세가 없는 주에 거주하고 $100,000 의 수입이 급여 (근로소득)가 아니라 임대소득 (비근로 소득)이라면, 페이롤 텍스와 주 정부 소득세 없이 연방 정부의 소득세만 적용된다 (대신 소셜시큐리티 연금이 적립되지 않고, 은퇴플랜에 납입할 수도 없다). 세금 보고 시 이렇게 계산되는 세액을 바탕으로, 만약 당신이 지난 한 해 동안 미리 낸 세금이 더 많으면 차액을 돌려받고, 적으면 추가로 내야 한다. 이것은 페이롤 텍스와 연방 정부, 주 정부 소득세가 어떻게

적용되는지를 보여주기 위한 간단한 예일 뿐이니, 당신의 세금에 대한 자세한 사항은 회계사에게 문의하도록 한다.

투자 소득세 (Capital Gains Tax)

페이롤 텍스는 비록 당신의 은퇴 연금과 메디케어 혜택을 위함이지만, 어쨌든 임대소득 등의 일반소득에는 없는 세금이다. 그런데 장기투자 (lon-gterm investment)를 통해 버는 투자 소득은 일반소득보다 더 낮은 세율이 적용된다. 장기투자 이익에 대한 낮은 세율을 적용받으려면 투자 대상을 1년과 1일 이상 보유해야 한다는 사실을 이해하는 건 아주 중요하다. 만약 당신이 증권이나 부동산을 구매하여 딱 1년(365일) 후에 수익을 내고 판다면 이 모든 수입은 세율이 높은 일반소득세(ordinary income tax)가 적용된다. 하지만 단 하루를 더 보유하고 판다면 이것은 그보다 낮은 장기 투자 소득세로 적용받는다. 증권투자 이익에 대한 투자 소득세에는 0%, 15%, 그리고 20%의 세 가지 세율이 있다. 만약 당신의 일반소득에 대한 연방 정부 최고세율이 10%나 12%라면 투자 소득세는 0%, 최대 소득세율인 37%라면 20%의 투자세율을 적용받는다. 그 중간인 사람은 15% 세율을 적용받는다. 부동산 투자의 경우, 매매수익을 일정 기간 내에 다른 부동산에 투자하면 그 새로운 건물의 매도 시까지 세금을 유예시킬 수 있고, 감가상각이 된 부동산의 투자이익에는 다른 세율이 적용된다. 또한, 총투자 소득이 $200,000 (부부는 $250,000)이상인 사람은 3.8%의 별도 투자 소득세 (NIIT-net investment income tax)가 부과된다. 모든 투자가 마찬가지지만, 부동산 투자는 특히 회계사와 세금 상담을 먼저 하고 거래하는 것이 좋다. 회계사는 1년에 한 번씩 세금 정산할 때만 보는 사람이 아니라 당신의 일생에 꼭 필요한 재정 파트너이다. 특별한 세무 지식이 없는 사람이 돈을 절약하기 위해 비용이 적은 사람을 중심으로 회계사를 고용하거나 웬만하면 주변에 물어서 혼자 세무 관련 일을 처리하려는 것은 근시안적인 사고로, 당신의 자산증식에 치명적일 수 있다.

같은 금액의 소득이라도 장기 투자 소득은 이렇듯 페이롤 택스 대상이 아니고 일반 소득세보다 낮은 세율이 적용되므로, 결국 투자 소득이 주 수입원인 부자들은 근로자들보다 훨씬 낮은 세율을 적용받는 결과를 낳는다. 부익부 빈익빈 현상이 심화할 수밖에 없는 시스템으로, 세계에서 가장 부자 중 하나인 워런 버핏(Warren Buffet)이 The New York Times 에 기고한 칼럼에서 밝힌 바와 같이, 그는 2010 년에 $40 밀리언을 벌고도 겨우 17%의 평균 세율만 적용받을 수 있었다. 그는 같은 해, 자신의 사무실에서 일하는 직원들의 평균 소득세율은 36%였다고 밝히고, 대부분 국민들은 겨우 먹고사는 것도 힘들어 고생하는 현실에서 자기 같은 부호가 그렇게 낮은 소득세율을 적용받는 것이 과연 공평하냐고 묻는다 (*Stop Cuddling the SuperRich*). 당신은 어떻게 생각하는가?

AMT (Alternative Minimum Tax)

AMT (Alternative Minimum Tax)는 부자들이 '공평한(fair share)' 세금을 내도록 만들어진 세법이다. 개인이 해마다 세금정산을 할 때 기본적으로 두 번 계산 된다. 우선 모든 수입에서 은퇴 저축액과 각종 공제 항목을 제외한 후 위의 예와 같은 방법으로 해당 세율을 적용하여 총세금액을 계산한다. 다음은 여기에서 나오는 AGI (Adjusted Gross Income)를 바탕으로 AMT 룰에 따라 다시 총세액이 계산된다. 연방 정부의 소득세율은 10~37%까지 7 단계가 있는 것과 달리, AMT 는 26%와 28%의 단 두 단계이다. 납세자는 이렇게 두 가지의 계산에서 높은 것을 최종적으로 내야 하는데, 만약 1 년간 이미 낸 세금이 더 많으면 차액을 환급받고, 적으면 추가로 내야 한다.

부자들에게 '공평한 세금'을 물리기 위해 1970 년부터 시작된 AMT 는 원래 의도와 달리 세금 대상액이 물가 상승률과 같이 오르지 않았기 때문에 지금은 중상위권의 미국인들에게 많은 영향을 미치고 있다. 특별히 AMT 가 계산되는 방법 때문에 주 정부의 세율이 높은 주에 거주하는 고소득 근로자들이 가장 크게 영향을 받는다.

그나저나 워런 버핏 같은 고소득자는 어떻게 그 많은 돈을 벌고도 AMT의 낮은 세율인 26%보다 훨씬 적은 17%만을 낼 수 있었을까? 두 가지 큰 이유는 그가 번 대부분 소득이 근로소득 (earned income)이 아니라 투자 소득 (capital gain) 이었고 세금공제가 되는 기부를 많이 했기 때문이다. 투자 소득은 AMT 세율이 크게 적용되지 않는다 (이런 세금 조항은 누가 만들었을까?).

세일즈 텍스 (Sales Tax)

세일즈 텍스는 소비자들이 물건이나 서비스를 구매할 때 내는 소비세이며, 이것은 주 정부와 지방정부의 재원으로 사용된다. 보통 주에서 정한 고정률에 각 도시(city)에서 추가로 붙여 결정되므로, 같은 주 내의 인접 도시들이 각각 다른 소비세를 부과할 수 있다. 내가 사는 미조리주의 2019 년 현재 평균 세일즈 텍스는 8.13%이다 (Taxfoudation.org). 주에서 정한 4.225%에 각 시에서 부과하는 별도의 세일즈 텍스를 합친 평균치이다. 타주의 사람들에게는 흔히 센루이스로 알려진 내가 거주하는 도시는 사실 센루이스시 (city)와 카운티(county)로 나뉜다. 카운티는 수십 개의 도시로 형성되어 있는데, 각 도시마다 받는 세일즈 텍스율 또한 다르다. 그래서 약 10 여분 정도의 운전 거리 내에도 여러 개의 도시가 있고, 같은 가격의 물건을 사더라도 세일즈 세율이 달라서 고객이 내는 금액은 다를 수 있다.

같은 도시 관할구역 내에 소비세율이 같더라도 물건 종류에 따라 세금이 차등 적용되기도 한다. 예를 들어, 식료품에 대한 세율은 대개 일반 세일즈 텍스보다 낮은데, 아예 세금이 없는 곳들도 있다. 음식점에서 사는 음식은 대개 보통의 세일즈 텍스가 붙는다.

담배, 술, 유류 등 특정 품목에만 부과되는 연방 정부의 excise tax 라는 특별 소비세도 있는데, 각 주에서는 대개 그 위에 별도의 세금을 부과한다. TaxFoundation.org 에 의하면 2019 년 1 월 현재 미국에서 가장 높은 세일즈 텍스는 테네시주의 9.45%라고 한다. 이

258

웹사이트에서 당신이 거주하는 주의 세일즈 텍스를 볼 수 있으니 참고하시라 (*State and Local Sales Tax Rates, 2019*).

Delaware, Montana, New Hampshire, Oregon 와 같이 세일즈 텍스가 없는 주도 있는데 그럼 그들은 어떻게 재정을 운영할까? 대개 주의 소득세, 재산세와 같은 다른 세금을 높은 세율로 받거나, 아니면 도서관, 공원, 공립학교 등의 보조액과 서비스를 줄인다. 우리가 내는 세금은 이렇게 많으면 많은 대로, 적으면 적은 대로 장단점이 공존한다. 물론 지방 재정을 어떻게 분배하고 운용하는지는 또 다른 문제이다.

재산세 (Property Tax)

재산세는 집이나 땅같은 부동산이나 자동차와 배같은 동산에 부과되는 세금이다. 주(도시)에 따라 부동산 세금만 징수하거나 두 가지 모두 징수하기도 한다. 이 또한 지방세로, 대부분 재원은 공립학교, 소방서, 도로 수리 등 주민들에게 필요한 서비스를 위하여 사용된다. 세금은 보통 지정 평가액 (assessed value)을 기준으로 정해지는데, 산정 방식과 세율은 도시마다 다를 수 있다.

위에 소개된 다른 세금들과 달리, 재산세는 보통 납세자가 이의를 제기하고 이유가 인정되면 세금액에 조정을 받을 수 있다. 같은 지역에 있는 비슷한 두 채의 집이라도 주인이 얼마나 많은 업데이트를 하였는지 등 여러 가지 이유로 '가치'에 큰 차이가 날 수 있기 때문이다. 요즘은 인터넷 덕분으로 이웃들이 재산세를 얼마나 내는지 해당 지역의 시티나 카운티 웹사이트를 통해 쉽게 볼 수 있다. zillow.com 과 같은 웹사이트에서도 매매가, 크기, 세금 등을 볼 수 있지만 대개 지방정부의 웹사이트가 부동산에 대한 더 자세한 정보를 제공한다. 간혹 재산세가 이웃의 것보다 높다고 자신의 집이 더 '비싸다'라고 좋아하는 사람들을 보는데, 재산세가 많다고 그 집이 반드시 비싸다는 뜻은 아니다. 특별히 현재 사는 집에서 오랫동안 살 계획이라면 세금을 최대한으로 줄이는 것이 물론 좋다. 그러니 이웃들의 데이터를 보고 당신의 것과 비슷한 집에 사는 사람이 당신보다 훨씬 적은 재산세를 낸다면 사진 등 증빙자료를 포함하여 필요한 이의 서류를 접수하시라. 대개 연말에 내는 재산세는 연초에 지정가 (assessed value)를 주인에게 고지하고, 그 가치에 동의하지 않으면 주인은 몇 달 이내에 기관에 항의할 수 있다. 지정가에 대한 이의 서류 접수 기간과 방법은 대개 해당 정부 기관의 웹사이트에서 찾아볼 수 있다. 당신의 집과 비슷한 건물과 땅의 크기, 건축 연도, 수영장 유무 여부, 안과 밖의 업그레이드 등을 꼼꼼히 비교하고 이웃보다 더 높은 세금을 내는 상황에 대한 '형평성 (fairness)'의 문제를 제기하면 된다.

상속/증여세 (Estate/Gift Tax)

상속세는 개인이 사망 후 상속되는 자산에 부과되는 세금으로, '사망세 (death tax)'라고도 불린다. 많은 사람의 부정적인 시각에도 불구하고 상속세는 2019년 현재, 개인당 $11.4 밀리언 (부부는 $22.8 밀리언) 상당의 자산을 상속세 없이 상속할 수 있다. 미국에서 2018년 현재 상속세를 내게 될 사람은 약 1,900여 명 정도뿐이라고 <u>Tax Policy Center</u>는 추정했다. '유리 지갑'을 갖고 있는 직장인들의 무려 수 밀리언이나 되는 숫자가 AMT 때문에 추가의 세금을 내야 하는 것과 크게 비교된다.

상속세와 연결이 되는 선물세 또는 증여세 (gift tax)는 살아있는 동안 다른 사람에게 주는 자산에 부과되는 세금으로, 2019년 현재, 1년 $15,000의 예외 조항이 있다. 이것은 개인이 한 사람에게 최대 $15,000을 선물/증여할 수 있고 (부부라면 같은 사람에게 $30,000), 이 선물/증여 금액에 대해서는 세금 보고조차 하지 않아도 된다는 뜻이다. 이 금액은 선물로 주거나 받는 사람의 숫자에 제한이 없다. 예를 들어, 부부가 10명의 자손에게 각 $30,000 (총 $300,000)을 줘도 증여세 문제가 발생하지 않고 보고를 하지 않아도 된다. 그러나 한 사람이 다른 한 사람에게 더 많은 금액의 선물 한다면, 예를 들어 당신이 올해에 두 명의 자녀에게 각 $1,000,000을 준다면, 그에 대해 세금 보고 (Form 709

United States Gift (and Generation-Skipping Transfer) Tax Return) 는 해야 하지만 증여세는 내지 않아도 된다. 당신이 선물/증여하는 금액은 평생 선물/증여 (lifetime gift) 금액인 $11.4 밀리언으로 소급적용되므로, 그 액수가 넘기 전에는 세금을 내지 않아도 되기 때문이다. 부부는 그 두 배이다. 대부분 주에서는 별도의 상속세를 부과하지 않지만, 일부 부과하는 주들이 있다. 당신의 주에 해당하는 상속세 정보는 TaxFoundation.org (*Does Your State Have an Estate or Inheritance Tax?*)을 참고하시라.

그나저나 미국에서는 상속세와 증여세는 주는 사람이 낸다. 이 책은 상속세/증여세를 걱정해야 하는 부자가 아닌 '보통 사람들'을 위하여 쓰는 것이므로 이 주제에 대하여서는 자세히 설명하지 않기로 한다. 만약 당신이 상속세를 걱정해야 하는 상황에 있다면 상속 전문 변호사, 회계사, 재무설계사와 팀을 이루어 플랜을 할 것을 권한다.

세금 문제?

급여에서 세금이 먼저 나가는 유리 지갑의 직장인들은 그럴 수 없지만, 세일즈에 대한 차후 보고를 하는 자영업자 중에 세금 보고를 제대로 하지 않는 사람들이 있는데 이는 위험천만한 일이다. 당장 약간의 세금을 줄이겠다고 거짓 보고를 하는 건 불법임은 두말할 필요 없거니와, 적발 시 밀린 세금과 무거운 페널티를 내야 하므로 결국 절약하는 돈도 없다. 영주권자의 경우 추방의 근거도 된다. 누구나 자기가 '설마 걸리겠나...' 하는 마음으로 세금 보고를 제대로 하지 않겠지만, 설마가 사람 잡는 경우는 너무 많다. 나는 전문 직업이 있는 사람들이 부업으로, 또는 취미 삼아 일하고 조금 번 돈의 보고를 제대로 하지 않아 세무조사를 당하고 급여를 압류당하는 사람들을 보았다. 대부분 정부 지출은 고정돼 있는데 2018년부터 시작된 감세 조치로 세수가 줄어들 테니 국세청 (IRS)에서 미납자나 보고를 제대로 하지 않는 사람을 더 단속할 수 있고, 모든 것이 자동화 되어 있는 요즘은 그것이 더 쉽다. 그러므로 특히 자영업자들은 조만간 세무조사를

받으리라 생각하고 모든 자료를 꼼꼼히 준비하는 것이 자신을
보호하는 가장 좋은 방법이다. 만약 증빙서류도 보지 않고 세금을 많이
'깎아 준다'고 하는 회계사가 있으면 그런 사람과는 일하지 않는 것이
좋다. 고객을 끌기 위해 책임지지도 못할 말을 하는 사람은 진심으로
고객의 안녕을 위하여 일하지도 않지만, 세무보고를 성실하게 해야
하는 가장 큰 의무는 납세자에게 있기 때문이다. 소득을 제대로
보고하고 은퇴 플랜과 같은 합법적으로 세금을 줄일 방법을 알아보는
것이 미국에서 나이가 들수록 소셜시큐리티 연금을 쌓으며 경제적
안정을 이룰 수 있는 지름길이다. ▨

Chapter 11

상속플랜

상속플랜은 부자들에게만 필요한 것이 아니다. 가치에 상관없이 자산이 있는 사람이라면 기본적으로 몇 가지 플랜을 해 두어야 남는 가족이 상속받을 때 시간과 비용을 절약할 수 있다.

1. 상속플랜의 필요성

2. 프로베잇 (Probate)

3. 유서 (Will)

4. 리빙윌 (Living will)

5. 트러스트 (Trusts)

263

상속플랜의 필요성

사망 후 당신이 소유하고 있던 자산은 어찌 되는지 아는가? 당신이 상속플랜(계획)을 제대로 준비해 두지 않았다면 당신 소유의 모든 자산은 프로베잇(Probate)이라는 법적 과정을 거쳐 상속인에게 양도된다. 이 과정에서 당신 이름으로 있는 모든 빚을 갚고 나머지가 상속인에게 주어진다. 많은 사람이 상속계획은 부자들에게나 필요하다고 생각하는 경향이 있는데, 이는 미국의 상속법을 몰라서 하는 소리다. 미리 상속계획을 해놓지 않으면 가치와 상관없이 자동차나 집 등 모든 자산은 프로베잇을 통해야 하는데, 시간과 비용이 적지 않게 들기 때문이다. 시간과 비용은 거주하는 주의 법, 자산의 종류, 상속인들 간 이견이 있는지 등 여러 가지에 따라 다르지만, 법률 정보를 제공하고 변호사를 연결해 주는 Nolo.com 은 집, 차, 금융자산 등 '간단한' 자산을 포함한 $400,000 정도의 가치가 있는 프로베잇에 드는 평균 비용은 $20,000 이상이라고 보고한다 (*Why Avoid Probate?*). 남편 이름으로만 되어있는 집에서 살던 부인이 남편의 사망 후 프로베잇 비용을 지급할 현금자산이 없으면 평생 살던 집을 급매물로 내놓아야 할 수도 있다. 이 경우, 남편이 생전에 집을 부인과 공동소유로 해 놓았다면 프로베잇을 거치지 않고 부인에게 상속이 되므로, 부인은 프로베잇 비용을 내지 않아도 (집을 팔지 않아도) 되었을 것이다. 물론, 융자가 많이 남았고 부인이 혼자 갚을 능력이 없다면 어차피 팔아야 하지만 말이다.

상속계획을 제대로 하지 않으면 남은 가족끼리의 분쟁도 가능하다. '열 길 물속은 알아도 한 길 사람 속은 모른다'고 하지 않았던가? 사이 좋던 형제들이 부모의 사망 후 한 푼이라도 더 갖기 위하여 법적 소송을 불사하거나, 자산의 많고 적음에 상관없이 싸우다 결국 사이가 멀어지는 사례는 너무도 많다. 그래서 나는 상속계획을 제대로 하지 않고 사망하는 것은 자식들에게 '서로 싸우라'는 유언을 남기는 것과 같다고 생각한다. 만약에 남은 가족들이 서로 싸우지는 않더라도, 사망하면서 사랑하는 가족에게 불필요한 비용을 떠넘기는 건 무책임한 일이다. 물론 의도적으로 그러는 사람은 없겠지만, 결과는 마찬가지이다. 책임감 있고 남는 가족의 안녕을 진정으로 생각하는 사람이라면 최소한의 상속계획은 해 놓아야 하는 이유이다.

프로베잇 (Probate)

위에서 설명했듯, 프로베잇 (Probate)은 사망인의 재산을 모아 부채가 있으면 갚고, 나머지는 상속인에게 소유권을 이관하는 법적 과정이다. 상속인이 미리 지정되지 않은 사망인의 자산은 모두 이 과정을 거치며, 상속인의 자격은 해당 주의 법에서 지정한다. 이 경우 대개는 생존 배우자와 자녀가 있다면 모든 자산은 그들에게 돌아가지만, 거쳐야 하는 프로베잇의 시간과 비용은 기본적으로 든다. 만약 유서가 없고 유가족끼리 상속에 대한 분쟁이 생긴다면 기간은 법적 소송이 종결될 때까지 늦춰지고 비용은 그만큼 늘어난다. 유서가 있어도 유가족끼리의 재산 분쟁 소송이 가능하다.

◑ 프로베잇을 피하는 길

집과 자동차, 금융계좌 등 '간단한 자산 (simple assets)'이 대부분인 사람들은 복잡한 상속계획 없이도 쉽게 프로베잇을 피할 수 있다. 금융계좌의 경우에는 해당 회사에서 상속인을 지정하는 서류에 서명하고, 집과 자동차 등은 타이틀에 상속인의 이름을 넣으면 된다. 돈이 드는 것도 아니다. 만약 당신이 사망 후 은퇴계좌의 자산을 배우자에게 상속하되, 당신과 배우자가 동시에 사망한다면 두 자녀에게 골고루 나눠지기를 원한다고 하자. 이때 배우자를 100% primary beneficiary 로 지정하고, secondary beneficiary 에 두 자녀의 이름을 넣고 각자 50%씩 소유권을 지정하면 된다. 만약 배우자와 두 자녀가 골고루 나눠 갖기를 원하면 primary beneficiary 에 세 명의 이름을 같이 넣고 1/3 씩 지정하면 된다. 은행에서는 이 서류가 TOD (transfer-on-death) 또는 POD (pay-on-death)로 불리는데 아이디어는 같다. 은퇴계좌의 자산은 만약 현재의 배우자가 아닌 자식이나 제삼자를 primary beneficiary 로 지정하려면 배우자의 서명을 받아야 한다.

집과 자동차는 등록 시 상속인을 joint tenant with right of survivorship (JTWRS)로 같이 등록하면 프로베잇을 거치지 않는다. 사업을 하는 사람이 파트너 등 가족 외의 사람(들)과 공동 소유한 자산이 있으면 상황이 다르며, 이때는 상속 변호사, 재무설계사, 그리고 회계사와 함께 트러스트 (trust) 등을 활용한 별도의 비즈니스 상속계획을 하는 것이 좋다. 언제나 쉽게 할 수 있는 이 간단한 방법들은 당신의 사후 개인 자산이 프로베잇을 피하고 원하는 사람에게 바로 상속되도록 도와준다. 이것이 차후 유가족들의 시간과 돈을 절약하는 건 두말할 필요 없다. 또한 프로베잇을 통한 상속은 누구나 열람할 수 있는 공공자료가 되는데, 이 과정을 피함으로써 당신과 가족의 프라이버시도 지킬 수 있다.

하지만 자산을 누구와 공동소유로 등록할 때는 그에 따르는 위험성도 있음을 알아야 한다. 금융자산의 beneficiary 나 TOD (또는 POD)는 계좌주가 살아있는 동안에는 상속인에게 아무런 권한이 없지만, 공동소유 (joint ownership)로 자산을 등록하면 등록된 사람 모두가 소유권을 행사할 수 있기 때문이다. 예를 들어, 당신이 아들에게 공과금 납부 등 은행관리를 돕게 하려고 TOD (또는 POD)가 아닌 공동소유자로 지정하면, 당신의 아들은 당신과 마찬가지로 아무 때나 계좌에서 출금할 수 있다. 집을 공동소유로 해 놓으면 그걸 담보로 융자를 받을 수도 있다. 집을 담보로 융자를 받을 경우에는 대개 은행에서 소유권자 모두로부터 서명을 받지만, 노부모가 프로베잇을 피하려고 집을 자녀와 공동소유로 해 놓았다가 자녀가 부모 모르게 융자를 받아서 문제가 되는 경우는 적지 않다. 만약 자녀에게 못 갚는 빚이 있다면 채권자가 부모의 집에 대한 압류 신청을 할 수도 있고, 결혼한 자녀라면 이혼 시 재산분할의 문제도 발생할 수 있다. 그러므로 배우자 외에 자녀 등 다른 사람을 당신의 자산에 공동소유자로 등록하기 전에는 여러 가지 상황을 고려하여야 한다. 만약 금전적으로 복잡한 상황에 있는 당신의 자녀가 당신의 공과금 납부 등 은행 업무를 도와주도록 하고 싶다면, 공동 소유주로 하는 대신 limited power of attorney (POA)을 통해 공과금 납부만을 할 수 있는 권한이 있는 당신의 대리인으로 삼고 TOD/POD를 통해 상속인을 지정하는 것이 좋다.

자산의 가치에 따라 공동소유자로 지정할 때 상속세의 문제가 대두될 수도 있다. 만약 어떤 사람이 당신 자산의 공동소유자로 등록됨으로써 얻게 되는 지분이 $11.4 밀리언을 넘는다면, 여기에서 논의하는 '간단한' 방법들보다 더 포괄적인 상속계획이 필요할 수 있으니 상속 전문 변호사와 상담하는 것이 좋다 (2019). 자산이 그보다 적어도 이혼/재혼 등을 통하여 "복잡한" (이 기준은 당신이 정하시라) 가족관계에 있거나, 어린 자녀나 평생 돌봄이 필요한 장애인 가족이 있는 경우에도 더 세부적이고 전문적인 상속계획이 필요하다. 하지만 집과 차, 금융계좌 등의 '단순한' 자산과 '단순한' 가족관계에 있는 사람들은 여기에 설명한 대로 미리 상속인을 지정하거나 공동 소유자로 등록함으로써 프로베잇을 피할 수 있다. 다만, 소유권을 얻은 자녀가 나중에 부동산을 팔 때는 상속으로 주는 것과 세금에 차이가 있을 수 있으므로 회계사와도 상담하는 것이 좋다. 특별히 가치가 많이 오른 부동산이라면 시세가 상속세 예외 금액인 $11.4 밀리언 미만이라도 상속변호사, 회계사와 같이 상담하고 결정하는 것이 좋다. 상속/증여로 받은 부동산은 나중에 팔 때 세금이 복잡해질 수 있기 때문이다. 프로베잇을 피하는 것과 세금은 별도의 문제이다.

유서(Will)

Will 이라고 불리는 유서는 당신의 사후 누구에게 무엇이 상속될지를 미리 지정하는 서류이다. 그렇지만 많은 사람이 생각하는 것 같이 유서는 자산에 관한 한 법적 구속력이 적으며, 거의 '희망 사항' 또는 '권장 사항' 정도로 여기면 틀리지 않다. 예를 들어, 당신이 은퇴계좌의 beneficiary 에 아들을 지정하고 사망 직전 작성한 유서에서는 당신의 모든 자산을 매각하여 딸과 아들이 골고루 나누어 가지라고 했다고 치자. 이 경우, 당신 은퇴계좌의 자산은 모두 아들에게 돌아간다. 자산에 관한한 Beneficiary 지정은 법적 구속력이 있지만 유서는 그렇지 않기 때문이다.

그럼 유서는 무슨 역할을 할까? Beneficiary 나 TOD (또는 POD), 아니면 JTWRS 조항과 함께 공동명의로 되어있지 않은 당신의 기타 자산이 프로베잇을 통해 상속될때 유서가 고려된다. 즉, 일찍이 상속인을 지정하지 않은 당신의 모든 자산에 적용된다. 대개 프로베잇을 담당하는 판사가 사망인의 뜻을 존중하여 유서대로 재산을 상속시키지만, 앞에서도 언급했듯, 유서는 법적 구속력이 적으므로, 이에 불만을 품은 가족은 이의를 제기할 수 있고 결국 주의 상속법과 판사의 재량에 의해 재산이 분할된다. 유서는 '등록'되지 않은 자산, 예를 들어 미술품, 가구, 악기, 귀금속, 컴퓨터나 카메라와 같은 개인용품, 집에 있는 현찰 등을 분배하는 데 유용하게 사용될 수 있다.

또 한 가지 유서가 필요한 이유는 미성년자 아이를 위한 양육권자 지정과 상속 과정이 순조로이 진행되도록 관리할 수 있는 사람 (executor)을 지정하기 위함이다. 만약 부부가 각자 유서를 작성하여 서로 다른 양육권자를 지정하고 동시에 사망하지 않는 한, 유서에 있는 미성년 자녀의 양육권자 지정은 법적 구속력이 있다. 그리고 프로베잇을 통해 상속되는 자산이 없어도 상속 과정인 프로베잇은 필수인데, 이때 사망인의 자산 목록 정리 등 모든 과정이 순조로이 진행되도록 관리하는 사람을 유서를 통해 미리 지정할 수 있다. 공정하고 효과적으로 일 처리를 할 수 있고 가족간 이견이 생기면 중재할 수 있는 성인 자녀나 친구 등. 믿을 수 있고 당신의 의중을 잘 이해하는 사람을 지정하는 것이 좋다. 유서를 통해 개인이 미리 지정하지 않으면 프로베잇 법원에서 지정하게 된다.

사람이 살다 보면 가족 상황이 바뀌거나, 상황이 그대로여도 마음이 바뀔 수 있다. 이럴 경우 유서를 업데이트하는 것을 잊으면 안 된다. 전에 쓴 유서를 무효화 (revoke) 하겠다는 내용을 반드시 넣어야 하며, 무엇보다 새로 쓴 유서의 존재를 알려야 한다. 당신이 아무리 공정하고 멋진 유서를 써 놓아도 유가족이 그것을 찾지 못 하면 안 쓴 거나 마찬가지이다. 그러므로 가족들에게 복사본을 주든지 아니면 적어도 어디에 보관하고 있다는 건 알려야 한다. 당신의 재무설계사에게도 복사본을 맡기는 것이 좋다.

변호사가 아닌 재무설계사들은 유서 내용에 대해 조언은 할 수 있지만, 서류작성을 대행해 줄 수는 없으므로 유서는 일반적으로 상속 변호사와 작성한다. 하지만 개인이 소정의 비용으로 인터넷 유서 작성 서비스를 사용하거나 샘플을 보고 자기가 직접 작성할 수도 있으므로, 적은 액수라도 자산이 있는 성인이라면 비용을 핑계로 유서를 작성하지 않을 이유가 없다. 특히 미성년 자녀가 있는 부모라면 양육권자를 지정하기 위해서라도 반드시 유서를 작성하는 것이 좋다.

리빙윌 (Living Will)

흔히 상속계획의 한 부분으로 여겨지는 리빙윌은 당신이 사망 전 의식을 잃고 스스로 의사결정을 할 수 없을 때를 대비하여 의료서비스에 관한 의견을 미리 피력해 놓는 서류이다. 당신이 사는 주(State)에 따라 리빙윌 (living will), 어드밴스 디렉티브 (advance directives), 어드밴스 매디컬 디렉티브 (advance medical directives), 데클러레이션 (declaration) 등의 다른 이름으로 불릴 수 있다. 당신의 주에서는 이 서류가 어떤 이름으로 불리는지 알고 싶으면 Nolo.com 을 참조하시라 (*What Health Care Directives Are Called in Your State*). 이름에 상관없이 대부분 주 (State)에서는 이 서류를 인터넷으로 무료로 제공하므로 누구나 쉽게 찾아서 작성할 수 있다. 만약 당신의 심장 박동이 정지되었을 때 재생술을 받고 싶은지, 뇌졸중이나 심장마비 후 수술이 가능하다면 받고 싶은지, 산소호흡기에 의지하여 연명하고 싶은지, 식사를 할 수 없을 때 호스로 음식을 넣어 주길 원하는지 등 당신이 스스로 의사결정을 할 수 없을 때를 대비하여 원하는 바를 이 서류를 통해 미리 밝힐 수 있다. 또, 사후 (가능하다면) 다른 사람에게 장기를 기증하고 싶은지, 화장을 원하는지, 땅에 묻히길 원하는지 등도 밝힐 수 있다. 이 서류는 당신이 원하는 모든 바를 세세히 적거나, 아니면 당신에게 중요한 몇 가지만 명시하고 나머지 의사 결정은 에이전트 (agent)를 지정하여 결정하도록 할 수 있다. 만약 당신이 지정하는 에이전트가 당신의 사후 장례식에 대한 의사결정까지 하도록 하려면 그를 "Durable Power of Attorney (DPOA)"로 지정하여야 한다. 그렇지 않으면 당신의 사망과 함께 에이전트의 권한도 소멸한다. 누구를 에이전트로 지정하든 서류로만 남기지 말고 그 사람과의 대화를 통해 당신의 원하는 바를 미리 전달하고 이 서류의 존재를 다른 가족들에게도 알리는 것이 좋다.

자기 죽음을 생각하는 건 물론, 이런 서류를 미리 준비해 둔다는 것이 쉬운 일이 아니라는 것을 나도 잘 안다. 사실 사랑하는 가족을 대신하여 이런 힘든 결정을 하고 싶어 하는 사람도 없다. 세상의 어떤 자식이 의식불명인 부모의 산소호흡기를 떼라고 쉽게 말할 수 있겠는가? 당신 같으면 같이 앉아 대화하던 부모가 갑자기 심장발작을 일으켜 의식을 잃었을 때 의료진에게 심폐소생술을 하지 말라고 할 수 있겠는가? 그래서 성인이라면 모두 이 서류를 직접 작성해 놓아야 한다. 가족과 이런 대화를 미리 나누고 서류를 작성해 놓지 않으면 가족 간 분쟁의 요소도 있고, 가족에게 남기는 짐이 불필요하게 너무 크다.

혹시 죽을 권리 (right-to-die) 논쟁에 불을 지폈던 Terri Schiavo 케이스를 아는가? Terri Schiavo 는 1990 년 어느 날 심장발작을 일으켜 식물인간이 되었고, 그녀의 남편과 부모들은 그녀의 산소호흡기를 제거할지/유지할지에 대한 법정 공방을 2005 년 그녀의 사망 시까지 벌였다. 남편은 그녀가 평소에 산소호흡기에 의지하여 연명하지는 않겠다는 말을 하였으므로 그녀의 뜻을 존중해야 한다고 하였고, 부모는 산소호흡기를 떼는 것은 자살과 같으므로 종교인이었던 딸이 그걸 원하지 않았을 거라는 이유로 반대하였다. 죽을 권리, 의료비, 법적 소송비 등은 둘째 치고라도 나는 그녀가 사랑했던 남편과 부모들 사이의 길고 치열한 싸움을 원했으리라고는 상상조차 할 수 없다. 그녀가 자신의 의견을 피력한 리빙윌을 작성해 놓았다면 그런 싸움은 애초에 없었을 것이다.

나의 친정아버지는 수술이나 산소호흡기 등에 의지하지 않고 '깨끗하게' 돌아가고 싶다고 평소에 노래하듯 말씀하셨다. 이 서류를 잘 아는 나는 그것을 영어와 한국어로 작성하여 아버지와 자녀들이 서명하도록 하였다. 건강하던 아버지는 2015 년에 뇌졸중으로 쓰러지고 고통 없이 소원대로 '깨끗하게 (24 시간 이내에 수술 없이)' 돌아가셨다. 수술하겠냐고 의사가 물었을 때 내가 단호하게 '노'라고 할 수 있었던 건 아버지의 그 서류 덕분이었다. 자식들이 힘든 결정을 하지 않도록 미리 배려해 주신 부분에 대해 나는 아버지께 두고두고 감사하다. 물론, 나도 이 서류를 작성하여 두었고 남편과 다른 가족들과도 이런 대화를 한다. 앞에서도 언급했듯, 이 리빙윌은 당신이 거주하는 주의 웹사이트에서 쉽게 찾을 수 있으니 반드시 작성하여 두기 바란다. 동시에 당신이 원하는 바를 배우자와 성인이 된 자녀들에게도 알려야 한다. 시작이 아주 힘든 대화이다. 하지만 일단 시작하면 쉬워지고, 무엇보다 당신의 가족이 나중에 크게 감사할 테니 용기를 내시라. 필요하다면 재무설계사에게 도움을 청해도 좋다.

트러스트 (Trusts)

신탁이라 불리는 트러스트는 대개 어린 자녀나 자산을 관리할 수 없는 사람(들)을 위하여 제삼자가 자산을 관리하며 정기적으로, 또는 필요할 때 경제적 도움을 주도록 준비해 두는 법적 서류이다. 사후에도 자산을 '관리' 할 수 있는 유일한 길이다. 예를 들어, 당신이 미성년자인 자녀가 성인이 될 때까지, 또는 성인이라도 낭비가 심해서 적어도 50 세가 될 때까지 해마다 일정액만의 경제적 지원을 하고 싶다면 트러스트를 통해서만 그 목적을 달성할 수 있다. 지금, 또는 당신의 사망과 함께 자산을 트러스트에 넣고 그것이 어떻게 관리되고 지출되어야 하는지를 서류에 자세히 명시할 수 있다. 이때 서류를 만들고 자산을 지정하는 당신을 트러스터 (trustor)라 하고, 혜택이 돌아가는 당신의 자녀는 베네피시어리 (beneficiary), 그리고 당신이 작성한 서류대로 자산을 관리하는 사람/기관을 트러스티 (trustee)라고 한다. 당신은 트러스트의 소유권을 사망 시까지 유지하거나 (revocable)

미리 포기 (irrevocable) 할 수 있는데, 나중에 취소하거나 조건을 바꿀 수 있도록 소유권을 유지하면 유의해야 할 점이 있다. 그것은 트러스트내의 수입에 대한 소득세를 당신이 내야 하며, 만약 당신에게 채무가 있다면 채권자가 트러스트내의 자산을 압류할 수 있다는 거다. 당신의 사망 후 트러스트 안에 있는 모든 자산은 프로베잇을 피한다.

트러스트는 여러 가지가 있고 심지어는 유서를 통해서도 사망과 함께 시작할 수 있는데, 유서 (will)를 통해 만들어지는 트러스트 (testamentary trust)에 들어가는 자산은 프로베잇을 피할 수 없다. 그러므로 만약 부채가 있는 사람이 상속하고 싶다면 irrevocable trust 를 만들거나 (이때, 소유권을 상실하므로 차후 마음이 바뀌어도 조항을 바꿀 수 없음) 아예 생전에 선물/증여하는 것이 가장 확실한 방법이다.

트러스트는 모든 사람에게 필요한 것은 아니다. 그러나 만약 당신이 사망 후 모든 자산이 일단 배우자에게 주어지고 배우자의 사망 후에는 남은 자산을 당신이 평소에 좋아하는 비영리단체에 기부하고 싶다면 트러스트가 필요하다. 어린 자녀가 있다면 트러스트를 통해서만 자녀 양육에 얼마를 사용하도록 한 후 자녀가 성인이 되면 나머지 자산을 물려받을 수 있게 할 수 있다. 자산을 자식/며느리/사위가 아닌 손주들에게 주고 싶은데 손주들이 아직 어리다면 트러스트가 필요하다. 즉, 당신이 사후에도 자산을 '컨트롤'하고 싶다면 트러스트가 필요하다. 자산의 컨트롤과 상관없이 가치가 많이 상승한 부동산을 상속하고 나중에 자녀가 팔 때의 세금까지도 배려하고 싶다면 트러스트를 유용하게 사용할 수 있다.

트러스트는 옵션이 많고 그만큼 서류가 복잡하며 비용도 천차만별일 수 있다. 그러므로 당신이 원하는 것을 정확히 알고 가능한 트러스트의 장단점과 비용 등을 잘 따져보아야 한다. 트러스트에는 세무, 자산관리, 법적 문제 등이 복잡하게 얽혀있으므로 회계사, 재무설계사, 상속 전문 변호사와 팀을 이루어 준비하는 것이 좋다. ▨

Chapter 12

경제적 안정 이루기

경제적 안정은 현실적인 계획을 세우고 나에게 도움이 되는 결정과 행동을 하며 살아야 이루어진다. 그것은 지속적인 삶의 한 과정이며, 가정의 행복과 같이 가족 중 한 사람만의 노력으로 되는 것도 아니다. 경제적 안정은 나의 현실과 한계를 이해하고 나에게 도움이 되는 전문가를 제대로 활용하는 데서 시작한다.

1. 경제적 안정
2. 재무 플랜의 기본 6 단계
3. 누구나 알아야 할 숫자 5 개
4. 재정 건강을 위한 10 가지 규칙
5. 나이별 어드바이스

경제적 안정

우리가 사는데 경제적 안정이 왜 중요한지에 대해서는 이의를 제기하는 사람은 없을 것으로 믿는다. 그렇다면 '경제적 안정'이란 도대체 무엇일까? 그것은 은퇴나 자녀의 대학과 같이 예측되는, 또는 사고나 실직 같은 예측할 수 없는 상황을 위한 준비 상태, 즉 '경제적 탄력성 (financial resilience)'이다. 이 책을 마치며 나는 당신이 지금까지 경제적 안정을 이루지 못한 이유를 냉철하게 분석하고 당신의 경제적 탄력성을 높이기 위한 대책을 찾기 바란다. 만약 무엇을 어떻게 시작해야 할지 모르겠으면 당장 재무설계사의 도움을 요청하시라. 현재 많은 돈을 벌고 있다고 당신이 경제적 안정을 이루었다고 착각하지 않기 바란다. 지금은 아무리 풍족하여 스스로 부자같이 느껴져도 들어오는 돈이 갑자기 멈췄을 때 현재의 생활 수준을 유지할 수 없으면 당신은 경제적으로 안정이 되어있지 않다. 여러 가지 시나리오를 바탕으로 계획을 세우고 모으지 않으면, 즉 '경제적 탄력성'을 높이지 않으면 당신의 경제적 미래는 당신보다 훨씬 적게 버는 사람들의 미래보다 낫다고 할 수 없다.

재무 플랜의 기본 6 단계

재무설계사와 일하면 보통 다음과 같은 6 가지 과정을 거친다. 당신이 혼자 하더라도 이 과정을 참고할 수 있다.

1. 관계 정립

재무설계사와 일할 때 초기에 서로의 기대치를 분명히 하는 것은 아주 중요하다. 서비스 내용, 서비스 기간, 비용, 각자의 의무 등을 서로 분명하게 이해하여야 한다. 초기에 이런 것들을 명확히 하지 않고 대충 시작하면 나중에 문제가 발생할 수밖에 없고, 관계를 지속하기도 힘들다. 특정한 일로 인한 시간제 상담이 아니라면 나는 결혼한 사람은 부부가 같이 상담하도록 하는데, 부부에게 같은 재정 목표가 있는지와 그 목표를 이루기 위한 마음의 준비가 되어있는지를 확인할 수 있기 때문이다. 서로 다른 재정 목표나 소비 의식이 있는 부부는 경제적 안정을 이루기가 아주 힘들다. 그러니 부부 중 한 사람이 대부분 관리를 하더라도, 은퇴 준비와 자녀 교육비 준비, 융자와 같은 중요한 결정은 항상 같이해야 한다.

2. 자료 수집과 재정 목표 정하기

효과적인 재무설계는 현재의 자산과 부채, 그리고 모든 지출을 정확히 파악하는 데서 시작한다. 많은 사람이 초기에 상담할 때 자신들이 내는 전화비, 보험료, 식비 등 '생활비' 지출은 재무설계사인 나와 상관이 없다고 생각하는데 그렇지 않다. 모든 지출이 재정 안정과 직접적인 상관이 있기 때문이다. 그러므로 재무설계사와 상담할 때 금융계좌는 물론, 모든 융자 정보, 각종 보험 자료, 그리고 가정의 세세한 지출에 대한 명세를 미리 준비하는 것이 좋다.

자료를 준비하는 동시에, 당신이 원하는 것이 무엇인지를 아는 것도 중요하다. 자신이 언제 은퇴하고 어디에서 어떻게 살기를 원하는지 모르면 계획을 세울 수가 없다. 동시에 증권시장의 등락을 보는 자신의 자세가 어떤지도 생각해 보아야 한다. 초기에 재무설계사와 이런 대화를 하지 않고 무조건 투자를 맡긴다면 미래에 증권시장이 큰 폭의 조정을 겪을 때 문제가 될 것은 불 보듯 뻔하다.

3. 자료 분석과 재무설계사의 권장 플랜

자료를 모으고 큰 재정 목표를 세웠으면 이제 분석하고 현실적으로 그 목표를 이룰 계획을 세워야 한다. 대부분 과정은 재무설계사가 할 일이다. 여기서 당신의 목표가 현실 가능성이 적다면 재무설계사는 그걸 고객에게 알리고 같이 목표를 재조정해야 한다. 그는 또한 당신의 현재 자산과 채무, 소득과 지출, 보험 분석, 그리고 재정 목표를 이루기 위해 필요한 저축액과 투자 제안 등의 청사진을 제공한다.

4. 재무설계사의 권장 사항 점검하기

이제 어드바이저가 제안한 권장 사항을 당신이 점검할 차례이다. 권장 사항을 이해하고 당신이 실천할 수 있는지를 확인하여야 한다. 예를 들어, 재무설계사가 당신이 주말마다 하던 외식을 한 달에 한 번으로 줄이고 그동안 내주던 성인 자녀의 전화비를 더는 내주지 말라고 권하였다면 당신이 실제로 실행할 수 있는지 생각해 보아야 한다. 만약 어떤 이유로든 실행하는 것이 힘들 것 같으면 솔직히 얘기하고 차선책을 찾아야 한다. 궁금한 것이 있거나 어드바이저가 당신이 알지 못 하는 전문용어를 사용한다면 주저 말고 설명을 부탁하시라. 당신의 권리이다.

5. 권장 사항 실행하기

재무설계사와 당신이 재정 목표와 권장 사항에 합의하였으면 이제 실행할 차례다. 아무리 훌륭한 계획도 실행하지 않으면 무용지물이다. 그러므로 고객으로서 당신이 해야 할 일과 재무설계사가 해야 할 일, 그리고 그것이 언제, 어떻게 실행돼야 하는지도 확인한다. 재무플랜은 팀워크다.

6. 모니터링

재무플랜을 짜고 실행에 옮기는 건 시작에 불과하므로 당신의 재정 목표가 이루어질 때까지 꾸준히 모니터링을 하여야 한다. 사람이 살다 보면 여러 가지 경제적 상황이 변할 수 있으므로 이때 플랜을 재조정하는 것이 필요하다. 당신의 경제적 상황에 특별한 변화가 없어도, 투자 자산이 애초 예상치만큼 증식되지 않을 수 있다. 그러므로 1년에 한 번 정도는 정기적인 점검을 하는 것이 권장되는데,

만약 당신이 은퇴를 약 5년 미만으로 남기고 있다면 재무설계사와 1년에 두 번 정도의 미팅을 하는 것이 좋다. 만약 아이의 출생이나 이혼, 실직 등 가족의 경제 상황에 큰 영향을 미칠 일이 생긴다면 바로 상담해야 한다. 이때 위의 2번으로 돌아가서 재정 목표를 조정하고 기본 단계를 반복한다. 나이가 들며 우리의 건강과 재정 환경 등이 바뀌므로 이 전체적인 플랜 과정은 평생을 두고 반복되어야 한다.

누구나 알아야 할 숫자 5개

아무리 훌륭한 재무설계사를 만났어도 자신이 반드시 알아야 하는 것들이 있다. 재무설계사가 조기 은퇴나 이직할 수도 있고 사고로 일하지 못할 수도 있다. '재무설계사만 믿겠다'는 고객들에게 내가 '기본'은 알아야 한다며 그들의 교육에 초점을 맞추는 이유이다. 초기 셋업이 되면 고객이 할 수 있는 건 직접 하도록 가르치고 도움이 필요할 때, 또는 1, 2년에 한 번씩만 상담하자고 내가 먼저 제안한다. 고객은 서비스 비용을 절약할 수 있고 나는 마음이 편하니 좋다. 그럼 개인이 반드시 알아야 하는 다섯 가지 숫자는 무엇일까?

1. 순 자산 (NET WORTH)

순 자산은 당신이 현재 소유한 모든 자산에서 부채를 뺀 금액이며 다음과 같이 계산한다.

첫째, 자산의 현재 가치를 모두 적는다.

* 현재 사는 집과 다른 부동산 가치 (zillow.com)

* 은퇴계좌 및 기타 투자계좌의 현재가치

* 비즈니스 오너는 비즈니스의 현재가치 (매매 가능한 가격)

* 은행 잔고

* 자동차 가치 (kbb.com)

* 귀금속, 미술품과 같은 컬렉션 아이템 등의 가격 (구매가가 아닌, 당신이 오늘 팔면 받을 수 있는 가격)

이렇게 소유한 자산의 현재가치를 계산한 후 여기서 부채를 뺀다. 부채는 당신이 갚아야 하는 모기지, 자동차 융자, 신용카드 빚, 학생 융자 등 모든 빚을 빼놓지 않아야 한다. 당신의 자산과 부채에 따라 순 자산이 마이너스가 나올 수 있다. 실망스럽더라도 당신의 경제 상태의 청사진이므로 아는데 의미를 두고, 내년 이맘때 다시 계산하여 지금과 비교하시라. 자, 이제 여기서 책을 덮고 오늘 현재 당신의 순 자산을 계산하여 적어 두시라.

¤ 20   년   월   일 현재 순 자산: $_____

2. 비상자금

비상자금 (emergency funds)의 중요성은 아무리 강조해도 지나치지 않다. 모아 놓은 돈은 없는데 급전이 필요할 때 사람들이 쉽게 쓰는 게 신용카드이다. 신용카드의 빚에 한번 빠지면 고이자 때문에 거기서 헤어나오는 것은 정말 힘들다. 짧게는 수 년, 길게는 평생을 두고 경제적 압박을 줄 수 있다. 그러므로 충분한 비상자금을 모으는 것은 고이자의 신용카드 빚을 만들지 않기 위해서라도 필요하다. 원금에 한해서는 페널티나 세금 문제 없이 출금이 가능한 Roth IRA 에서 출금하거나 401(k)에서 융자를 받는 것도 가능하지만, 어떤 것이든 노후 준비를 그만큼 후퇴시키므로 비상자금을 반드시 모으도록 한다.

필요한 비상자금은 사람에 따라 다르다. 부부가 비교적 안정적인 직업에서 맞벌이한다면 약 3 개월 치, 안정적인 직장에 다니는 홀벌이 가장이라면 적어도 6 개월 치의 기본 생활비를 모아두어야 한다. 소득이 불규칙한 업종에서 일하는 홀벌이 가장이나 스몰비즈니스 오너의 경우 1 년 치 기본 생활비에 해당하는 돈을 모아 두는 것이 권장된다. 하지만 현실적으로 이미 충분한 노후 준비를 하지 못 하는 사람들에게는 자산 증식이 절실한 상황에서, 1 년 치 생활비나 되는 거금을 현찰로 두는 데는 재무설계사 간에도 이견이 있다.

기본 생활비는 비상 상황에 있어도 필요한 공과금, 융자금, 보험료, 자동차 유지비, 기본 식비 등이다. 외식비나 취미 생활 등의 선택 비용은 제외하고 차후 소득과 생활 규모가 커지면 필요한 비상자금도 조정한다. 당신도 대부분 미국인같이 매월 근근이 살고 있다면 아무리 목숨같이 중요한 비상자금이라고 하여도 모으는 것이 불가능해 보일 수 있다. 하지만 최소한 당신에게 필요한 금액을 알고, 적은 액수라도 모으기 시작하시라. 당신에게 필요한 비상자금은 얼마이고, 1 달에 얼마씩 모을 수 있겠는가? 이 계산을 하기 위해서는 당신의 세후 수입과 지출이 얼마인지 아는 것이 필수이므로, 모든 지출을 기록하는 습관을 들이는 것이 좋다.

    ¤ 필요한 비상자금: $_____월 저축액: $_____

3. 노후자금

필요한 노후자금이 얼마이고 그걸 위해서는 얼마씩 모아야 하는지도 알아야 한다. 이 필요한 은퇴자금 또한 당신이 받을 수 있는 소셜시큐리티 연금, 기대 수명, 회사의 펜션이 있는지 등 여러 가지 상황에 따라 다르다. 하지만 기본적으로 은퇴 전의 생활을 유지하기 위해서는 은퇴 시 연봉의 최소한 10~12 배 이상의 자금은 있어야 한다고 전문가들은 말한다. 일단 당신이 받을 수 있는 소셜시큐리티 연금 (또는 직장 연금)을 알아본다 (SSA.gov- *Estimate Your Retirement Benefits*). 직장연금은 직장을 통해 알아볼 수 있다. 그다음 Vanguard.com, FINRA.org, NerdWallet.com, 또는 당신이 원하는 다른 웹사이트의 은퇴 계산기 (Retirement Calculator)를 찾아 여러 가지 시나리오를 입력해 보고 당신이 모아야 하는 금액을 알아본다. 은퇴 계산기에는 인플레이션, 기대 투자수익률 등 여러 가지 추측할 수밖에 없는 것들이 있는데 그에 대해 도움이 필요하면 **[Chapter 5]**의 <*은퇴/*

*준비, 어떻게 시작하나?>*를 참고하시라. 당신의 기대 연금 수령액과 앞으로 매월 모아야 하는 돈은 얼마인가?

¤ 월 연금 수령액 (67 세/70 세): $_____ / $_____

¤ 월 모아야 하는 금액: $_____

¤ 지금까지 모아 놓은 은퇴자산: $_____

4. 금융 비용

대부분 펀드를 통해 간접적으로 지급되기 때문에 투자자들은 정확히 얼마를 내는지도 모르는 투자 비용은 자산증식에 큰 영향을 끼친다. 이 비용은 증시의 등락에 상관없이 지급되기 때문에 증권시장이 하락세에 있을 때 그 영향이 두드러진다. 예를 들어, 당신이 투자한 펀드의 평균 비용이 1%이고 올해 주식시장이 약 3% 정도 하락했다면 당신은 4% 정도의 손해를 보게 된다.

투자자산에 드는 비용 못지않게 알아야 하는 비용은 융자와 신용카드 이자, 그리고 각종 수수료이다. 쇼핑할 때는 단 $1 짜리 쿠폰도 알뜰히 챙기는 사람들이 이런 금융비용을 모르거나 대수롭지 않게 여기는 건 정말 슬픈 일이다. 적어도 다음 금융 비용은 알아 두시라. 필요하면 별도의 지면을 사용하여 모든 금융비용을 한눈에 볼 수 있도록 기록한다.

¤ 월/연 계좌관리 비용

은퇴계좌 1:_____은퇴계좌 2: _____투자계좌:_____

¤ 연평균 투자 비용 (또는 %)

은퇴계좌 1:_____ 은퇴계좌 2:_____

투자계좌:_____기타: _____

¤ 융자 이자

모기지: _____ 자동차:_____

학생 융자:_____ 기타:_____

¤ 신용카드 이자

카드 1:_____ 카드 2: _____카드 3: _____

5. 크레딧 스코어 (CREDIT SCORE)

크레딧 스코어는 개인의 융자, 보험, 취직 등 전체적인 삶에 막대한 영향을 미치므로 곧 현찰과 같다. 이렇게 중요한 크레딧 점수는 망가뜨리기는 쉽지만 쌓는 데는 많은 시간이 필요하므로 자기의 점수를 알고 늘 '관리'해야 한다. FICO 점수는 750 이상을 목표로 관리하기 바란다. 당신의 현재 크레딧 스코어는 얼마인가?

¤ Equifax:_____ Experian:_____ TransUnion:_____

재정 건강을 위한 10 가지 규칙

여러 면에서 볼 때 다음의 10 가지는 '상식'일 뿐, 새로울 것도 없다. 그럼에도 불구하고 너무도 많은 사람이 이 '상식'을 모르거나 알면서도 우선순위를 두지 않아 재정 건강을 이루지 못 하고 있다. 이 책의 전반에 걸쳐 강조된 것들을 요약하였으니 당신의 경제적 안정을 위하여 반드시 지키기 바란다.

1. 비상자금 모으기

이것은 당신의 재정목표 1 순위여야 한다.

2. 회사 은퇴 플랜의 매치 챙기기

은퇴 플랜이 있는 당신이 회사에서 저축하는 직원에게 지급하는 매치 (match)를 챙기지 않는 건 회사에서 연봉을 인상해 주겠다고 하는데 거절하는 것과 마찬가지다. 제발 그러지 마시라.

3. 신용카드 무서운 줄 알기

신용카드를 사용하고 매월 청구되는 금액을 완납하지 않는 것은 고이자의 사채를 쓰는 것과 같다. 신용카드 빚이 많은 사람이라면 자신이 경제적 벼랑 끝에 있다고 생각하고 다 갚을 때까지 카드를 취소하고 현찰만 사용하는 것이 좋다. 카드가 크레딧을 쌓는 데 중요한 역할을 하지만, 그렇다고 계속 유지하는 건 벼랑 쪽으로 한 발 더 디디는 것과 같이 위험할 수 있다. 크레딧은 빚을 다 갚은 후에 염려해도 된다. 만약 소비를 통제할 수 없는 사람이라면 신용카드를 아예 발급받지 않고 현찰만 사용하는 것이 좋다. 데빗카드도 잔고를 확인하지 않고 사용하면 벌금 폭탄을 맞을 수 있기 때문이다.

4. 보너스 50% 저축하기

직장에서 받는 보너스나 급여 인상, 세금 환급, 유산 상속, 복권 등 '보너스'가 생긴다면 반드시 최소한 50%는 먼저 저축하고 나머지를 사용하시라. 예를 들어, 급여가 2% 인상되었다면 은퇴계좌 납입액을 1% 올리고, $1,000 의 세금 환급을 받았다면 $500 을 저축한다.

5. '돈 얘기'의 일상화하기

우리가 살아있는 한은 돈으로부터 자유로울 수가 없다. 그러므로 가족, 친구들과 건강에 관한 팁을 나누고 서로 도우며 살 듯 우리는 돈 얘기를 일상화하여야 한다. 돈 자랑을 하라는 것이 아니다. 은퇴 준비의 중요성과 어떻게 하면 최대한으로 세금을 (합법적으로) 적게 내고 힘들게 모은 자산을 채권자들로부터 보호할 수 있는지 등에 관한 유용한 정보를 나누라는 거다. 아무리 사이가 좋은 형제, 자매나 친구 간이라도 나이가 들수록 경제적 차이가 벌어지면 지속해서 우정을 유지하기가 힘들다. 그러므로 모두에게 유용한 '돈 얘기'는 우정을 지속시키기 위해서라도 필요하다고 나는 생각한다. 아이가 태어나면 교육계좌를 열도록 권유하고 선물 대신 돈을 넣어준다. 생일이나 기타 선물은 재무설계나 투자에 관한 상담권이나 클래스, 또는 관련 서적을 사준다.

6. 자식들에게 돈 교육하기

나는 경제적으로 풍족하지 않은 부모가 아이들이 '기죽지 않도록' 비싼 물건을 사주며 풍족한 듯 키우는 것만큼 위험한 일이 없다고 생각한다. 부모가 돈이 있다고 아이가 원하는 걸 다 사주는 것도 못지않게 위험하다. 어느 경우든 아이가 일찍부터 '돈은 버는 것이 쉽지 않으며, 또한, 관리를 잘하지 못 하면 경제적 안정을 이룰 수 없다'라는 엄연한 현실을 배울 기회를 박탈하기 때문이다. 현실감각 없이 자란 아이들은 성인이 되어 현실의 무게를 직접 느낄 때 쉽게 상처를 받고 쓰러진다. 경제적 현실감각이 있는 아이로 키우기 위해서는 어렸을 때부터 외식, 쇼핑, 가족 여행, 은퇴, 학비 저축 등의 재무 결정들에 참여시키는 것이 좋다. 자녀가 직장 생활을 시작하면 재무설계사와 상담하도록 한다. 돈이 많은 사람이라면 세상에는 돈 때문에 힘들게 사는 사람들이 대부분이라는 걸 가르쳐서 풍족한 자신의 삶에 감사하는 동시에, 없는 사람들에 대한 공감력도 길러줘야 한다. 남의 아픔을 이해하지 못 하는 사람은 가정에서든 사회에서든 진정한 리더가 될 수 없다.

7. 지인간의 돈거래

가족이나 친한 친구들 사이의 돈거래는 대개 좋은 결과를 가져오기 힘듦으로 하지 않는 것이 좋다. 그래서 굳이 빌려줄 때는 제때에, 또는 아예 되돌려받지 않아도 당신 재정에 큰 문제가 생기지 않을 정도의 금액만 빌려주는 것이 좋다. 다만 한두 번 약속을 지키지 않는다면 그다음부터는 적은 금액이라도 빌려주지 말아야 한다. 약속을 지키지 못 하는 사람에게 계속 돈을 빌려주는 것은 그에게 신용이 중요하지 않다고 가르치는 것과 같다.

내 자산은 내 이름으로 해두는 것도 중요하다. 한국에 있는 자산을 관리가 쉽도록 지인의 이름으로, 또는 공동 소유로 등록해 두는 경우를 가끔 보는데, 이는 선물로 주겠다고 하는 것과 같다. 친목을 위한 목적이 아니라면 계도 마찬가지다. 목돈을 위한 계가 '필요'한 사람은 비상자금이 없거나 대개 금융기관을 통해 빌릴 수 없는 사람들이다. 아무리 천사같은 사람이라도 계를 먼저 타고 돈이 없으면 못 갚는다. 그래도 계를 해야겠으면 각자의 신용을 조회하고 회칙을 문서로 만드는 등, 은행같이 운영하여야 한다. 그러면 적어도 나중에 문제가 생겼을 경우 법정소송이 가능해진다.

8. 살림 규모 천천히 늘리기

버는 돈이 많아지면 사람들이 가장 먼저 하는 것 중의 하나가 집과 자동차를 사고 살림 규모를 늘리는 일인데, 이것은 현명한 일이 아니다. 특별히 홀벌이 가정에서 모아 놓은 자산은 별로 없이 돈을 더 번다고 바로 살림 규모를 늘리는 것은 위험하기까지 하다. 큰 집, 좋은 차는 아무 때나 살 수 있고 즐거운 일이지만, 융자금이 늘어서 제대로 쉴 수도 없으면 행복할 수 없고, 나중에 유지할 수 없어서 큰 집을 팔아야 한다면 그것보다 속상한 일이 없다. 그러므로 소득이 늘어날 때 최대한 많은 돈을 모아 경제적 안정을 이루는 데 초점을 맞추고, 살림 규모는 아주 천천히 늘리는 것이 좋다. '진짜 부자'는 남에게 보이는 것보다 조용히 자산을 축적하고 마음의 평화를 얻는다.

9. 소비와 투자 구분하기

한국 사람들은 절약의 달인이다. 하지만 경제적 안정을 이루기 위해서는 '투자'가 필요한데, 너무 절약에만 집중한 나머지 투자를 하지 못 하고 노후에 힘들게 사는 사람들을 보는 것만큼 안타까운 일이 없다. 각종 법과 금융 시스템이 복잡한 미국에서 경제적 안정을 이루고 자산을 보호하기 위해서는 능력 있는 전문가를 잘 활용하는 것은 당신이 버는 돈만큼이나 중요하다. 특별히, 세금과 개인 재무 공부를 별도로 하지 않은 사람에게 자신의 밥벌이보다 고객의 이익을 최우선으로 하는 도덕적이고 능력 있는 회계사와 재무설계사는 필요한 '투자'이다. 그들에게 나가는 비용 대비, 당신이 훨씬 더 많은 돈을 절약하고 자산을 증식하는 데 도움이 되기 때문이다. 현명한 사람들은 소비와 투자를 구분하고 전문가를 적재적소에 잘 활용하며 늘 투자를 한다.

10. 저축 먼저 하기 (Pay Yourself First)

당신이 얼마를 벌든 상관없이 항상 자신을 위한 저축을 먼저 하라. 저축률은 현재의 소유자산과 나이 등 여러 가지에 따라 다르지만, 버는 돈의 15~20% 정도를 모으는 것이 권장된다. 급여에서, 또는 급여가 들어오는 은행 계좌에서 자동으로 얼마가 저축/투자되도록 셋업해 놓는 것이 열쇠이다. 평생 일하고 남 (융자금, 신용카드비, 공과금 등의 회사)에게만 돈을 지급하다 경제적 안정을 이루지 못 하고 노후에 고생하기에는 당신이, 당신의 삶이 너무 소중하다.

나이별 어드바이스

◑ 10대

십 대인 당신이 이 책을 읽는 것은 이런 주제에 관심이 있다는 증거이고 그만큼 당신은 '보통 사람들'보다 경제적 안정을 이룰 확률이 높으므로 일단 축하한다! 만약 당신이 저축과 투자가 일상 대화에서 흔히 논의되는 가정에서 자랐다면 당신이 얼마나 행운아인지 알기 바란다. 높은 교육을 받고 전문직으로 일하는 많은 사람들이 저축과 투자의 중요성을 배우지 못 하여 노후에 힘들게 사는 것이 미국의 현실이기 때문이다. 그러나 당신이 주변에서 듣는 모든 것들이 다 옳다고 믿지는 마시라. 오랫동안 투자했고 투자에 대해 깊은 지식이 있어 보여도 분산투자의 중요성과 얼마의 투자 비용을 내는지, 그리고 그것이 자산증식에 어떤 영향을 끼치는지를 모르는 사람 또한 많은 것이 현실이기 때문이다. 주변에서 얻는 '정보'가 사실인지 늘 확인하고 배우는 것을 멈추지 말기 바란다.

금액의 많고 적음을 떠나 돈을 벌기 시작하면 바로 IRA를 열고 급여의 20%를 분산투자가 잘 되어있고 비용이 낮은 인덱스펀드에 투자하시라. Roth IRA는 계좌를 여는데 요구되는 최소 나이 제한이 없고 이웃의 아이를 봐주거나 잔디를 깎아주고 받는 등, 비정규적이고 현찰로 받는 돈이라도 납입할 수 있다.

만약 당신이 저축과 투자를 모르는 가정에서 자랐다면 곱배기로 축하한다. 이런 주제에 관심을 갖고 책을 읽음으로써 당신은 당신의 가족이 이루지 못한 경제적 안정을 이룰 수 있는 확률이 훨씬 높다고 나는 생각한다. 당신은 또한 지금 별다른 경제 활동을 하지 않는 어린 나이라도 당신의 가족에게 긍정적인 영향을 미칠 수 있는 특별한 입장에 있다. 개인 재무에 관한 공부를 멈추지 말고 동시에 당신이 배우는 것을 형제, 자매, 사촌, 친구들과 공유하여 그들도 이런 주제에 대해 관심을 갖도록 도와주시라.

　나는 당신이 필요한 교육을 무사히 마치고 원하는 직장을 잡아 경제적 안정을 이루고 잘살기를 진심으로 바라지만, 만약 여건이 허락하지 않는다면, 경제적 안정은 돈을 많이 벌어야만 이룰 수 있는 게 아니라는 걸 꼭 기억하기 바란다. 특별히 당신에게는 시간이라는 엄청난 자산이 있으므로 처음부터 저축/투자하는 습관을 들이면 나이가 들수록 경제적 안정을 이룰 수 있다. 당신의 가족이 경제적으로 힘들수록 당신의 도움을 원하거나 당신이 도와주고 싶은 마음이 클 수 있지만, 마음을 강하게 먹고 당신을 위한 저축을 반드시 먼저 한 후 가족을 챙기시라. 아무리 사랑하는 가족이라도 당신이 가족과 함께 침몰하는 배에 있다면 그들을 의미있게 도와줄 수 없는 것과 같은 이치이다.

　만약 당신이 대학에 간다면 장학금을 찾는 것은 물론, FAFSA, CSS Profile 과 같은 재정 보조에 필요한 서류를 직접 챙겨라. 물론 부모의 자산 목록과 세금 보고 자료 등 부모에게 의지해야 하는 것이 대부분이지만 서류 작성과 날짜를 챙겨 접수시키는 것은 당신의 일이다. 미국에서 자동차 융자 (0~3%)나 집 융자 (4~5%)보다 높은 학생 융자 (5~8%)는 아주 큰 사회적 문제로, 젊은이에서 노인까지 너무도 많은 사람들의 경제적 안정을 위협하고 있다. 만약 학생 융자를 받아야 한다면 융자 조건을 제대로 이해하고 어떻게 갚을지에 대한 생각도 시작해야 한다. 아직 고등학생이라도 당신의 학비가 어떻게 준비되고 있는지, 부모가 당신이 가고자 하는 학교의 학비를 대줄 수 있는지에 대한 질문을 하고 같이 준비한다. 전공도 당신이 하고 싶은 것, 학비, 졸업 후 벌 수 있는 금액 등 여러 가지를 고려하여 정한다. 중국 이민자의 딸로서 부모의 높은 기대치와 성공의 기준에 대해 고민하며 자라고 *GRIT* 의 저자로 유명해진 심리학자 Angela Duckworth 는 저서에서 사람이 행복하게 살기 위해서는 열정이 있는 하고 싶은 것을 하며 살아야 하고, 그 일이 기본적인 생활을 하는 데 필요한 돈을 벌 수 있는 것이어야 하며, 또한 다른 사람에게도 도움이 되는 일이어야 한다고 단정한다. 이것을 대학과 전공을 결정할 때 고려하고, 그녀의 책도 한번 읽어보시라.

끝으로, 투표권이 생기는 즉시 등록하고 반드시 투표하시라. 젊은 당신에게 정치는 '어른들의 일'같이 여겨질 수 있다. 그러나 의료비와 학비가 유난히 비싼 미국에서는 이에 관한 정책이 국민의 삶에 끼치는 영향은 직접적이고 아주 크다. 당신은 모르는 사람이 당신의 집에 와서 가족의 건강과 교육, 재정에 대한 결정을 마음대로 하도록 두겠는가? 정치에 관심을 두지 않고 투표하지 않는 것은 정치인과 투표하는 다른 사람들에게 이런 결정권을 위임하는 것과 크게 다르지 않다. 당신과 당신의 가족에게 도움이 되는 쪽에 투표하기 위해서는 정치인과 그들이 펼치겠다고 하는 정책들이 당신 가정에 어떤 영향을 미치는지를 알아야 한다.

◑ 20 대

얼마를 버는지에 상관없이 버는 돈의 10%는 비상자금으로, 10%는 노후를 위해 저축하시라. 만약 총 20%의 저축이 힘들다면 비상자금과 노후 준비를 위해 할 수 있는 만큼 같은 비율로 시작하고 서서히 1%씩 늘린다. 필요한 비상자금이 모아지면 거기에 저축하던 금액을 노후자금으로 돌리고 20%가 될때까지 지속적으로 저축률을 늘린다.

데이트를 하면 그에게 폭 빠지기 전, 그가 건강한 경제 관념이 있는지, 크레딧이 형편 없지는 않은지 살펴보기 바란다. 결혼한 부부가 싸우는 가장 큰 이유 중 하나는 돈 때문이라고 수많은 자료가 보고한다. 그러므로 결혼을 생각하기 전 그가 당신과 소비 습관 등 경제적인 관념이 비슷한지를 알아보는 것은 그가 솔직하고 성실한 사람인지를 알아보는 것과 마찬가지로 중요하다. 그리고 결혼 전에는 크레딧 리포트, 자산, 빚, 인컴, 건강 상태 등 결혼 생활에 크게 영향을 줄 수 있는 개인 정보를 교환하도록 한다. 미국 문화에서는 이런 것들을 '사생활'이라며 나누기를 꺼리는 것을 나도 잘 알지만, 결혼하면 배우자의 그런 것들이 곧 당신의 삶에 직접적인 영향을 끼칠 수밖에 없다는 것을 이해하시라. 따라서 상대방을 존중하여 묻지 않는 것은 결국 당신 스스로에 대한 직무유기라고 나는 생각한다. 크레딧이 나쁘거나 빚이 많으면 헤어지라는 것이 아니라, 솔직하게 서로의 상황을 밝히고 일찍이 경제적 안정을 이루기 위한 재무플랜을 같이 하라는 소리다. 가족 비지니스 오너쉽이나 상속받은 자산 등 결혼 전부터 있는 자산을 잠재적인 이혼으로부터 보호하려면 프리넙 (prenuptial agreement)을 작성해 두는 것이 좋다.

결혼 후에는 모든 재무결정을 부부가 같이하도록 한다. 부부 중 한 사람이 가정의 재무관리를 주도적으로 하더라도 다른 배우자도 어디에 얼마가 나가고, 빚이 얼마이고, 얼마를 저축하고 있고, 자산이 어디에 얼마 있는지 정도는 기본적으로 알아야 한다. 모기지, 카드빚, 공과금 등을 어떻게 지불하는지도 알아야 한다. 가끔 '집 안팎 모든 일을 남편이 알아서 다 하므로 나는 아는 것이 없다'라고 자랑스레 말하는 사람들이 있는데 이건 자랑할 일이 아니다. 특별히 어린 자녀가 있는 사람이라면 모든 일 처리를 하던 배우자가 만약 사고나 병으로 조기 사망하면 어린 자녀를 위해 기본적인 의식주조차 제공할 수 없는 입장이 될 수 있으므로 위험천만한 일이기까지 하다.

당신에게 경제적으로 의존하고 있는 사람이 있고 만약 당신이 사고로 갑작스레 사망할 경우 그들이 경제적 고통을 당할 상황이라면 생명보험을 들어 두는 것도 필요하다. 어린 자녀가 있다면 유서 (will)을 작성하여 양육권자도 지정한다.

끝으로, 재무설계사와 만나 당신의 전체적인 재무플랜을 짜보고 당신이 원하는 재정 목표를 이루기 위해 필요한 것들을 알아본다. 경제적 안정을 위한 준비는 일찍 시작할수록 이룰 가능성이 높다는 것은 아무리 강조해도 지나치지 않다

◑ 30 대

당신이 가정을 이루고 어깨가 많이 무거워졌을지 모르지만 30 대인 젊은 당신에게 노후 준비는 먼 훗날의 이야기로 느껴질 수 있다. 그러나 당신이 지금 노후 준비를 중요하게 여기고 서둘러 저축하지 않는다면

곧 크게 후회하게 될 것이다. 회사 은퇴 플랜에서 주는 매치 포함, 당신 인컴의 최소 15-20%는 저축을 하고 삼십 대 중반까지 연봉의 최소 2 배는 모아야 한다 (Fidelity.com - *How much do I need to save for retirement?*).

삼십 대면 충분히 젊으면서도 주변 사람들의 눈을 의식하지 않아도 될 만큼 '어른'이 되는 나이이다. 만약 당신이 자녀를 위한 교육 계좌는커녕, 노후 준비도 하지 못 하고 있다면 주변 사람들을 위해 크리스마스나 생일마다 챙겨서 선물할 생각은 꿈에도 하지 마시라. 그리고 당신이 왜 선물할 수 없는지에 대한 대화를 하여 당신과 비슷한 상황에 있는 다른 가족/친구들도 자신의 재정 건강을 먼저 챙길 것을 권하라. 자료에 의하면 평균 미국인은 성탄절에 선물로 약 $1,000 정도를 지출한다고 하는데, 대부분 국민이 그만큼의 비상자금도 없이 힘들게 살아가는 현실을 고려할 때 우리는 이 심각한 소비문화를 재고하지 않을 수 없다.

당신의 부모가 노후 준비를 충분히 하고 있는지도 알아보시라. 미국 문화에 익숙한 당신이 이런 '개인적인' 질문을 하는 것이 불편할 수도 있으나, 부모가 노후준비를 충분히 하지 않으면 그것이 곧 당신의 문제가 될 수 있는 것이 엄연한 현실이다 (늙은 부모가 필요한 약값이 부족하거나 고장 난 자동차를 고칠 돈이 없다면 당신은 어떻게 하겠는가?) 그나마 부모가 일하고 있는 지금이라도 이런 얘기를 하고 부모의 노후 준비를 돕는 것은 결국 당신을 돕는 일이다.

당신의 아이가 돈을 알기 시작하면 '부모 매치' 프로그램을 시작하라. 아이가 용돈이나 선물로 돈을 받아서 쓰지 않고 저축하면 $10 이든 $20 이든 당신이 편안한 한도에서 100% 매치해 준다. 만약 아이가 계좌에서 출금하여 쓰겠다고 하면 이것이 기부나 교육 관련, 또는 기타 '필요'하거나 부모와 이미 동의한 지출이 아니라면 부모 매치를 회수하고 10% 페널티를 물린다. '부모 매치' 프로그램을 시작하며 아이와 충분한 대화를 하여 규칙을 정하고 아이가 이것을 충분히 이해하도록 하는 것이 중요하다. 아이가 글을 쓸 수 있으면 규칙을 적어서 모두가 볼 수 있는 곳에 붙여 놓도록 한다. 은행 계좌에 일정액이 모아지면 투자계좌로 옮겨 투자하도록 하고 투자와 대학 등록금에 대해 얘기하기 시작한다. 어려서부터 이렇게 (401(k)와 같은) 회사 은퇴 플랜의 '매치'와 비슷한 개념과 투자를 가르쳐주는 등 경제 관념을 심어주는 것이 아이에게 평생 도움이 됨은 두말할 필요 없다.

◑ 40 대

아직은 젊고 삶의 의욕도 왕성한 나이지만 당신에게는 은퇴 준비를 위한 시간이 별로 없다. 사십 대 중반에 당신은 연봉의 최소 4 배는 노후자금으로 모았어야 한다. 당신이 그동안 앞에서 권장되는 것들을 실천하며 제대로 노후 준비를 했다면 모를까, 아니라면 지체 없이 재무설계사와 상담하기 바란다. 당신의 노후 준비는 아이들의 학비 준비보다도 중요하므로 회사의 은퇴 플랜은 물론, IRA, HSA 등 세금혜택이 좋은 계좌들을 활용하여 최대한 저축하도록 한다. 회사를 통한 은퇴 플랜이 없고 HSA 도 자격이 되지 않는다면 일반 브로커리지 투자계좌에라도 저축/투자한다.

당신이 원하는 은퇴 후 생활비가 얼마인지, 소셜시큐리티와 기타 연금이 얼마인지를 적어 보고 부족한 부분이 있다면 어떻게 충당할지도 생각해 본다. 은퇴 준비를 충분히 하지 않은 사람들이 흔히 '죽을 때까지 일하지 뭐...'라고 포기하듯 말하는 것을 자주 보는데, 이것은 현실적이지 않다. 당신이 노후자금을 충분히 모으지 못했으면 그나마 젊을 때 은퇴 후 어떻게 살 것인지에 대한 차선책을 준비해야 한다.

만약 이혼/재혼 또는 가족의 사망으로 상황이 바뀌었다면 은행 계좌와 투자계좌 등 당신의 자산에 상속인 (beneficiaries)이 제대로 되어 있는지 확인하고 필요하면 정정한다. 사고로 남편을 잃은 전업주부가 남편의 가장 큰 자산인 회사의 은퇴계좌에 상속인으로 지정되지 않아 받지 못한 경우도 있다. 남편이 수십 년 전에 이혼한 부인으로 되어 있는 상속인을 바꾸지 않은 탓이다.

만약 아이들이 일하기 시작하면 401(k) 403(b) 등과 같은 회사의 은퇴 플랜과 IRA 등에 저축하도록 장려하시라. IRA 는 시작할 수 있는 최저 나이가 없으므로 틴에이저가 방과 후, 또는 방학 동안 파트타임으로 일하고 버는 돈으로도 납입할 수 있다. 자영업을 하는 부모가 자녀에게 사무실 청소 등 일을 시키고 급여를 지급한 후 그 돈을 납입하도록 도와줘도 된다. 아이가 이웃의 아이를 돌보거나 과외를 해주고 받은 현찰이라도 은행에 입금하고 소득을 증명하는 자료를 기록해 두면 그 돈으로 납입이 가능하다. 그러나 집안 일을 하거나 동생을 돌보고 부모로부터 받는 용돈은 '근로 소득'이 아니므로 납입할 수 없다.

◑ 50 대

은퇴라는 폭풍이 코 앞에 있는 나이이다. 만약 당신이 은퇴 후에도 지금과 비슷한 라이프스타일을 유지하고 싶다면 오십 대 중반까지 연봉의 최소 6-7 배의 금융/투자 자산을 노후자금으로 모아 놓았어야 한다. 기대 소셜시큐리티 연금과 집의 에쿼티는 포함되지 않은 금액이다. 만약 충분한 노후자금을 모으지 못했다면 지금 당장 은퇴한 듯 살아보는 연습을 해야 한다. 어차피 곧 닥치게 될 소득 절벽이므로 경제적 비상 사태를 맞은 듯 미리 연습하며 그나마 시간이 있을 때 저축을 늘려야 충격을 줄일 수 있기 때문이다.

노후 준비가 많이 부족하여 정부 보조에 의지해야 한다면 은퇴 후 자신이 받을 수 있는 혜택과 자격 조건을 미리 알아본다. 돈을 모으지 못한(않는) 많은 사람이 나중에 '정부 보조에 기대어 살면 되지'하고 쉽게 말하는 경우가 있는데, 정부에서 지급하는 이런저런 혜택은 극빈자들을 위한 것으로, 그야말로 '굶어 죽지 않을 만큼'만 준다. 많은 돈을 저축하지는 못했지만 평생을 자기가 버는 돈으로 나름 안정된 생활을 하다가 노후에 극빈자로서 정부 보조에 기대어 살 수 밖에 없으면 자괴감이 들 수 있다. 그러므로 당신이 은퇴 후 정부 보조에 의지하고 살아야 한다면 그것으로 유지할 수 있는 라이프스타일이 어떤지 미리 알아보는 것은 아주 중요하다. 어떤 문제이든 준비 없이 부닥치면 고통이 크므로, 당신이 부닥칠 상황을 미리 알아보고 마음의 준비를 한다면 충격을 그만큼 줄일 수 있기 때문이다.

오십세가 넘으면 좋은 점 하나는 은퇴를 위한 저축 한도액이 늘어난다는 거다. 401(k), 403(b)와 같은 직장을 통한 은퇴 플랜은 $6,000 을, SIMPLE IRA 는 $3,000 을, IRA (Traditional, Roth)는 $1,000 을 추가로 저축할 수 있다 (2019). 오십세인 당신이 401(k)와 IRA 만 해도 $32,000 ($25,000+$7,000)을, 그리고 배우자의 IRA 와 가족 보험이 HSA 에 납입할 수 있는 자격도 된다면 추가로 $14,000 ($7,000+$7,000) 포함, 최대 $46,000 까지도 세금공제를 받으며 저축이 가능하다 (2019). HSA 는 55 세 부터 $1,000 많은 $8,000 을 납입할 수 있고, 동갑내기 맞벌이 부부에게 회사를 통한 은퇴 플랜이 각자 있다면 $25,000 의 추가 저축/투자가 가능하다. 이 금액은 물가 상승률에 따라 시간이 지나며 인상되니 확인하고 최대로 납부하시라.

이제 은퇴 후 무엇을 할 것인지도 생각해야 한다. 돈만 있다고 노후가 행복한 것이 아니기 때문이다. 만약 당신이 67 세에 정년퇴직을 한다면 확률상 적어도 20 년은 살 가능성이 높다. 결혼한 부부라면 부부 중 한 명은 100 세를 살 수 있다. 당신도 주변에서 많이 보겠지만 요즘은 80 대에도 건강하고 활동적인 사람들이 많다. 당신은 정신과 육체의 건강, 그리고 행복을 위해 이 짧지 않은 삶의 마지막 챕터 동안 무엇을 하겠는가?

◑ 60 대

당신이 은퇴하는 나이에는 연봉의 최소한 10 배에 해당하는 노후자금을 모았어야 한다. 만약 아직 은퇴 전이라면 그만큼 모으지 못 하였어도 포기하지 말고 최대한 저축/투자하시라. 필요하다면 70 세, 또는 그 이후까지 은퇴를 미룰 수 있는지도 알아보시라. 만약 67 세가 정년인 당신이 70 세까지 3 년 동안 은퇴를 미룬다면 소셜시큐리티를 해마다 8%씩, 총 24%를 더 받을 수 있고, 이 금액은 당신이 사망 후 배우자가 물려받을 수도 있다. 만약 노후자금이 충분하지 않다면 은퇴 전 재무설계사나 소셜시큐리티 사무실을 방문하여 소셜시큐리티 연금 혜택을 최대화할 수 있는 방법을 알아본다. 나이 차이가 많은 연하의 배우자가 있는 사람이라면 이것이 특별히 중요하다. 노후 준비가 충분하지 않으면 지금 당장 은퇴를 가정하고 살도록 한다. 어차피 집을 줄여야 하면 기다리다 나중에 유지할 수 없어 쫓겨나듯 팔지 말고, 지금 이사하고 은퇴 연금 등 월 예상 노후자금만으로 생활하기 시작한다. 사는 곳을 떠나고 싶지 않다면 지하실이나 빈방을 렌트 주는 것을 고려해 볼 수 있다.

모든 빚은 재정을 파탄시킬 수 있는 가능성이 있지만, 파산신청을 하여도 살아남고 죽음까지 따라가는 빚은 많지 않다. 학생 융자가 그중 하나로 이것은 은퇴한 노인의 연금까지도 차압할 수 있는데, 요즘 은퇴 노인의 연금을 차압하는 비율이 높아지며 사회적으로 큰 문제가 되고 있다. 최고 차압 비율이 15%로 한정돼 있긴 하지만, 소셜시큐리티 연금 외에 별다른 노후자금을 모으지 못한 대다수 국민들에게는 단 한 푼이라도 차압 당하면 그렇지 않아도 심각한 노후 생활에 충격이 클 수밖에 없다. 그러니 만약 당신의 자녀나 손주가 학비 융자에 보증을 서달라고 하면 이런 가능성을 염두에 두고 신중히 결정하기 바란다.

이 나이에 많은 사람들이 하는 큰 실수 중 하나는 증권 투자를 멈추는 것이다. 앞에서도 설명하였지만, 돈은 투자하지 않으면 시간이 지나며 물가 상승률 때문에 가치가 하락하므로 우리가 은퇴한다고 투자도 멈출 수는 없다. 은퇴 후 수십 년을 살 지 모르는데 은퇴한다고 자산을 '안전'하게 현찰이나 CD로 두면 돈이 자랄 수 없어 노후자금이 생각보다 빨리 소진될 수 있다. 하지만 고정 인컴이 필요한 은퇴자가 자산을 지속적으로 증식시키겠다고 모든 자산을 증권에 투자하였다가 2008-2009와 같은 증시 폭락 사태를 맞으면 이것도 큰 일이다. 그래서 은퇴 후에도 여러 가지를 고려하여 자산의 안전과 투자 사이에서 균형을 맞추는 것이 중요하다. 사망까지 정기적으로 재무설계사와 자산 관리를 해야 하는 이유이다.

유서, 리빙윌, 금융 자산의 상속인 등이 당신이 원하는 대로 지정되어 있는지를 확인하고 필요하면 트러스트도 만들어 둔다. 또한 당신의 가족들과 사망 전 원하는 (또는 원하지 않는) 의료 서비스 및 장례 절차에 대한 대화도 나눈다. 이것은 사실 힘든 대화이지만 가족의 큰 짐을 덜어줄 수 있는 아주 중요한 일이다. 일단 시작하면 대화가 쉬워지고 무엇보다 당신의 사후, 가족이 두고두고 감사할 것이다.

◑ 70 대와 그 이후

은퇴자금을 충분히 모았다면 모르겠지만, 그렇지 않고 아직 일하고 있다면 끝까지 열심히 모으시라. 일하고 있는 동안에는 70 세가 넘어도 401(k), 403(b) 등과 같은 회사 은퇴 플랜에 계속 저축/투자할 수 있다. 만약 당신이 몸담고 있는 회사에 5% 이상의 지분이 없다면 70.5 세가 되면 해야 하는 최소 출금액 (required minimum distribution - RMD)도 유예받을 수 있다. 다만, 이것은 현재 몸담고 있는 회사의 플랜만 해당되고 전에 다니던 직장 플랜 (401(k), 403(b 등)이나 IRA (SIMPLE, SEP, Traditional) 등에서는 70.5 세가 되면 RMD 를 해야 한다. 이것을 어기면 페널티가 최소 출금액의 자그마치 50%나 되니 주의하시라.

자산 관리가 편하도록 단순화 시키는 작업도 필요하다. 은퇴계좌가 여러 곳에 분산되어 있다면 한곳으로 모으는 것을 고려해 보고, 자산 목록을 만들어 보험 증서, 유서, 리빙윌 등과 함께 보관한다. 재무설계사, 배우자, 자녀 등 믿을 수 있는 사람에게 이런 자료의 존재 여부를 알려 당신의 사후, 유족들이 이런 서류를 찾느라 고생하지 않도록 배려한다. 이런 준비를 해놓지 않은 사람이 사망하면 유가족이 그의 자산과 생명보험 증서 등을 찾느라 크게 고생하고 프로베잇 과정을 조속히 마무리하지 못해 많은 비용과 시간을 낭비할 수 있다.

만약 누구를 돕고 싶다면 장기적으로 도움이 되는 방법으로 도와주라. 예를 들어, 손주가 태어나면 비싼 유모차 대신 교육 계좌를 터주고, 결혼하는 사람에게는 결혼식 비용을 대주는 대신 집을 사는데 필요한 다운페이먼트를 해준다.

끝으로, 이제 당신의 살아온 삶을 조명해 볼 시간이다. 당신의 성공과 실패를 솔직하게 젊은 사람들과 나누고 그들이 배우도록 한다. 시대를 막론하고 노인이 젊은이에게 일방적으로 이렇게 하라, 저렇게 하라고 하거나 같은 소리를 반복하면 '잔소리'로만 들릴 수 있고 교육의 효과도 없으니 가능하면 질문을 통해 대화를 유도하고 당신의 의견은 아끼도록 한다. 만약 당신이 경제적 안정을 이루지 못 하고 힘들게 살아도 당신의 삶은 모으지 못한 (또는 모은) 자산보다 훨씬 가치 있고 소중하다는 것을 잊지 말기 바란다. '늙는다는 것'은 주변 사람들이 당신을 어떻게 생각하는지에 덜 신경 쓸 수 있는 자유를 준다. 혹시 아픔을 준 사람이 있다면 진심으로 사과 (또는 용서)하고 자유롭게, 그리고 당신 삶의 존엄성을 지키기 위해서라도 어깨 쭉 펴고 환한 미소를 잃지 말고 아름답게 사시라. ▨

저자 유미숙, CFP®

유미숙은 충남 공주에서 가난한 농부의 셋째로 태어났다. 고등학교 졸업 후 직장에 다니며 돈을 모아 1990년대 중반에 미국에 유학 왔고, 커뮤니티칼리지에서 프로그래밍을 공부하였다. 미국에서 살게 될 것을 염려한 가족과 친구들에게 그는 '미국에서 살면 손에 장을 지지겠다'고 큰소리치고 나서는 2년 반 만에 미국 남자와 결혼하였다 (그 뒤로는 책임질 수 없는 장담을 하지 않는다).

저자는 두 아이를 낳고 홈메이커로 살면서 미국의 금융 시스템을 이해하고 활용하는 것의 중요성과, 재무설계가 개인의 재정 안정에 얼마나 큰 영향을 미치는지를 절실히 깨닫고 40세에 미조리 주립대학에 편입하였다. 거기서 재무학을 공부하고 비지니스 학부에서 수석으로 졸업하였다.

현재 미조리주 센루이스에서 재무설계사로 일하며 지역의 한인 신문인 <한겨레 저널>에 재무 칼럼을 쓰고 United Way 를 통해 재무상담 봉사활동을 하고 있다. 주말에는 커뮤니티칼리지에서 재무 관련 클래스와 한국어를 가르치고, 남편과 함께 작은 아들이 속한 로봇팀 (FLL)을 만들어 세계대회까지 나간 경험으로 가족이 함께 저소득층 지역 학생들이 로봇팀을 시작할 수 있도록 도와주기도 한다.